断言

読むべき本・ダメな本

新教養主義書評集成

経済社会編

山形浩生
Yamagata Hiroo

ele-king books

目次

断言　読むべき本・ダメな本　新教養主義書評集成　経済社会編

第2章 ピケティ／格差…79

第3章 ケインズ…109

第4章　クルーグマン…139

第5章　ファイナンス…163

第9章 歴史

第10章 思想・ノンフィクション

はじめに：書評について

　書評というものについての考え方はいろいろある。ぼくも長年いろんなところに書評を書いてくると、期待されているものがこちらの腹づもりとまったくちがってもめることもある。

　考え方の一つは、書評は営業ツールの一部である、というものだ。売上に貢献しなければ、それは書評ではない。なんだろうと、とにかくよいことを見つけて（あるいは捏造して）ヨイショしなくてはならない。この発想からすると、罵倒書評というものはあり得ない。罵倒書評が好奇心をそそって駄本の売上げが伸びるケースも、ないわけじゃないだろう。でもそれを計算してやるのはむずかしい。こうした営業ヨイショ書評は、必ずしもその本だけの営業にとどまらず、イデオロギー的な立場や自分の派閥躍進の手段に使われているものもある。

　一方、書評と称して何か感想文、いやそれ以下のあらすじ紹介もどきに成り下がったものも見かける。

たとえばピケティ『21世紀の資本』について「格差の歴史について大量のデータで実証的に示した大著である。これだけの内容を地道にまとめたピケティの努力に敬意を表したい。深く考えさせられる一冊である」みたいな書評はたくさん見かけた。これはもちろん小学生の読書感想文と同じだ。『ないたあかおに』を読んで「あかおにはかわいそうだとおもいました。とてもかんがえさせられました」というのと何ら変わりない。その「深く考えた」内容が書評の意義を左右するのだ。そういうのを、素朴で素直とか言いたがる向きもあるのは知っている。が、ぼくは「素直」とか「素朴」とかいうのが珍重すべき特性だとは思っていない。むしろ恥ずかしいことだと思う。こうした書評は、多くの場合はその中身なんかどうでもいい。何かその本について何でもいいから言及した、という事実がほしいだけだ。

　もちろんおわかりと思うけれど、ぼくは書評というのがこのどっちとも思っていない。一応ぼくは、書評というのは何よりも読者の参考になるべきだと思っている。無数にある本の中から、選択肢を絞るための材料を与えるものでなければならない。この本を読もうかな、どうしようかな、と思っているときに何らかの追加情報を与えるものであるべきだ。その追加情報というのも、ある程度の客観性はほしい。感動した、驚いた、泣いた――そういう書評もある。お飾り有名人による「書評」であれば、そういう人物がどういう印象を持ったかということ自体が興味の対象となるのだし。でも、もちろんぼくは一挙一動が興味を持たれるようなセレブではない。ぼくが提供できるのは、ある程度の客観性、または常識的な知見に基づいて、その本がどうか、という話だ。

　具体的にはどういうことだろうか？

　たとえば、近藤麻理恵のお片づけ本を書評する羽目になったとしよう。一つのやり方は、「全世界で話題沸騰！」みたいな書き方で煽ることだ。別のやり方は「ぼくもやってみたら部屋がすっきり！」みたいな体験記に仕立てることだ。ネトウヨに媚びるなら「またまた日本大勝利！　礼儀正しく清潔な日本人はすごい！」みたいな話だって書ける。ブサヨに媚びるなら「安倍政権にもスパークジョイが感じられないから処分を」とか関係ない話を混ぜ込むこともできる。

が、ぼくが書くなら、そういう書評にはならないだろう。まずは読んでみて、本自体として主張に筋が通っているかは考えるだろう。さらに主張が支離滅裂ではなかったとして、スパークジョイの有無で処分を決めろ、というのは……一理ある一方で、実際にやろうとすると、いつか読もうと思ってずっと積ん読になってる本も、急にときめきはじめるんだよなー。むしろ心を鬼にして段ボールにたたき込み、捨ててしまえというアドバイスの方がいいのではないの？　コンマリ本くらいだったら、その程度の常識や体験との対比で書評を組み立てるだろう。

もう少し重要性がある本なら、他のお片づけ本との比較も入れ、同時に片づけなんか必要なくて、だらしなくてもいい、いやむしろそのほうがいいのだ、という本なんかを持ち出して、主張の妥当性について検討するはずだ。そこまでやるなら、どうして彼女の本がいまや一世を風靡して、日本だけでなく世界的に大人気を博しているのかについても考察する必要が出てくる。でも一方で、そこまで長い書評に値するかな、という配慮もあるので、そこまで深く考えなくてもいいという判断もでてくる。なんだかんだいって、部屋の掃除なんてほとんどの人はちょっと面倒で先送りにしているだけで、なんかうまい背中の一押しがあればいい。だから最終的に書評としての結論は、それなりにおもしろいし、目先の変わったアプローチとして、お片づけへの背中の一押しとしては機能するから、決して悪い本ではないよ、ということになるはずだ。

それ以前の話として、そもそも書評で価値や意義を説明するべき本なんですか、ということは考えるだろう。もし可能なら他の本やりませんか、というお伺いくらいは立てるだろうし、どうしてもということなら、他のもっと有意義な本への言及を中に混ぜて、多少なりとも社会的意義を高めようとはするかな。それでもよほどデタラメが書いていない限り罵倒書評にはならないけれど、もちろん理屈があまりに支離滅裂だったり事実に反したことがやたらに書かれていたりすれば、ふざけるなという書評になるだろう。

さて、これはそんなに変わったことではないと思う。ごく常識的な立場だ。どんな内容なのか？　それは看板通りだろうか、つまり明示的、暗示的な目的は何で、それが適切に達成されているだろうか？　類書と比べたときの特徴は？　なぜ評価されているの？　そしてその評価は正当なの？　そしてそもそも、読むに値する本なの？　「評」というからには、こういう中身に多少なりとも触れられていてしかるべきでは？　でも実際の多くの「書評」と称するものを見ると、それができているものがいかに少ないことか。

それは必ずしも、書評を書く人のせいだけではない。新聞や雑誌メディアの書評はあまりに短いから、というのもある。そして、これはそれ自体が問題ではある。新聞の八百字かそこらの書評でこれを十分にやるのは、ほとんどの場合は不可能だし、可能であっても書き手と読み手の双方にかなりの予備知識が必要だ。「ＣＵＴ」で、二千八百字の書評欄をもらえていたぼくは実に幸運だった。アメリカの新聞などで、丸々一面を使って一冊の本やある特定のテーマに沿った書評が掲載されるのは、本当にうらやましい。

でも、場に負けず劣らず、書評を書いている人のせいもかなりある。朝日新聞の書評委員をやったとき、本の社会的意義をきちんと考えた選書をしようとしていた人は……必ずしも多くなかったと思う。分厚く面倒な本、議論を呼びそうな（だからこそ書評が必要な）本は敬遠される傾向にあるし、また他のメディアの書評を見ても、党派的配慮やイデオロギー的な選書としか思えないものはかなり多く見かける。そして、書かれる書評自体も、なぜせっかくの機会にこんなぬるいことしか書けないのか、と歯がみするようなもののほうが多い。そうでない場合でも、まったくの素人感想文でしかないものが多く、そのくせ素人が抱いて当然の「素朴な」疑問すらきちんと指摘できていない。

だから隗より始めよ。自分では、なるべくそういう落とし穴には陥らないようにしてきたつもりではあるし、書評の依頼がそこそこ来るのも、それがある程度評価されているからだ、とは思いたいところ。そして、そのための留意点がいくつかある。

一つは当然ながら、一読者としてまともに対象の本を読むことだ。そして読者として普通に思い当たる、おかしな部分、首をひねる部分についてきちんと指摘することだ。本は、基本的にはその主張を読者に理解させ、納得させねばならない。読者がそれを受け入れないまでも、その主張に一理あることくらいは認めねばならない。それができているかどうかを、自分自身を実験台として検証して、その結果を伝えるのが書評の最初の仕事だ。

山形みたいなヤツなんか、ろくな実験台になるもんか、という立場もあるだろうけれど、手前味噌ながらぼくはそうは考えない。そこそこ論理的なうえ、ひねくれ者で屁理屈も好きだから、かなり歪んだ変化球でもかなり理解できてしまう。ぼくが理解できるからといって、みんなが理解できるとは限らないだろう。でもぼくがわからなければ、それはたぶんほとんどの人にはわからないはずだ。ぼくが知らないことは、多くの人が知らないはずだ。そして、ぼくが聞いて変な理屈に思えるものは、多くの人にとっても変な理屈に感じられるはずだ。その理屈をちゃんと説得的に説明できているか？　それはもう、その本のお手並み拝見。そして書評の基本は、そのお手並み拝見のプロセスではある。

　そしてそこからもう一つ、書評で心がけているのは、知らないことについては多少なりとも調べる、ということだ。自分の知らないことや、そもそも文脈すらわからないような本については、ぼくは同じ分野の他の本をなるべくたくさん読むようにしている。本書に収録したものでいうと、チアン＆ハリデイ『マオ』の書評を書くとき、ぼくは一読してあまりに一方的だとは思った。でもその印象が正しいかはわからなかった。だから、他に出回っている毛沢東の伝記や解説書の主なものには一通り目を通した。ムッソリーニの伝記のときもそうだ。本書には入っていないけれど、トロツキーの伝記を訳したときには、トロツキー関連の主要な本には目を通した。完璧ではないけれど、それで少なくとも完全な自分の偏見だけの評価は避けられる。だいたいの相場観は得られるし、その中でこの本の位置づけはどういうものか、既存の類書の中で目新しさはどこにあるのか、というのもわかる。自分の勝手な思いこみの基準を押しつけて、その本をいいとか悪いとか決めつけるようなことにはならずにすむ。もちろん、その上でも（またはそれをやったことでなおさら）その本が駄本としか思えない事態はある。でもそれについて、自信をもって指摘できるようにはなる。そしてそのプロセスで目を通したいろんな本もあわせて紹介することで、たぶん読者にもそのテーマをめぐる言説の広がりについての雰囲気はわかるはずだ。

それと関連して、ぼくが書評で心がけているもう一つのことは、なるべく言葉を濁さずはっきり言うことだ。

確かホイチョイプロダクションの『気まぐれコンセプト』だったと思うけれど、各種のプレゼンで「いや、これはホント思いつきで、まだ全然まとまってなくて、自分でもダメなのはわかってるし、笑止千万なのは承知で、そこんとこあまり突っ込まないで、話半分としてきいてほしくて、いやあホントにお耳汚しで恐縮で」といったつまらない前置きをみんなが省けば、会議の時間も半分以下ですむのになあ、と書いていた。

その通りだと思う。

それは書評でも同じだ。自分は決してこの内容について専門家ではなく、知識も不十分で経験も乏しく、こんなことを言う資格があるかどうかもわからず自分が正しいとも思っていないが、という弁明が果てしなく続くものをときどき見かける。

うるせえ。

自分が正しいかどうかわからないなら、わかるまで黙ってろ。どのみち、人間のあらゆる発言は絶対正しかったり絶対確実だったりするものじゃない。その人が、その人なりの知見と判断力の限界の中で言っているだけのことだ。それが絶対確実ではないというのは、改めていう必要すらないことであるはずだ。それでも、その不確実性の中で精一杯の断言をするのが、ぼくは正しいやり方だと思っている。どうしてもというなら、ＩＰＣＣがやっているみたいな、「ほぼ確実」「きわめて可能性が高い」「そう考えるべき相当の理由がある」とか、いろんな表現ごとに確率をくっつけてみせるやり方はあるのかもしれないけれど、ぼくはあれが何か有用性に貢献しているとは思えない。

もちろん断言するとすぐに尊大だとかうぬぼれだとか、思い上がりだとか言われる。はいはい、ぼくだってもちろん謙遜の美徳とかその手の話は知っている。ワタシは何も知りません、自分の愚かさに日々うなだれるばかりです、とか言ってみせると、謙虚でカッコよくて人格者だ、というツラができる。

でも、それは責任逃れだ。まがりなりにも高等教育を受けただろうに。それだけの投資を社会から受けた人間が、無知でバカで他人の参考になる知見が何もない？　ふざけるんじゃないよ。そんなこと言うなら、使ったリソース返せよ。書評という形で何か言おうとするからには、多少なりとも一般人が抱いている不確実性を多少は減らせるという自負はあるはずだ（ないなら黙っていればいい）。その部分について、逃げ口上を弄するのは無責任だ。自分のできる範囲で断言しないと。

そしてその過程で当然、ダメな点の指摘はせざるを得ない。でも、そうした罵倒を恐れてあたりさわりなく処理するのは、読者の本の選択を絞るのに貢献するという山形的な書評本来の目的を否定するものになってしまう。誠実に誉める一方で、誠実にはっきり罵倒しなければならない、とぼくは考えている。けなすときも、はっきり名指しで断言すると下品だと言われるけれど、ぼくはほのめかしやあてこすりで具体的なことをはぐらかしつつ書かれる悪口のほうが、よほど下品で下劣だと思う。さらに多くの人には、それが何を指しているかもわからないから役にもたたないのだ。

もちろん、あまり罵倒書評を書いてもいいことはない。収録したものの中には最初、アマゾンレビューとして投稿されたものも多い。読者のためのガイド、という目的からすればとても妥当な場だと思っていた。ところがあるとき、おまえはガイドラインに違反したから、と言って全部消された。具体的に何が違反か、という説明はまったくない。文句を言ってもこの判断が覆ることはないそうだ。

　ぼくのアマゾンレビューは、かなりのものが怒りの一つ星罵倒レビューではあった。憶測ではあるけれど、おそらくそれをくらった本の関係者が、苦情を申し立てたんじゃないか。同時に、アマゾンの方針変更も作用したようではある。それ以外でも、罵倒書評を書かれた著者や編集者がえらくおかんむりだ、という話は様々な本について耳に入ってくる。まあ仕方ないだろうけれど、でもぼくは決して個人的な恨みでやっているわけではない……というのはウソだな。ダメな本を読まされた恨みはあるな。でも対人的な遺恨の発散の場として書評を使っているわけではないのだ。誠実に読んで、真面目に評価する中で、プラスの評価ができなかったというだけのことではあるし、なぜ評価できないかについても明記しているつもり、ではある。本来であれば、その著者たちにも大いに参考にしてもらえるはず、と自負しているのだけれど……まあそうならないのは仕方ないのかもしれない。


　本書に収録されているのは、そういう書評だ。ぼくが書いた各種の書評の中から、経済や社会関連のものを選んである。これまで書いたような書評の心がけが、うまく反映されたものもあるし、そうでないものもある。が、最終的には、その評価は読者のみなさんに委ねるしかない。

　同時に、多くの書評については、いまそれを振り返ってどう思うかについてもコメントをつけた。一部のレビューは、その後裁判の証拠に使われたりちょっとした騒動を引き起こしたり、結構数奇な運命をたどった。その顛末についても説明してある。それは結局、振り返って見たときにその書評がそもそも妥当だったかどうか、という話でもある。

個人的には、ほとんどの書評が十年以上の長い時間を経ても、あまり価値を失っていないと思う。もちろん、そういう書評を選んで収録したというセレクションバイアスは多少はあるのだけれど。罵倒書評の多くは、「ほら言った通りだろう」という結果になっている。中には、山形の見込み違いというものもある。それについても、コメントはした。が、総じて、多くの書評はいまだにみなさんの本選びの参考になるだけの情報量を持っていると思う。

本書を読んで、そこで言及している本に一冊でも手を出したくなっていただければ（あるいは出すのを止めようと得心していただければ）本書にもそれ相応の意義があったというもの。そして、まとめて読む中で、山形の思想的、文体的な変遷（またはその不在）を多少なりともお楽しみいただければと思う次第。

ではお読みあれ！

第1章

経済

山形の経済学知識は、我流の付け焼き刃ではある。高校時代にガルブレイス『不確実性の時代』を見て、簡単なところは理解しつつも、なんか既存の経済学はもうダメ、といったメッセージもなんとなく受け取っていたところで、大学時代はかのニューアカブームもあり、もう既存の学問体系なんて意味はない、近代経済学なんて中身のなさを数学的な意匠でごまかしただけのインチキ学問だ、人間の本性にまで深掘りした経済人類学や、ポスト構造主義の新しい経済思想が次々に生まれているのだという、当時の栗本慎一郎や浅田彰の煽りを真に受けていたこともあった。さらに教養課程で経済学の講義をしていたのは西部邁で、そもそも価格の下方硬直性云々という話にいったい何の意味があるか理解できなかったことに加え、その西部邁がソシオエコノミクスとか言っていまの経済学ダメダメと述べていたこともあり、まあやんなくていいのかな、という感じではあった。

それが就職して不動産の分析をしなければならないようになって少し勉強を始め、基礎的なミクロをやったところでクルーグマンを知るようになった。付け焼き刃としてもいいところから入ったと思う。最も基礎的な部分でも、きわめて広い応用があることもわかってきたし、さらに彼が各地でやる、インチキなエセ経済学批判を読んでいるうちに、世に出回るいろいろな「革新的理論」のどこがつっこみどころかもわかってきた。一方で、クルーグマンは既存理論でわかっていないところも正直に話す。それもありがたかった。

おかげで、ちょうどインターネットが普及してフリーソフトの話なんかが俄然大きくなってきたときにも、これまでの経済学は成り立たない、なんていう浮ついた話にだまされずにすんだ。いろんな本を読むときにも、ごく基礎的な経済学の理解をベースに、そこからどういう形でこの主張がずれているか

（またはずれていないか）という見方ができるようになった。

　ここに収録した書評は、ほぼすべてこの見方がベースになっている。そんなレベルでは浅くてダメだ、という見方もあるだろう。最先端ではまったく新しい見方が生まれているのだ、とかね。でも、ほとんどの読者は経済学の専門家ではないのだし、また世の中のほとんどの物理事象が相対性理論を持ち出さなくてもニュートン力学で十分対応できるように、経済学が必要とされる場面の大半も、ふつうの経済学入門で対応できる。できない場面があるときには、それで基礎の経済学が全部ダメ、みたいな極論に走るのではなく、どこでどのように基礎とずれているのか（そしてそれが妥当そうか）を考えるほうが生産的だろう。ここの書評では、それをやっているつもりではある。

二一世紀の経済を考える十冊強

　はいはいきみたち、二一世紀だからって経済がそんなにホイホイ変わると思っちゃいけないよ。アメリカでネット通販会社の株がバブったらニューエコノミーかい。おふざけでないよ。まずトゥヴェーデ『信用恐慌の謎』（ダイヤモンド社）を読んで頭を冷やそう。バブル破裂話だらけで、他人の不幸話ばかりだから、実に痛快に読める。

　というわけで二一世紀の経済も、いまとそうそう変わると思わないほうがいい。まずいまの経済学をおさえておくこと。といってもみんながまじめに経済学のオベンキョーをするわけがないので、通俗概説書を中心に紹介しよう。

まず全体像の把握にクルーグマン『クルーグマン教授の経済入門』（メディアワークス→ちくま学芸文庫）。マクロ経済はいろんな立場があって、クルーグマンだって絶対ではないけれど、どういうことが考えられていて、何がわかっているのかをざっと把握するには最適。反対意見もちゃんと紹介しているし、これで中心部は俯瞰できる。さらに二一世紀経済のまともな予想には、同じくクルーグマン『グローバル経済を動かす愚かな人々』（早川書房）の最後の一遍がとても示唆的。https://cruel.org/krugman/lookbackj.htmlにも訳がある。

ミクロ経済はおさえておこう。梶井厚志、松井彰彦『ミクロ経済学　戦略的アプローチ』（日本評論社）は、全編ゲーム理論で通したユニークな教科書。語り口が楽しくて読んでいても飽きないし、スタンダードな説明よりわかりやすい部分も多い。昔、教養の経済の講義をドロップアウトした人にもお勧め。

ポール・ミルグロム＋ジョン・ロバーツ『組織の経済学』（ＮＴＴ出版）。実際に経済を動かす主体は（いまのところ）人間や企業組織だし、抽象的な経済モデルから一歩出て、現実への適用を考えるなら、この本に書かれている中身は知らないとつらい。ＭＢＡ向け教科書で、がちがちの理論書ではないから見た目よりやさしくて読みやすい。

これじゃでかいしぶあついし高すぎるなら、Ｃ・Ｎ・パーキンソン『パーキンソンの法則』（至誠堂）。下手な文庫本より安い！　四十年前にはビジネスマン必読書だったけれど、いまも十分に役にたつ。「仕事は与えられた時間を満たすまで拡大する」「組織は業務と関係なく拡大する」「上司を引退に追い込むには」など、現実にも有用な洞察がいっぱいで、しかも全編イギリスジョークてんこ盛り。爆笑。

ニューエコノミーとか口走る人は、ｅとかネットとかつくと既存の経済原則が通用しないと思いこんでる。ハル・Ｒ・ヴァリアン＆カール・シャピロ『ネットワーク経済の法則』（ＩＤＧコミュニケーションズ、現在は新訳で『情報経済学の鉄則』日経ＢＰ）を読んで目をさますこと。基本は同じで、ただ商品の性質がちがうから注意すべき点があるだけなのだ。そこんとこ勘違いしないように。必読。

この本でもカバーしきれていないのが、Ｌｉｎｕｘなどフリーソフトの世界。みんなが無料でリソースを提供し、勝手にソフトができてしまう！　この世界についての唯一まともな仮説がエリック・レイモンド『伽藍とバザール』（光芒社→ＵＳＰ研究所）。金銭経済とはちがう労働力組織原理（しかもまごとではないもの）の理論として注目。その鍵はヴェブレン『有閑階級の理論』（ちくま学芸文庫）で分析されているような「見栄」だった、というのもおもしろい。人はおだてれば動くのだ！

『伽藍とバザール』にはＮＧＯとかＮＰＯがえらく注目している。最近はこのＮＧＯ／ＮＰＯがえらく流行りだけど、役にたつ面もある一方、将来ダメージを引き起こす局面も出てくるはずだ。経済も含めて、こうした人を動かす各種の原理について総合的に考えているすごい本がジェイン・ジェイコブズ『市場の倫理　統治の倫理』（日本経済新聞社→ちくま学芸文庫）。NGO／NPOの問題や、政治と経済の関連について考えるための絶好の本。座談会形式で読みやすいけれど、中身は深いよ。心して読むように。

さてこのジェイコブズおばさんの最新作が『The Nature of Economies』（Modern Library）だ。*

もう経済を考えるなかで環境の話はさけて通れない。でもいまの環境経済学は、基本的にはあらゆる人間活動は環境を破壊するものだ、というのが前提（農業は自然との共生とか、有機農法はエコロジカルとか思っているバカはいますぐ死んでよし）。究極的にはあらゆる経済活動をやめて、いまの環境を凍結させようという話だ。もちろんそれは不可能だから、どこまで妥協するか、という話にしかならない。

それに対してジェイコブズは、人間の経済活動だって、ハチが巣をつくるのと同じ自然活動の一環であるはずだ、と主張する。環境を変えるなというのはおかしい、自然な発展が可能なはずだ、と。いまの環境経済学とはまったく逆。おもしろい。この本ではまだ経済原則と生態系の類似性の指摘にとどまるけれど、うまくいくとこれは突破口になるかも。まだまだ経済学の可能性はいっぱいあるのだ。

（「InterCommunication」二〇〇〇年 夏）

* 邦訳『経済の本質：自然から学ぶ』（日本経済新聞社出版）

コメント

ニューエコノミーなんていう言葉、もはや死語かと思っていたら、なんと二〇一九年に訳した本に堂々と「ドットコムバブル崩壊と金融危機で一時は低迷していたが、いまやＧＡＦＡの台頭からもわかる通りニューエコノミーは健在だ！」などと書かれていたので、ひょっとしたら復活の兆しがあるのかもしれない。その意味で、いまでも有効な書評／紹介になっていると思う。

特にヴァリアン／シャピロ『情報経済学の鉄則』は名著で、その意義はいまだにまったく失われていない。ＧＡＦＡで経済が変わったと思う人は、とにかくまず読むべし。初期投資が大きく、限界費用がきわめて小さい産業の持つ特色が強く出ているだけで、これまでの経済の常識を何ら変えるものではないのだ。この後でグーグルはヴァリアンを主任エコノミストに迎え、その知見を縦横に活用するようになっている。また、レイモンド『伽藍とバザール』はシェアリングエコノミーとかいった話を考える中でも、きわめて重要な基盤を提供してくれる。なぜ人は一銭の得にもならないシェアリングをやるのか？　この疑問に対して、実際にそれを実践した立場から教えてくれる本としては、いまだにこれが最高だろう。

一方で、最後のジェイコブズ『経済の本質』については、いい加減な流し読みでヨイショしていて、山形のおっちょこちょいなところが全開になっていて、汗顔の至り。経済を自然活動の一部として捉えようという発想自体はおもしろいが、具体的な中身がまったく伴っていなかった。山形の言うことも鵜呑みにはしないほうがいいってことで。その具体的なダメさについては、ロバート・ソローの罵倒を訳してウェブに挙げたのでご覧あれ。

▼痛快ってのはこういう本を言うんだよ

梶井厚志・松井彰彦『ミクロ経済学　戦略的アプローチ』（日本評論社）
William Gibson『All Tomorrow's Parties』

去年だったか、『痛快！　経済学』というぬるい本が出て、しかもそれがえらく売れたりしたので、見識ある人は「チッチッチッ」と言って顔をしかめていたのだった。だって、だめなんだもん。まともに理論の勉強ができるのは最初のほうだけで、あとのほうはただの雑文集じゃないのさ。「わかりやすい」なんて、わかるべき内容が薄いんだからあたりまえだし、そもそもあれを読んだ人ってなにを「わかった」の？「あんなものをふつうの人が読んでもなんの役にもたたない」と宮崎哲弥が「ＳＰＡ！」で書いていた（ついでに中谷巌が昔は護送船団方式推進者だったことも。勉強になりました）けど、その通りだと思う。でも一方で、じゃあなにを読めば、というのもなかなか説明がむずかしい。ミクロは比較的見方が定まっていて、どれを読んでもそんな極端な差はない感じだし。たとえ話や実例をたくさん使うか、あるいはゴリゴリ純粋理論で攻めるかの差くらいで、なんでもいいから腰をすえて手を動かして、グラフなんかを描きながら勉強しろ！というくらいのアドバイスがせいぜいだった。

だから同僚の柏木が、『経済セミナー』連載時から絶賛していたこの梶井&松井『ミクロ経済学　戦略的アプローチ』（日本評論社）にだって、そう大した期待をしていたわけではない。冒頭部で、町のパン屋さんの小話が始まって、ああまたか、という感じだった。

が、その後がまったくちがった。

どんなミクロ経済学の教科書でも真っ先に出てくる需要関数と供給関数のグラフが、こいつだとしばらく先まで出てこない。こいつは、全編ミクロ経済学をゲーム理論的なアプローチでまとめなおした経済学の入門書という、少なくともこれまで日本ではお目にかかったことのない代物なのだもの。

だいたい人が何かをやるときには相手がいて、こっちはその相手が何を考えているか、この先どう出るかを計算しながらこっちの動きを塩梅する。で、向こうはこっちの考えやら行動やらを計算しつつ、自分の動きを決める。ゲーム理論というのは、まあそういうお互いのさぐり合いから出てくる行動をモデルにしたものだと思ってほしい。

世の中の経済的な取引というのは、実はすべてそういうものではある。でも、経済学だとまあそれをひとまとめにして、「市場」というものがあって、そこでなにやら見えざる手が働いて需給バランスがとれて価格が決まる、とかいうことになっている。そして逆にそれに影響されすぎて、たとえばＭＢＡなんかの連中は時々、市場を参照しないで自分で値段をつけるってことができなくなってることさえある。

でもそれをベースにして成立しているこれまでのミクロ経済学はもうすでにかなり確立した体系になっていて、いまさらそれを新しい形で説明しなおすなんて、できんのかな、という感じだった。でも、結構なところまでカバーしているんだよ、これが。寡占の理屈からはじめて、ポートフォリオ理論やオプションまでかじってるし、進化論的ゲーム理論（これは取引ってのが一回だけじゃなくて、先々も続くものだと考えたときにどういうことを人が考えるか、という理屈。二度と会わない相手なら、だましてもいいやと思うけど、これからもつきあいがありそうな相手なら、あとあと仕返しがくるかもしれないからあまりあこぎな真似はできないでしょう）まで入ってて、かなりのところまできている。すごいね。

ただしえーと、ぼくは経済学は我流で勉強したので（「わが拳は我流！　我流に型はないわぁっ！」というのが昔あったなぁ）、通常の経済学の講義でどこまでやるのかはよく知らないんだけれど、ふつうはミクロ経済学でやるような中身が一部は見あたらないのは事実。限界費用と平均費用が云々という話とか、価格の下方硬直性とか、エッジワース・ボックスとか。でもまぁ、そういうのは後からやればいいか。

あとこの教科書では、頭に町のパン屋さん一家を主人公にした小話がついていて、それをとっかかりに理屈に入っていくようになっている。ふつうだとこういう小話って浮くんだけれど、本書はゲーム理論的なアプローチのおかげでそれが十分役にたってる。ゲーム理論では具体的な交渉場面が思い描けたほうがわかりやすいんだけれど、それを小話が受け持ってるんだ。この小話部分だけざっと読み物的に読んでも、まあどんな話をしようとしているかは見当がつくし、おおざっぱな理解には役にたつだろう。さらにこのアプローチで、理論の現実への適用（たとえば談合とかね）もやりやすくなっているのには感心。

知っている人は、いろんな概念をまったくちがうアプローチで説明してくれているのがとてもおもしろいだろう。知らない人は、ゲーム理論とミクロ経済学が一挙に勉強できるからお買い得。流し読みも十分できるし、本文もそんなにむずかしい算数は使わずにいちばんのエッセンスだけを教えてくれる。もうちょっと理論的なつめがほしければ、補論まで読めばいい。まあ唯一気になる点としては、これで入った人はそれを普通のミクロ経済学の内容とすりあわせるのに、ちょっと苦労するかもしれない。でもまあ、そのくらいの手間は惜しみなさんな。買いでしょう。

　それにしても、近々これを教科書にして勉強してきた連中がやってくるのか。このくらい（小話の部分だけでも）わかっている連中がきてくれると、仕事も楽になるだろうけれど、その一方でぼくもそろそろ、まじめにゲーム理論を付け焼き刃しておかないと……。

　さてまったく関係ないが、ウィリアム『ニューロマンサー』ギブスンの新作（といってもしばらく前に出ているんだけど）『All Tomorrow’s Parties』*について一言。これは前二作『ヴァーチャル・ライト』と『あいどる』の続編にあたる。『ヴァーチャル・ライト』も『あいどる』も、いまにして思うと、読んだけれどあまりよく覚えていない。覚えているのは、巨大スクワッターと化した橋と何人かの登場人物だけ。そして特に『あいどる』は、ラストでいったい何がどうなったのかさっぱりわからなかったことくらいだ（ある雑誌で『あいどる』書評を依頼されたんだけれど、「あらすじがわからない、最後のバーチャルあいどると人間がどうやって結婚できるんだ」という理由でボツにされたっけ）。そしてこの『All Tomorrow’s Parties』は、その前二作の登場人物たち総出の小説なんだけれど……。

　やっぱりよくわからないままに話が進み、終わる。人々は、理由もよくわからないままに動く。「すべてが変化する結節点（ノード）がやってこようとしている」とある登場人物は言う。「一九一一年以来の大変革点。みんな、それに向かって集まりつつあるんだ」と。でも、なにが変わるのか？　一九〇六年のピエール・キュリーの死に始まって一九一一年に訪れたノードとはなんだったのか？　そして今回のノードとは？　なにもわからない。なにもわからず、人々は集まって、交差して、去る。

＊浅倉久志（訳）『フューチャーマチック』（角川書店）として二〇〇〇年に角川書店より邦訳刊行

（「CUT」二〇〇〇年四月）

コメント

前半の、通称『ミク戦』の話と、後半のギブスンの話がまったくつながっていないのがご愛敬。『ミク戦』は、野心的な試みではあって、ゲーム理論を使って通常はブラックボックス化される「市場」を、かけひきの場として目に見えるようにしてみせたのが手柄。一方で、ブラックボックスとして扱えばさっと流せる部分が煩雑になって、同じ結論に達するのに手間、という面もある。経済学の教え方にすらトレードオフはあるわけで、初学者よりはむしろ、一回このミクロの基礎をやった人が、別の形での復習としてこの本を読むのが最もよいのではと思う。

一方、ギブスンのその後の作品は、当時『ニューロマンサー』三部作の後で期待が大きすぎ、テクノ風景の描写はいまあるガジェットや現象にひきずられすぎて急速に古び（特に、すでに停滞が露わとなってきた日本をやたらに重視する、ギブスンの嗅覚の鈍りを示すものである）、一方でそれをＡＩ的存在と結びつけようとする思わせぶりな書きぶりが空回りして、中途半端に終わっていた。その後のシリーズで、この傾向はさらに悪化する。ギブスンに関しては二〇一九年に一通り読み返し、ブログに決別書評を書いた。ご興味があればご覧あれ。

▼経済学における過度の単純化を戒め、倫理学との接続をはかる講演集

アマルティア・セン（著）徳永澄憲、青山治城、松本保美（訳）

『経済学の再生――道徳哲学への回帰』（麗澤大学出版会）

近代経済学は、合理的な個人と、自分の利益を最大化したがる個人を想定して理論を構築している。これはかなり有効だけれど、単純化でしかない。なのに、時に経済学はそれを忘れ、非現実的な結果を出してみたり、解がなくておたついたり。本書はノーベル経済学賞受賞のアマルティア・センが一九八六年に行った講演録だけれど、合理的で利己的な個人という想定の偏重を戒め、いまの経済学に欠けている各種要素を指摘し、そして倫理学と経済学の交流を通じてもたらされる成果の見通しを述べる。

センと読者の溝を深める解説は残念だが、訳は固いけど正確。講演録なので、比較的手軽に読めるのも吉。お金じゃない豊かな生ってどう考えようか。結果だけじゃ判断つかない権利や自由といった価値はどう考慮しよう――本書の問題提起は、いまなお重い。でも答えは出ていないながら、だれもが時に感じる疑問を本気で考えている本書は読者に希望を与えてくれる。

（「朝日新聞」二〇〇二年六月一六日）

▼一九三〇年代の論争をもとに、現代日本の不景気を見渡す

竹森俊平『経済論戦は甦る』（東洋経済新報社→日経ビジネス文庫）

構造改革の旗を振って出てきた小泉政権だが、ゴタゴタするうちに「構造改革」って何なのかすら不明になって、景気回復が一向に見えてこない日本の現状は周知の通り。不況を続けないとみんな余裕をかましすぎて構造改革が遅れる、などという本末転倒な意見まで出てくるし、さらにはデフレ対策だ、不良債権処理だと、景気対策としてあれこれ持ち出され、関心のある人でもそれらの議論をとてもきちんと整理しきれないというのが実情だろう。

そんな折、実によい本が出た。

本書は一九三〇年代の大経済学者二人の不況理論とその帰結から始まる。一つはシュムペーターの創造的破壊論、もう一つはフィッシャーのデットデフレーション論だ。創造的破壊論は、不況はよいものだ、という立場にたつ。不況でダメな企業が一掃されるから、というわけ。デットデフレ論は、不況で企業がつぶれすぎると、それが悪循環を招いて経済自体が崩壊するぞ、と主張する。

本書はそれぞれの議論が一九三〇年代の不況にどういう役割を果たしたかを眺めた上で、それを現在の日本にあてはめ、各種の景気回復論を実にきれいに仕分けしてくれる。そしていまの日本では創造的破壊は生じておらず、フィッシャーの警告したデットデフレが現実に生じていることを、落ち着いた筆致で説明しおおせている。

多くの類書は著者のスタンスが明確に出過ぎており、あまりに一方的で攻撃的な書き方に鼻白む思いをさせられることも多い。本書にはそれがない。理論的にかなり高度な内容にまで踏み込んでいるのに読み飽きない。そしてていねいな説明の積み重ねがあればこそ、デフレ対策を訴える著者の議論は説得力を持つし、最後の「構造改革」派に対する批判も一層の重みを持つ。口で構造改革を唱える多くの論者こそ、既得利権にしがみついているだけではないか、と。

著者の結論に賛成しない人でも、見通しのよい景気回復論の整理として有用だし、歴史的な話も交えて、経済読み物としても実に楽しい。お薦めの一冊だ。

（「朝日新聞」二〇〇二年十一月十七日）

▼教育も希少な資源の配分問題なのだ！

小塩隆士『教育を経済学で考える』（日本評論社）

こと教育についての議論となると、変な理念ばかりが先走る。多くの人は自分の個人的な教育体験を、何の疑問もなく一般化したがる。教育現場も世間も、教師は聖職だの教育は神聖だのと舞い上がり、世間的な評価や考察をなにかと排除したがる一方で、やれ「真の実力」だの愛国心だの「生きる力」だの、これまた得体のしれないお題目をふりまわして悦に入っている。

でも、お題目だけじゃ何も解決しない。しょせん教育だって、人間のいろんな期待と打算の結果の一つでしかない。だったら、その期待と打算をもとに教育を考え直そう。そもそも人は、何のために教育を受け、または子供に受けさせるんだろう。それはどういう効用を持つんだろうか。それをおさえれば、実際の教育問題についても、もっと生産的に考えられるだろう。

本書はそれをやっている。そこで使われるツールは、もちろんタイトルでわかるように経済学だ。教育に経済学！　神聖な教育を銭金の話におとしめるとは何事か！　そういきりたつ人もいるだろう。でも、経済というのはお金の話じゃない。希少な資源の適正な配分を考えるのが経済学だ。教育だって、人間の限られたリソースの一つの配分先なんだから、そこに必要とされるのはまさに経済学的な枠組みだ。さらに教育についての意外な洞察も本書の魅力だ。たとえば教育はデリバティブと似ていて、不確実性が需要を作り出すとか。

その理論的な枠組みや洞察から、実際の各種教育問題に対してすっきりした見通しが得られるのは爽快だ。三流大学の存在意義。塾や予備校の意味。ゆとり教育の失敗。エリート教育の是非。著者自身が大学の教官なので、実際の教育の現状ともうまく接点を保っているのもポイントが高い。声高なお題目に流されない教育を冷静に考えてみたいあなたに。そしてできれば、学生諸君（およびその出資者たる保護者諸賢）も一読を。教育をどのように（どの程度）受けるべきか？　その戦略を考えるためにも、参考になるかもしれませんぞ。

（「朝日新聞」二〇〇三年四月二〇日）

▼近年のおかしな経済状況分析をしっかり批判

原田泰『奇妙な経済学を語る人びと――エコノミストは信用できるか』(日本経済新聞社)

経済学は結構単純だし、基本的な原理は、ちょっと勉強すればそんなにむずかしいものじゃない。とはいえ、その「ちょっと」もさぼりたいのが人の性。結果として、目先の思いつきと陳腐な精神論をこねくりまわし、手軽な悪者を見つけて簡単な「解決策」を陳腐なスローガンにまとめて提示してみせる、エコノミストを名乗る人々のアホ議論が人気を博す。一見しただけでウソだとわかる頭痛のするような議論（たとえば日本はデフレじゃない、とか）が堂々と述べられ、それが大手紙で絶賛されるという情けない状況が、日本の景気沈滞とともにますます幅をきかせつつある。そして日本の超一流学者まで、それを批判するどころか、時にその尻馬に乗っている。

それだけに、最近そうした世にはびこる経済がらみのアホ議論をきちんと批判しくれる本が次々に出てきてくれているのは、本当にありがたいことだ。原田泰のこの本も、その一冊。

組上に乗っているのは、中国の成長が脅威だとか、デフレは中国発だとかいう議論、円通貨圏待望説、市場暴走説、不良債権処理で景気回復という説、地方経済、そして通常の経済議論を離れた少子化憂慮、核家族礼賛論など。いずれも、ある程度の数字的な裏づけをもって穏やかな口調でしっかりと論破され、それに対する奇を衒わないまともな経済学的見方が提示される。単なる分析にとどまらず、具体的な政策の方向性もきちんと解説。
そして最後は、なぜこういう珍説を唱えるアホなエコノミストがのさばるかについても説明。思いこみとウケ狙いだけで物を言うただのバカと、一方ではあまりに高度な重箱の隅理論にかまけている学者と、どっちも普通のニュートン力学にあたるごく基本的な（そして最も使いでのある）経済学を軽視しているということ。一般人の感覚レベルに訴える普通の経済的常識を確立すべきだ、という著者の主張は実にうなずける。冒頭で述べた「ちょっと」の部分ですな。本書を読むことで、その「ちょっと」のとっかかりくらいは身につけられるはずだ。

（「朝日新聞」二〇〇三年、ただしボツバージョン）

▼経済学も基礎が大事！　高校生の教科書で学ぼう

ゲーリー・クレイトン（著）大和証券商品企画部（訳）
『アメリカの高校生が学ぶ経済学　原理から実践へ』（WAVE出版）

本書を読んで「メリケンの高校生はこんなにすごか勉強ばしちょるですか！」と落ちこんだあなた、安心するように。ＭＩＴの大学生だって、こんなレベルの経済学を完備したりはしてません。ある経済学者が言ったように、本書の内容を全部マスターしたら、大学教養レベルは優に身に付くほどの代物。中身も高度だし、特に概念の現実への応用に関する記述のうまさは、アメリカの教科書ならではのもの。この内容を一部だけでも習えば世の中の見方は変わるだろう。世の経済評論家どもがこのレベルの経済学の基礎もご存じないのはすぐわかるが、それ以上に世のビジネスの関係がわかるという実用的な意味でも。

それにつけても、そもそもこういう高校教科書があり、それに伴う経済学の講義が高校であるということ自体、何とうらやましいことか。日本では社会科といえば、暗記ばかりの日本史世界史、単なるお題目羅列の公民だの倫社だのしかない。経済はおろか、お金に関する知識を一切教わらない。人の仕事とか税金といった話は、小学校の社会科以来ほとんど何もやってない（さらに学校教師ってのは、お金まわりの常識が最もない人々だったりするし）。そして投資の勉強と称して小中学生に株をやらせるとかいう愚行が一部でもてはやされたりする。情けない。

本誌の読者諸賢はもはや高校生ではないだろう。でも、いまからでも遅くない。この本くらいは読んで、しっかり自分のものにしよう。繰り返すけど、高校の教科書だからってなめちゃいけない。流し読みしてホイホイわかる安易な本じゃないから。でも、週末半日でも、赤ペン片手に本書をじっくり読めば、それはたぶんあなたにとって一生残る大きな財産になるだろう。

（「GQ」二〇〇五年）

▼お金だけが大切じゃないことを、説教としてではなく理論的に解明しようとする経済学の新潮流

スティーヴン・レヴィット、スティーヴン・ダブナー（著）望月衛（訳）
『ヤバい経済学――悪ガキ教授が世の裏側を探検する』（東洋経済新報社）

本書は刊行されてからすでにかなりの時間がたっている。ぼくは原書で読んで狂喜したし、すでに版

権が取られていて自分では訳せないことを知って不安になったが（だってこんな楽しい本が、どんよりした学者訳になっていたら一大文化的損失だもの）、それがここまで見事な訳で出たことで、その不安も杞憂に終わった。すばらしい。で、当然のように絶賛書評の嵐となるものと思っていたが……。

なんだ、この反応の悪さは。

書評もごく限られていて、しかも相当部分がピントはずれ。日経新聞に載ったやつなんか、目を疑ったね。表紙やタイトルが悪いとか途中のレヴィット自身に関する紹介文がいらないとか、くだらない揚げ足とりばかり。そして、本書で扱っているテーマがいかに意外で、いかに笑っちゃうほど楽しいものでありながら、いかにそれが経済学の本質と未来にとって重要か、ということにきちんと触れた書評はほとんど見あたらない。

なぜだろうか。ぼくはそれは、主に日本の経済学（いやアカデミズム全般）の世界にはびこる、悪しき病気のせいだと思う。

それは生真面目さと、その派生物であるタコツボ主義という、社会の活力を削ぎ、人々を死に至らしめる恐ろしい病気だ。

本書は経済学の本なのに、お金の話はほとんど出てこない。お金はせいぜいがアメリカのギャングたちの家計簿くらいだ。これが経済学？　と多くの人は思うだろう。相撲の八百長の研究、出会い系サイトに隠された暗黙の偏見や不動産広告の変な言い逃れ、犯罪と中絶の関係から子供の成績の決定要因？　なにこれ？　本書があまりとりあげてもらえないのは、（アマゾンのレビューにも見られるように）そもそもこんなのは経済学のやるべきことじゃない、人気取りの悪質なスタンドプレーにすぎない、という意見がかなり多いせいじゃないか。

　さて経済学のツールでもっと広い社会現象を分析しようとした一派は前にもいた。ノーベル記念賞学者ゲーリー・ベッカーたちだ。かれらは浮気や殺人やドラッグ中毒まで経済学の概念を使って分析しようとした。要するに人は、自分にとって得でなきゃそんなことはするまい、というわけ。その試みは（もちろん制約はあったが）予想外に説明力を持つ重要なものだった。

　ところがこれに対して日本のえらい経済学者たちは、こうしたテーマを経済学が扱うこと自体が嘆かわしいと論じた。[*1]だいたいドラッグは人の効用関数を破壊するから合理性の前提が崩れる、分析できない、と。[*2]だがベッカーは、まさにその効用関数がドラッグによって、どう変化させられるのか、というのを考えようとしていたのだ。分野そのものを勝手に狭く定義づけ、その外にあるものを排除するのではなく、それを自分たちの分析の中にとりこむ手段を考えたところにベッカーの慧眼があった。

　そして実は、そうした考え方は、タコツボ経済学者たちにとっても、本来は重要であるはずなのだ。前出の人物も含め、日本のえらい経済学者は才能が枯渇すると、みな同じ道をたどる。ホモ・エコノミカス批判のお説教だ。経済学は、人に合理性ばかり追求し、儲けばかり求め、人の心と倫理を失わせグローバリズムで人々を不幸にする悪しき思想だ、ホリエモンのような連中を量産するばかりだ、経済学に人間の心を、経済ばかりを追求して金の亡者になってはならない等々。救われないことに読む側もこの手のお説教が大好きで、学者としての評価は決して高くないガルブレイスに人気があるのもそのせいだ。

でも、こうした人たちは、心だの倫理だのをどうやって経済学に導入するのかについて、何もアイデアがない。嘆かわしいことです、とくだらない説教をするばかり。かれらは、眉根に皺を寄せてる自分が好きなだけだ。そこには経済学を未来へと開くものは何もない。

そしてそれこそ、本書が経済学の未来を担うものである由縁なのだ。経済学がお金ばかり考えてるのはけしからん？　そうかもしれない。だったら、人がお金以外のものにどう反応するかをきちんと考えることこそ、まさにこれからの経済学のやるべきことじゃないか。そして、それがお金とどうからみあって最終的な人間の選好が決定されるか、それを見極めなきゃいけないじゃないか！

本書がやっているのは、まさにそういうことなのだ。そしてそれをなんとかれらは楽しくやっていることか！　自分で経済学のテーマを限定しておきながら、それがお金ばかりを考えると説教する日本の経済学者たちの、生真面目さと陰気さともったいと偏狭さの無限タコツボスパイラルに比べて、本書の経済学のなんと軽やかで開かれていることか！　たぶん著者レヴィットは、日本では経済学者とすら認められなかっただろう。だがかの国では、偉大な経済学者も哲学者も諸手を挙げて、かれの融通無碍さを支持したそうな。うらやましい。

というわけで読者のみなさん、本書を読んでおこう。ヘンテコなネタに爆笑することうけあい。いまは本書が経済学らしからぬ変わった本だと思うかもしれない。でもいまから五十年後、いまとはまったくちがった、倫理も道徳も包含し、進化論とも接合した総合学問としての経済学（ぼくはそうなると思う）を前にして、あなたは気がつくことになるかもしれない。その新しい道への大きな分岐点は、あの

『ヤバい経済学』にあったのだ、と。そしてその新しい道を拓くのは、本書の読者たちになるだろう。

（「論座」二〇〇六年八月）

＊1　たとえば宇沢弘文『経済学の考え方』（岩波新書）pp. 199–200 を参照

＊2　たとえば森嶋通夫『思想としての近代経済学』（岩波新書）p. 192 を参照

コメント

ぼくは『ヤバい経済学』について、これ以前もこれ以降も、自分がここで書いた以上のまとまったきちんとした評価を見たことがない。ついでに宇沢や森嶋の非常に偏狭な見方（多くの人は、これが反資本主義だとか強欲経済学への疑問だとか思って賞賛したがる）について批判できているのもぼくくらいだとは思う。シカゴ学派についての変な誤解や罵倒、経済学帝国主義というものについての無理解は、有害無益なので修正しておいたほうがいい。それをやると、ネオリベラリズムだ差別主義だとか言われるのだけれど。

その後、『ヤバい経済学』は続編も出ていて、著者二人はがんばっているとは思う。この本での各種議論、たとえば各地の犯罪率低下と中絶との関わりといった話については、批判もたくさん出てきて、それに対して著者たちがきちんと対応しているのはとても立派。その一報で、この一冊の通俗的人気に彼らが最近安住してしまっているような気はする。ダブナーは記者／ライターだからいいんだろうけれど、レヴィットはもう少し可能性がある人だと思うので、本業のほうでもっと頭角を発揮してほしい感じだけれど、最近はどんな方面に手を出しているのかな？　一方で、本書にも登場するヴェンカテシュを含め、レヴィットの仲間の活躍はめざましく、だんだん新興勢力になりつつある印象もある。

▼マネーロンダリングの手口と、それがぼくたちにとって持つ意義。

橘怜『マネーロンダリング入門——国際金融詐欺からテロ資金まで』（幻冬舎新書）

マネーロンダリング！　やばい事情のお金を、第三者の手を経ることできれいにして堂々と使えるお金にするための手段だ。犯罪のあがり、裏金などは、そのままでは差し押さえられたり没収されたりするので使いにくい。現金にして現金で使えばいいとはいえ、大量の現金は調達するのも使うのも面倒だ。それに大量の現金を使うこと自体も目立つ。いまの世間でのお金の仕組みでは、一応ちゃんと説明できる形で帳簿にのってこなければ、そのお金は正式には存在しない。帳簿にのせられないようなお金を、どうやって帳簿にのせるか？　そのプロセスがマネーロンダリングだと思えばいい。

単純な話、あなたが何か後ろくらいことをやってお金を儲けたとしよう。たとえば不倫相手を脅して手切れ金で五百万円ほどむしりとったとしよう。だがその不倫と脅迫の事実が世間に知れるのはあなたにとっても困る。さてどうしよう？　いきなり羽振りがよくなれば必ず怪しまれるだろう。何か正規の方法でそのお金を得たんだ、と世間に納得させられなければ、その金はまともな形では使いにくい。さてどうする？

一番簡単な方法として、その違法な取引に関係ないだれかから何かを買い、そしてそれを正規に転売してあがりを得れば、そのお金はもはや正規の堂々と使えるお金になる。大判小判でもこっそり買って、「実家の蔵から出てきた」とでも言って転売すれば、その売り上げは堂々と使える。だがもちろん、そんな話は調べられればすぐにばれてしまう。お金が裏から表に出る過程で、どこかでどうしても変なところ、つじつまのあわないところが出てくるのだ。

　それに車、マンションの一棟くらいでも、出所のあやしい金でぽいっと買えるかもしれないし、多少変なところがあっても大きな業者であれば誤差範囲ということであまり追求もされないかもしれない。でもそれがしょっちゅうとなると、そうもいかない。その「関係ないだれか」だってもはや関係ないとは思ってもらえない。一蓮托生の仲間だと思われる。そんなリスクを冒してくれる人はなかなかいない。それに、一発限りの取引ならいざ知らず、長期的に続く裏ビジネスなら、そんな転売用の買い物自体があやしまれ、足がついてお縄にかかる原因となる。だからこんなわかりやすいマネーロンダリングは普通はない。無数の銀行口座を網の目のように使った資金の移転。ちょっとした法制度の抜け穴を使い、当局の監視の目から逃れたルートで資金を流して日の目を見せる手法。絶対に当局に対して情報を開示しない（はずの）金融機関を使った手法。いかにわかりにくく、追跡しにくい資金の流れを作り出すか、というところに、マネーロンダリングの手腕は発揮される。

　この本は、新書ながらそのマネーロンダリングの各種手口を現実の事件に則しつつていねいに説明した、実におもしろい一冊となっている。カシオの資金百二十億円強が消え去ってしまったカシオ詐欺事件、ニッポン放送をめぐるライブドアの資金調達。北朝鮮の闇資金の仕組みに、アルカイダをはじめとするテロ金融の裏。よくこんな短い本にこれだけのネタをつめこんだものだと思う。そしてそれにからめて、プライベートバンクの歴史、そしてその虚像（日本のプライベートバンクなんて応接セットが立派なだけで何も意味なし！）、スイス銀行神話とその崩壊、さらには資金の国際移動と監視とのいたちごっこからネット金融の含意まで書きおおせているのは驚くばかり。

だが——こうした実際の事件を見てみると、この手の事件における最終的なキモの部分というのは実にくだらなく、幼稚だったりするのは実に意外といえば意外。冒頭のカシオの事件は、そもそも資金部の担当者がうまい話にだまされて、元金保証つきだけど一年で倍になるなんていうあり得ない投資話にうまうま乗ってしまったことが発端だったりする。それをごまかすために、担当者たちはさらに変なブローカーたちの信じがたい話に次々と乗り、資金流出をごまかすために各種の口座間でめまぐるしく資金を動かし続けて、とんでもなく複雑な仕組みを作り上げてしまった。そしてそれが発覚しなかったのも、そもそもは資金部の活動を一切カシオの経営陣がチェックしていなかったことに加え、A銀行に百万円入金してその場で記帳し、それをすぐに引き出してB銀行で同じことをして、二つの銀行の通帳を見せて「二百万円持ってます」と強弁するような小学生みたいなインチキを会計担当者が平気でやり、そしてなんと会計監査事務所がそれをあっさり見過ごしてしまうというトホホな話。ライブドアがらみのマネーロンダリングも、話は複雑なんだが結局ない金をふくらませて見せかけるための壮大な仕掛けでしかない。当然といえば当然だ。マネーロンダリング自体は何も生み出さない、単に帳簿を整えるための手段でしかないんだから。そこにはパズルの楽しさはあるんだが……それだけでしかない。

おそらく本書が読者にとって、そうしたパズル以上の実用性を持つのはその最後の部分だろう。ここでは著者が、本稿でも何度か取り上げた『ゴミ投資家』シリーズを通じて訴えてきた、国外脱出を含む資金運用を通じた生活設計のあり方が描かれている。今後、裕福な高齢者層は、ますます容易になる資金と人の移動を通じ、どんどん条件のいい外国に脱出するのではないか。そうなったとき日本に残された人々はどうなるのか？　実はぼくはこのシナリオに必ずしも説得力を感じないのだけれど（だって実際に移住した高齢者たちは必ずしも幸福ではない場合も多いらしいよ）、可能性としては非常に示唆的。そしてその中で自分がどのような生活設計を抱くべきかについても、再度考え直させてくれるのだ。

（「CUT」二〇〇七年二月）

▼正しい理論が政策に反映されない理由

野口旭 他

『経済政策形成の研究――既得観念と経済学の相克』（ナカニシヤ出版）

たまにはお勉強の本も読んでいただきましょうか。本書は経済の専門書だが、数式やグラフが並ぶような経済理論書ではない。経済理論がどんな具合に政策に反映されるか（またはされないか）を考えた本だ。

日本はいま（注：二〇〇七年）、（日銀が何と言おうと）デフレで景気がイマイチだ。そのせいで、貧乏人がひがむような形の悪しき格差も生まれる。まずデフレから明確に脱出して景気回復しないとどうしようもないぞ、というのは内外のまともな経済学者の間ではほぼ定説だ。

でも、その常識が政策になかなか反映されない。なぜだろうか？　デフレ解消策はいい加減、景気がちょっと戻り始めたらバブルが心配だとかでもとの黙阿弥。何度否定されても、「デフレは物価が下がるのでよい」「デフレ解消より構造改革を」なんていう妄言が何度も蒸し返される。そして政策はしばしばそれに流されてしまう。


本書は、どこからそうしたダメな発想が生まれ、政策を左右するのかについて、多方面から分析する。明治期や昭和恐慌の分析から、現在のデフレを巡る新聞記事の分析、そして学会の常識のまとめ。学者の論文集だから、最終的に「じゃあこうしよう！」という提案はない。が、結論はすぐわかる。人間は卑近な例に基づく思いこみが強い。それが政策にも反映してしまう。一方、経済学者たちは学問の世界にとじこもって、みんなの思いこみを正す努力をしてこなかった。メディアに出るのは、株の予想屋もどきの自称「エコノミスト」たち。かれら（そして本誌のようなマスコミ！）は俗情にすり寄るほうが人気が出るので、まともな経済論議は無視する。こうして学者の正しい議論は顧みられないままだ。

じゃあどうすれば？　うん、学者はもっとみんなに説明しないと。実際、本書の著者たちは各所でその努力をしているので気をつけてほしいな。そしてみんなも、学者のいうことに少しは耳を傾けないと。目先の話しかしないお手軽な新書ばかりでなく、たまにはこういう本格的な代物も手に取らないと。そうでないと景気もなかなか回復しないかもしれませんぞ。ということで、日本経済のためにも是非ご一読を！

（「ＡＥＲＡ」二〇〇七年十月二九日）

▼政治的配慮一切なし！　快刀乱麻を断つ必読の経済書

ジョセフ・Ｅ・スティグリッツ（著）藪下史郎（監修）藤井清美（訳）
『スティグリッツ教授の経済教室――グローバル経済のトピックスを読み解く』（ダイヤモンド社）

泣く子も黙る天下の大経済学者スティグリッツの、長大な書き下ろしを加えた雑誌連載エッセイ集。かれのよさは、その理論家としての鋭さと同時に、政治的・人間関係的な配慮が一切ないところだ。おかげで世界銀行の主任エコノミスト時代には、内外の力関係を完全無視。根回しとか調整とか駆け引きとかいう配慮のかけらもなしに身内同然のＩＭＦをボロクソにけなして関係者蒼白。世間知らずの学者教授めと、早々に蹴り出されたのだが……。

それをきっかけにかれは明らかに変わった。象牙の塔の理論経済学者から、現実の問題に対する鋭い切り込みを次々に行うようになる。本書はその集大成だ。そしてまったく政治的配慮をしない人物であればこそ、その発言は説得力を持つ。かれの言うことすべて明確な理論的帰結でしかなく、変な利害関係で歪んでいないからだ。

もちろんそのすべてが正しいとは言わない。特に地球温暖化の話は、まだ未知の部分が多い話にあまりに硬直的な形で対処しようとしていて疑問ではある。だが正しいグローバリズムのあり方、年金問題、各種自由化、そして旬のサブプライムローン問題まで、純粋経済問題では快刀乱麻を切る明快さ。

そしてわれわれにとって重要なのは、日本についての部分だ。日本のいまの不景気はすべて日銀の失策によるものだということ、日銀の主張する中央銀行の独立性なんてのはどうでもいいこと、デフレ解消がきわめて重要なのにまともな対応がなされていないこと――いわゆるリフレ派の主張そのもの。これが理論的で政治的偏向のない見解である以上、それを否定する各種見解は、理論的な無知か、政治的思惑で歪んでいるんだということを、一人でも多くの人が本書で理解してくれれば、日本経済の夜明けも近づくはず。ちょっとでも現実の経済に関心のある人、必読の一冊。ついでに本書をきっかけにかれの教科書まで制覇してくれれば――が、そこまで行かずとも、この手加減を知らない熱い筆致を読むだけでも元気が出ます。是非是非！

それと蛇足だが、この題名とこの表紙のデザイン、どっかで見覚えがあるんだが……。

（「中央公論」二〇〇八年一月）

▼アメリカの世界経済介入

ジョン・B・テイラー（著）中谷和男（訳）

『テロマネーを封鎖せよ　米国の国際金融戦略の内幕を描く』（日経BP）

アメリカが世界の警察官を気取るのは、時にうっとうしい。が、かれらが世界のために優れた力を発揮することが多いのも事実だ。本書は、国際金融の分野でのアメリカの介入を赤裸々に述べた驚異の一冊だ。著者はあのテイラールールのテイラー、と言ってわかる人はわかるだろう。理論家としても優れた業績を示したかれが、爆撃後のアフガニスタンやイラク復興、トルコ、世銀やＩＭＦ、そして日本で、実務家として金融の安定化に八面六臂の活躍を見せる。財政援助を各国からとりつけ、債務救済を推進し……。

それぞれの活動は、一応筋が通っているし、著者たちが真摯なのもまちがいない。が、本書を読んで人は複雑な思いにかられるだろう。そもそもアフガンもイラクも、アメリカが無意味な爆撃しなきゃこんな面倒にはならなかった、というのは言わぬが花にしても、世銀やＩＭＦ「改革」については、援助の現場にいる評者としては疑問。また前回ご紹介したスティグリッツなどは、ＩＭＦなどによる途上国等への金融介入についてきわめて批判的なので、かれが本書を読んで何というか、是非きいてみたいものだ。

そのスティグリッツも、本書の第八章には拍手喝采だろう。日銀の失策による失われた十年からの脱出のため、著者は日本の財務省に細かく指示を出して、為替介入を通じた大規模な金融緩和を実施する。日本のマクロ経済がここまでアメリカに細かくコントロールされているとは唖然。日銀が中央銀行の独立性を騒ぎ立てる尻ぬぐいのために、国の経済政策の独立性が失われているわけだ。そのおかげでここ数年の、日本の景気回復らしきものが見事に実現したので、文句を言える立場でもないが……。

理論面でも実務面でも、国際マクロ経済政策に関心ある人は必読。翻訳は生硬だが、もとの文がシンプルなので実害はあまりないのが救い。また、邦題は売れ線を狙ったつもりだろうが本書の内容を示すものとしてはあまりに部分的で、本来の想定読者層をかえって遠ざけている。願わくば、著者のネームバリューがそれを補いますように。

（「中央公論」二〇〇八年二月）

▼不況は需要不足が問題といいつつ対策は供給側の技術革新に増税？

吉川洋『デフレーション――〝日本の慢性病〟の全貌を解明する』（日本経済新聞出版社）

日本のケインジアン代表と聞く吉川洋が、デフレについて書いた本なのだが非常に混乱した本となっている。過去二十年強にわたる日本の不況について、ケインズ派として需要不足が問題なのだと言うが、その需要不足を解決する手段というのがない。それどころか、最後に出てくる提言は供給側で「需要創造型の」イノベーションを促進すればいい、日本はデフレでコスト削減ばかりやるようになったのでイノベーションが減ったのがいけない、とのおおせ。でも需要創造型のイノベーションはどうすれば実現できるんでしょうか？　それはノーアイデア。かろうじて規制緩和という話が出るくらい。さらになぜ需要創造のイノベーションが減ったかといえば、これもデフレのせいらしい。だったらデフレを何とかしましょうよ、という話になりそうなものなんだが……。

ところが著者は、デフレはどうしようもないと主張する。驚いたことに、ケインズ派といいつつ、お金の理論を実体経済と関連づけたケインズの業績はまったく顧みられることがなく、時に流動性の罠などを口実につかいつつ、結局お金（マネーストック／サプライ）はデフレとも景気とも関係ないという話に落ちてしまう。そして金融政策でデフレ脱出というクルーグマンや各種リフレ派の議論に対し、それは貨幣数量説を前提にしているからダメだというだけ。でもその貨幣数量説の否定も、直近のいくつかのデータや一九世紀末の話を書いておしまい。もう少しいろいろ研究成果はあると思うし、おおまかには成り立っていたと思うんだが、厳密に成立していないからダメといって全否定。さらに期待の役割もまったく考慮しないので、いまデフレから脱出できなければいつまでも脱出できないことになってしまう。

　結果としてデフレは金融的な現象ではなく、実体経済の結果だという話になってしまい、本書の中でさんざん罵倒しているＲＢＣなどの現代マクロと寸分代わらない理屈となってしまっているのは驚き。

　さらに政策提言として、冒頭に「消費税率の引き上げはきちんとやれ」という主張が何の説明もなく登場するのはいったい何？　著者は古いマクロ経済学の復権をうたうが、その古い経済学で増税が景気によいという主張は出てきますか？

　まとめると、不況は需要不足が問題と言いつつ、提言は供給サイドの改善と脈絡のない増税主張。ケインズ派といいつつお金の役割を否定しデフレを実体経済のせいと述べ、ＲＢＣなどを「役に立たない」と述べつつ自分の主張はそれとまったく同じ。混乱した本と言わざるを得ない。

（アマゾンレビュー／ブログ　二〇一三年三月十二日）

コメント

この吉川洋を筆頭に、日本の経済学者の多くは、消費税率引き上げをやたらに支持したがる。ぼくはそれが不思議でならない。政府が財政破綻しそうだとみんな不安に思って消費を控える、税金が上がったらみんな安心してお金を使う、というのがその理屈だ。でもこれまで歴史的に見ても、政府が破綻しそうだと手持ちのお金の価値がいつ下がるかわからんので早めに使おうと思うのでは？　こうした議論のおかしさにとどまらず、吉川の場合、増税支持の立場を温存するために己の学問的基盤であるケインズ支持すら投げ捨て、正反対の立場にいつのまにかすり替わるのがあまりに不思議。これでもかなり抑えた書評。手加減なしの完全版は、ブログにあるのでご参照あれ。

▼知識人の左翼的な妄想を捨て、経済成長の重要性を理解しよう！

飯田泰之他『経済成長って何で必要なんだろう？』（光文社）

先日、朝日新聞がゼロ年代の五十冊を選ぶという企画を行ったが（注：二〇一〇年四月）、そのセレクションに経済学系の本がまったく入っていないことが、一部では話題となった。

それはある意味で、日本の「知識人」と称される人々の中での優先順位を如実に示している。多くの知識人は経済＝お金としか思っておらず、一方ではお金など卑しいとする文化貴族的な偏見、そして一方ではお金は資本主義の道具と考える左翼的な偏見にとらわれている。そして各種経済活動の現場に対し、劣等感と嫉妬のないまぜな感情を抱いて、それをバカにしたり貶めたりすることに卑しい喜びを見いだしている人が多い。多くの知識人は、内心は本気で士農工商という階級を信じていたりするのだ。

それは過去十年以上にわたる日本の不景気継続の、一つの理由でもある。世界的に見てもそれはきわめて異常な現象であり、また世界経済の足を引っ張ることにもなっている。アジア通貨危機でも、今回のリーマンショックでも、日本経済がしっかりして世界経済の安定に貢献していれば——外国からモノやサービスを買い、資金を提供できれば——世界経済はずっと傷が浅くてすんだはずだ。

なぜ日本では不景気が続いているかについては、すでにもう日本以外のところでは結論が出ている。バブルを過度に恐れる日銀のデフレ的な金融政策と、明確な政策方針を出せない政府や財務省のせいだ。だから諸外国では「いかにして日本の失敗を避けるか」といった論文がいくらも見られる。日本の知識人たちが少しでもまともな経済常識を持ち、諸外国の知見を伝えていれば、もっと有効な経済政策がうたれていただろうに。

それを打開しようとしていた数少ない知識人エコノミストである岡田靖が先日急逝した。かれは各種論文などでそうした知見を自ら実証する一方で、ネット上の匿名掲示板では「ドラエモン」名義で実に高度な経済学的知見を、ぼくたち下々の連中にもよくわかるように伝え続けてくれていた。かれが他界したことで、世のまともな経済学的な言論の質は大きな痛手を被った。まだまだこれからだったのに。

残されたぼくたちが、その衣鉢を少しでも継がなくてはならない。岡田靖の手に取りやすい本としては、飯田泰之他『経済成長って何で必要なんだろう?』（光文社）に収録された対談を読もう。そしてこの本全体が、経済学的な常識の基礎の基礎を作ってくれる。経済はある程度は成長しないとみんな困るんだ、という（橋本治すら認める）常識すら、日本の多くの知識人は持っていない。本書を読み、岡田靖の発言を読んでそれを身につけよう。その「みんな」というのは、日本国内で就職氷河期に苦しむ若者、既得権にしがみつく年寄りにとどまらない。世界のすべての人々のことだ。この本を手始めに、みなさんがいまの通俗知識人たちの持ち合わせていない、本物の知識を身につけてくれますように。

（「リバティーンズ」二〇一〇年五月）

▼行動経済学の発想をうまく紹介した、開祖の独自論文集

ダニエル・カーネマン（著）友野典男（編訳）『ダニエル・カーネマン心理と経済を語る』（楽工社）

人間の心理は、時に奇妙なよじれを見せる。評者は十万円もらっても売らない本を持っているが、それを盗まれても五万円で買い直すかわからない。売るのと買うので価値評価がちがうのだ。

同じものの価値が状況によって変わる――朝三暮四のサルを笑えない！　これは従来の経済学では想定外の事態だ。カーネマンは、それを実証的に示し、行動経済学という新分野の先鞭をつけた。本書は、そのカーネマンのノーベル経済学賞受賞講演と自伝、そして論文二編を収録し、業績を一望できる日本独自編纂の一冊だ。

カーネマン自身の解説で、自分を実験台に各種知見を確認できるし、著者がその知見に到達するまでのエピソードも秀逸。初めて触れる人でも楽しく勉強できるはず。

訳はきれいだし、監訳者の解説もポイントを抑えていて有益。欲をいえば、現実への応用について紹介がもっとほしかった。著者や監訳者の嘆く、行動経済学が既存経済学を全否定するという誤解は、具体的な応用が見えにくいせいもあるのだから。

たとえば国民に自由意思で健康保険に入ってほしい場合、「みんな健康保険入ろう！」と言うより「全員保険に登録しとくけど、やめたい人はお好きに」と言ったほうが、同じ保険でも最終的な加入者はずっと増える。行動経済学の応用は様々だが、何よりこうした政策の提示手法面で大きな示唆を与えるはず。それがわかれば、既存の経済学を否定するより補完するものだと納得しやすいと思う。

また巻末の二論文は、人間の幸福という大テーマに挑む。かれの最近の研究結果では、人間は所得が上がっても幸福は頭打ちだが、人生への満足度は上がるとか。幸福でないが人生に満足しているって、どういう状態？　哲学的な問題としても奥深いし、己の人生を見直す契機になるやもしれませんぞ。

（「朝日新聞」二〇一一年四月三日）

コメント

この本が出てしばらくして、カーネマン『ファスト＆スロー』邦訳が出てしまい、どれか一つ読むなら『ファスト＆スロー』のほうになってしまう感じではある。でも、一つだけ読むべき理由はないし、ポイントはこちらの本でも十分押さえられるし、二〇一九年のいまでも十分によい本だと思う。

▼常に混合し合う文化のダイナミズムを経済学的に描く

タイラー・コーエン（著）田中秀臣（監修）浜野志保（訳）
『創造的破壊――グローバル文化経済学とコンテンツ産業』（作品社）

グローバリズムは地域文化を破壊し、低俗なハリウッド映画とマクドナルドで世界を画一化する陰謀だ、といった議論は多い。だから外国文化の侵入を規制し、自国文化の衰退を防げ、と。

本書は経済学の概念も援用し、そうした見方を実証的に否定する。文化は常に混合し変化する。「弱い」文化が「強い」文化につぶされる一方なんてことはない。大衆に迎合して低俗化の一途でもない。多くの文化保護論はむしろ不自由の強制。総合的にはグローバリズムは多様化を促進しがちだ。そして自国文化保護の規制は、成功したためしがない。

文化保護議論の根底にあるのは、明確な効用判断よりは価値観なのだ、と著者は指摘する。何が望ましいかは、読者の判断だ。だが文化排外主義談義や文化帝国主義批判に走る前に、是非本書をご一読を。文化はみんなの思うほど脆弱ではないのだから。また解説は大風呂敷ながら本書の議論の可能性を縦横に論じて刺激的。

（「朝日新聞」二〇一一年八月七日）

▼不勉強な左派と図に乗った右派の両方をくさし、経済学の価値を認めるべきところでは認めろと主張するえらい本

ジョセフ・ヒース（著）栗原百代（訳）『資本主義が嫌いな人のための経済学』（NTT出版）

二〇〇八年金融危機に始まる世界不況、さらには震災後には特に、「資本主義はもう終わり」みたいな物言いを無数に見かけてきた。これは特に左派に多いし、その人たちは資本主義の理論的根拠（と思っている）経済学も破綻したと言いたがる。

でもそのほとんどは、実は経済学の主張をろくに知らず、自分の主張も考え抜いていない。そしてその無知と怠慢につけこんで、現状維持の保守派が乱暴な議論をしても反論できず、おかげで万年負け犬の地位に甘んじている。

それじゃダメだ。資本主義のダメな現状を改善したいなら、左派もちゃんと勉強しようぜ、というのが本書だ。

というわけで本書は、筋金入り左派哲学者による、むずかしい綱渡りだ。経済学を濫用して既成体制の走狗と化した一部論者には鉄槌を。しかし優しさとか友愛とか、無内容なお題目を垂れ流す左派の情緒的議論にも手加減無用。本書の邦題は実に秀逸だ。まさに資本主義が嫌いな人こそ、ちゃんと経済学を学ぼう。実は、嫌いな部分を考えるヒントは既存の経済学でかなり議論されているんだから。それが

本書の中心的な主張だ。

書き方や主張は実にストレートだ。個人的には『ヤバイ経済学』批判など少し異論もあるが、主張はおおむね納得できる。経済学者が書いたら、上から目線で無知な大衆に説教するような嫌みな本になりがちだが、それもない。

ただし内容的にはちょっと高度で、十分な理解には経済学について多少の予備知識はいる。また前半／後半で投げ出さず、是非とも全体をバランスよく読んでほしい。特に左派の読者は、ミイラ取りがミイラになったと思うかもしれない。資本主義だの合理的個人だのをかなり擁護する本だから。でも表面的な好き嫌いだけでそれを否定するだけでは前に進めないのだ。本書をきっかけに、それに気がつく人が一人でも増えてくれれば……。

（「朝日新聞」二〇一二年三月十八日）

▼資源自体ではなく資源の価値をどう残すか？

ポール・コリアー（著）村井章子（訳）『収奪の星――天然資源と貧困削減の経済学』（みすず書房）

資源は途上国にとって諸刃の剣だ。収入は増えるが、利権と汚職の温床になったり、資源収入への過度の依存で国民の勤労意欲まで消えたり。この「天然資源の呪い」を指摘した一人が、本書の著者コリアーだ。

でも、あらゆる国は何らかの天然資源を持つ。それをきちんと活用して、天然資源の呪いから脱するには？　それが本書のテーマだ。

その指摘は単純ながら重い。まず、天然資源の呪いは行政能力の問題だということだ。自国の中で政治家の汚職を監視し、国富を国民に還元する仕組みが弱いので、資源の利益が外国や汚職政治家に吸い上げられたり、無駄な投資が起きたりする。

さらに著者は、その背後にある思想の問題も指摘する。いまの経済学的な計算方法では、資源は早めに採掘したほうが価値が高い。これは、森林や生物などの環境でもそうだ。だからこそ、乱獲が生じ、温暖化問題も生じる。

これを変えるべきだ、と著者はいう。後の世代にも資源や環境の便益を残さなくては、と。ただし何でもかんでも残せということではない。資源をそのまま残してもいい。でも資源からの収益をインフラ投資や貯蓄に使ってもいい。重要なのは、価値を残すことだ。そうした後代に対する責任を認識し、地球資源の保護者（カストディアン）としての役割を引き受けろと本書は主張する。

単純な資源問題の本に見えたが、政治的関心向上や教育の改善、インフラ投資など、みるみる話題が拡大する。そして抽象的な議論に思えたものから具体的な政策が展開され、その一部がすでに実行に移されているというのも驚愕だ。大局的な世界的合意形成の困難に関する著者の指摘は、いささか暗澹とさせられるが、本書のようにその合意の基盤となる発想を一歩ずつ踏み固めていくしか道はないようだ。資源問題のみならず、今後の国際協力や環境問題に関心ある方も是非どうぞ。

（「朝日新聞」二〇一二年六月三日）

▼行動経済学や幸福研究などの成果紹介で、
数多い類書から傑出はしていないが、よくまとまっている

ノルベルト・ヘーリング、オラフ・シュトルベック（著）熊谷淳子（訳）
『人はお金だけでは動かない――経済学で学ぶビジネスと人生』（NTT出版）

　最近たくさん出ている、行動経済学や幸福研究などの知見を使って、人間が必ずしも金銭欲得ずくの完全合理的に動くわけではないという話をあれこれ紹介した本。かなり多くのトピックをカバーしていて、そうした本の中では決して悪いものではない。要領もいいと思う。こうした本を読んだことがなければ、手に取ってみても損はない。よい本だと思う。

が……この手の本をすでに読んだことがあれば、「またか」という部分が多々ある。最後通牒ゲームで、人は自分が損をしても不公平（だと感じる）を拒否するので、完全合理的ではありません、人はお金が増えても幸福が増えるわけではありません、等々。
　おもしろいネタとしては、テレビ報道は世論にどのくらい影響を与えるかとか、ＩＭＦはウォール街の使いっ走りというのが本当か、とかいう話（本当だそうです）、あと最後にある統計分析についての警告。レヴィットの有名な「中絶の合憲判断がアメリカの犯罪低下をもたらした」という研究は実は統計処理がまちがっていて、ちゃんと統計分析をやりなおすと、成り立たないことがすでにわかってるんだって!!（p.276）[*1] 知らなかった。
これ、増補版でちゃんと説明してあったかなあ。[*2]
個人的には、幸福研究のところは少しおもしろい。ブータンの「国民最大幸福（ＧＮＨ）」追求というのをほめそやす人がいる。でも、ブータンはそれを実現するために、実際には何をしてるんだろうか？ ＧＮＨはすばらしい、日本も経済発展重視から幸福重視へ、とか主張する論説で、ぼくは幸福向上の具体的な施策とは何か、という話を読んだことはほとんどない。さて、何をすればいいの？ ブータンの王さまはかけ声以外に何をやってるの？（注：本書にはブータンの話は出てこないが、日本では定番なので）
幸福に関する各種の見方を総合すると、幸福度を上げるために政府ができることはほとんどない。「幸福の研究を実用的に応用する余地はほとんどなくなる」（p.44）。こないだ日本でも、なにやら幸福の指標を作るとかいうバカな活動が始まったそうなんだが、でもそんなのはまったくやるだけ無駄だ、ということ。ちなみにぼくはこれは言い過ぎで、幸福度を上げるためにできることはちゃんとあると思う。でも、その結論は（指標なんか作らなくても）わかり切っている。
人は要するに、絶対的な収入や地位の水準で幸福を感じるんじゃない、という話。自分自身の力（と思っているもの）でどのくらい収入や地位が向上したかという達成感が幸福に果たす役割が大きい。それも絶対的な達成だけでなく、まわりと比べたときの相対的な達成度からくるものが大きい。そして、いったんある水準を達成してしまうと、すぐに慣れてしまい、その収入や地位そのものからは幸福が得られなくなってしまう。だからこそ、ＧＤＰや健康や寿命その他と幸福度とを相関させて国際比較を行ってもあまり意味のある結果は出ない。でも、政策でいじれるのはそういうものだけだ。社会への帰属感を高め、自分が何か有益な活動をして必要とされている、という自己意識を高めることは、幸福に大きく関連してくる。だから不景気を改善して、みんなが就職できるようにして、自分の働きに応じて給料上がるとかそういうのを実現すれば幸福はだんだん高まる。でもそれは新しい指標なんか作るまでもない。

で、カーネマンの研究では、結局満足をあげたり不幸を減らしたりするための最高の手法は、鬱病治療の改善（と通勤時間の短縮）なんだって。えー、カーネマン本にそんなこと書いてあったっけ。読み返さないと。

そしてもう一つ、幸福追求というのは、それ自体自己否定的なところがある。幸福を求める人は、自分が十分に幸福ではないと思っているわけだ。でも、そう思うこと自体が不幸を増す。

成功とは、望むものを得ること。
幸福とは、得たものを望むこと。
——匿名

足るを知る、自分が持っているもので満足する——それが幸福の秘訣でもある。宗教の多くがそれを主張する。多くのものを求めず、いまあるもので感謝しろ、と。この世では夢を持つな、と。

それがある意味で幸福の本質でもある。ハックスレー「すばらしき新世界」の野蛮人が、不幸になる権利を求めたとき、それは同時に進歩の権利を求めたわけだ。そしてそれは、各種のユートピア／ディストピア小説すべてに通じるテーマでもあるんだけれど。

その意味で、幸福を追求する施策にはもう一つあり得る。期待を下げることだ。これ以上はよくならないからあきらめよう、これで満足しようと思わせることだ。お前らはもうダメだと思わせることだ。いまの三〇年デフレ不況は、実はまさにこの状況を作り出している。日本の研究で、ニートで失業していて将来の見通しも暗い若者があまり不幸でないことに驚く研究が最近あった。でも、そういうもんだと思ってしまえば――人はそれでも幸福でいられる。

みんな失業し、あてもなく、希望もなく、病気して、飢え――それでも人は幸福でいられる。そういうものだと思わせれば、ＧＮＨは上がる。ぼくはそういうものだとは思わないから、これが不幸だと思う。でも、そう思わなければいけない理由は、必ずしもない。ブータンがこんなことをしているとは、もちろん思わない。が、意外と日本は、そういう意味での幸福追求の先駆、なのかもしれない。

が、これは本自体の話とは離れた。本書の中の十ページほどの部分からぼくが勝手に妄想をふくらませただけで、本書がここまで過激なおもしろい議論をしているわけではない。ちょっとぼく的にはありがちかな、という気がするのでパス。あと、原著ドイツ語からの直接訳ではなく、英語からの重訳――とはいえ、英訳著者たちは当然英語はできるし、そんなに気にする必要はないと思う。いい本だと思うのでこの手のテーマに興味があってまだあまり類書を読んでいない人は是非どうぞ。

＊1　Foote, Christopher and Christopher Goetz (2008): "The Impact of Legalized Abortion on Crime: Comment," in: Quarterly Journal of Economics, Vol 123, pp. 407-423.

＊2　はてブokemosコメントによると：「中絶と犯罪の話、ググってみるとレヴィットとダブナーは改めて分析しても有意な関係があると言ってますな http://goo.gl/3lhmN ただ、その結論を否定してる研究もあって http://goo.gl/bFhEj よく分からんすな。」とのこと。こういう政治的な思惑のからむネタは、結局結論がはっきりしないのでアレだ。これは、中絶反対論者は中絶肯定に使われるのが嫌なので否定したがるし、他の犯罪根絶方法を支持する人も否定したがるし。これだけでなく、死刑と犯罪率との関係とか、ほんと議論が醜くなっていやー。(アマゾンレビュー／ブログ　二〇一二年九月十八日)

▼概説書としてはまあまあ。でも量子ゲーム理論って何のためにあるの？

川越敏司『はじめてのゲーム理論』(講談社ブルーバックス)

ゲーム理論の入門書で、それなりに簡潔にまとまっている。もちろん流し読みだけではわかったような気になるだけで、ホントはもっと細かく見るべきなんだが、すわってきちんと手を動かすこともできるように練習問題その他もついている。囚人のジレンマの話を延々書くような本ではなく、パレート最適、ナッシュ均衡、メカニズムデザイン、不可能性定理と話が進んでいって、羅列に終わらず分野としての発展の軌跡とそこでの悩みという見通しもよいと思う（そうそう、メカニズムデザインってことで、今年（注：二〇一〇年）のノーベル賞ともからんでるのか）。

ただ、最後にくるのが量子ゲーム理論。最先端だというんだが、そうなのかも。でも、ぼくはこれが現実世界にどんな応用があり得るのかさっぱりわからない。みんなが量子コンピュータを持つようになればこれを使って協力が改善できるというんだが、どうして？ 人間がこうした量子もつれにしたがう利得を持ったりするような状況があり得るのか？ と考えているうちに、不可能性定理までの見通しのよさが記憶のかなたにいってしまうようで、ちょっと残念。最先端を教えたいという熱意はわかるしありがたいんだが……。

（アマゾンレビュー／ブログ　二〇一二年十一月八日）

▼日本経済の現状を無視した許し難いデフレ本

尾山大輔・安田洋祐（編著）
『改訂版 経済学で出る数学：高校数学からきちんと攻める』（日本評論社）

我が国経済は過去二十年にわたるデフレに苦しめられており、近年ようやく日銀の方針変更（と期待されるもの）によりその脱却が本格的に始まろうとしているところである。だが本書はせっかくのインフレ期待を踏みにじり、日本を再びデフレの渦にたたき込みかねない、許し難い一冊である。

前バージョンから五年たって出た本書は、確かに価格だけ見れば二千円→二二〇五円と価格上昇が見られる。これは年四一円の上昇であり、その算出法および図示法については本書pp.1–3に詳細に記述されている。一方、増加率で見た場合、これは五年で10％増、年率では2％弱の増加となる（pp.72–75）。したがって一見すると、物価上昇に貢献しているかのような印象がある。

しかしながらよく見ると、実は本書のページ数もまた二三〇→三八〇と大幅に上昇している。このため、ページあたり単価で見た場合、8・7円から5・8円と大幅な価格下落が見られ、なんと年率8％近い価格低下である。むろん、個別商品の価格下落と物価全体の下落とは混同すべきではないが、一方で物価全体はミクロの個別商品の総和でもあり、本書もデフレ傾向にそれなりの寄与度を持つと考えるべきである（本書には寄与度の計算は出ていないが）。

むろん商品の価格設定は需要と供給を見据えた上で生産者にとっての利潤を最大化するところに設定されるものであり、それが市場均衡点となるのはEcon101である。本書でも、いたずらに数学の解説だけに陥らず、こうした経済学への応用も含めた解説が行われている（pp.10–30）。同時に、生産費用面から見た利潤最大化も考えるべきであり（pp.32–41）、また他の（少なくはないが限られた）類書との寡占市場と考えればそれをゲーム理論的に考えることもできた（pp.43–52）。また実際の価格決定はさらに複雑であり、ラグランジュの動員も必要となろう（p.222–226）。だがいずれの場合にも本書が真に利潤&効用最大化を実現できているとは考えにくいのである。

さらに同時に著者たちの労働を考えた場合、こうした充実かつ平明な内容のものを執筆するにはかなりの労働投入が必要であったことは容易に予想され、それが著者たちの労働と余暇の配分において効用を最大化できるものであったかは、本書pp.231–232などの問題に当てはめれば容易に解けるように、はなはだ疑問であるといわざるを得ない。こうした効用最大化を無視した低効用な過労をうかがわせる商品はまさにデフレ下の劣悪な景気状況の反映である。

ただしこれは技術一定を想定した場合であり、技術革新（ex. コンピュータ等執筆環境の改善および活用できる学会の知見上昇）を想定した場合の分析はソローモデル（pp.339–345）の活用も視野に入れるべきかもしれない。本書にはこれも説明されている。

我が国若手経済学者の期待株がこのように、日本経済の現状と希望はもとより経済合理性すら無視した本を出すとは嘆かわしい限りであり、堕落と言わざるをえない。それについて、まさに（この書評でやったように）本書の説明を使って理解できるのも本書のトンデモないところ。むろん消費税率の引き上げに賛成した多くの経済学者よりは罪は軽いだろうが……

とはいえ本書が人気を博すれば、利潤の高い各種スピンオフ事業が本書から派生することで本書自体のもたらしたデフレ傾向が相殺されるという可能性もある。さらに需要高踏による価格上昇も可能性としてはある（たとえばさらに改訂増補版が出るとか……）読者諸賢は日本経済のためにも、このいたずらに低い価格にまどわされることなく、数少ない「よいデフレ」の実例としてこれを享受し、買い支えることが求められよう。

（アマゾンレビュー／ブログ　二〇一三年三月二二日）

コメント

こういうの、喜ぶ人もいるけど、まったく通じない人も多いのよね。これ、おふざけの絶賛書評だなんて、説明するまでもないよね？

▼異様な密度でアンチョコにさせていただきます

片岡剛士『円のゆくえを問いなおす――実証的・歴史的にみた日本経済』（ちくま新書）

異様な密度の新書。企業が円高で悲鳴を上げる中、一面的な容認論も聞かれる。本書は為替レートの根本を解説、金本位制から変動為替制への推移などの歴史をたどり、購買力平価やマンデル＝フレミングなど為替の基礎理論を押さえ、近年の円高がなぜ有害かを堅実に説明。そして、理論的な理解をベースに、いまの円高の原因や、それが各種対応策でも改善されない理由が明快に説明され、根底にあるいまの日本のデフレ経済という大問題へと議論が展開する。

理論、歴史、政策と、これほど盛りだくさんの内容を、手抜きなしで新書につめこめたのは驚き。各種メディアの評論家や学者たちによる変な円高容認議論のおかしさもわかるし、円高にとどまらない経済全体への視点も得られる。むろんそのためには流し読みではすまず、腰を据えてかかる必要はある。が、無内容な凡百の説教新書とは一線を画する本書は、十分にその努力に応えてくれる。

（「朝日新聞」二〇一一年七月八日）

コメント

これに限らず、片岡剛士の本はすべておすすめ。実証的で、ことばを曖昧に濁すようなこともなく、データから言えること、言えないことをきっちり仕分けしてくれる。日本銀行の審議委員になったリフレ派は多いけれど、外から見て唯一根性を見せているのは片岡だけ（他の人も、外からは見えないところで尽力してくれていると信じたいところだけど）。この手の本は、時事的になろうとして賞味期限がやたらに短くなってしまったり、古びないようにしたので現実との対応がわかりにくくなったりしてしまうケースが多いけれど、これは刊行から五年以上たっても価値が全然衰えず、いまだに学ぶところの多い本。

▼人民元をネタにした単なるゴシップ本

吉岡桂子『人民元の興亡　毛沢東・鄧小平・習近平が見た夢』（小学館）

うーん、せっかくもらった本なのであまり悪く言いたくはないんだが、もう少し何とかならなかったんだろうか。いや、おもしろいところはあるんだが、それがゴシップでしかない。本来、つかみでしかない部分だ。でも本書はそれで終わり。本当に重要な話に踏み込まない。

まず、「興亡」というので、ちょっとびっくりするよね。ぼくは人民元が滅びたとか、そんな兆候があるという話は聞いたことがなかったもので。では人民元が滅びる話がどこから出てくるんだろうか？

それがねえ……

ないんだよ、これが。何も、まったく。何一つ。

強いて言うなら、最後ビットコインの話がちょっと出てくるくらい？　あとはスマホ決済で紙幣が使われないとかだけど、それは人民元がなくなる話じゃないよね。

まあ「亡」がないのは勇み足だし、タイトルはマーケティング上の配慮で針小棒大になることもあるだろう。ではそれ以外の部分は？　「興」の部分は？

これまた、実にしょぼい。基本、かつて軍閥とかいろんな地方ごとにあったお金が人民元として統一されたという通り一遍の歴史のおさらいを経て、冒頭部分で毛沢東が人民元紙幣に自分の顔を使わせなかったというエピソードを並べる。で、その理由は？　多少の時系列めいた話に、いろんな人の雑談めいた憶測が並ぶ。でも結局なにか分析があるわけではなく、いろんな人に話をききました、いろんなところに行ってみました、というだけで、その旅行記を並べておしまい。

毛沢東とお金の話なら、もっと重要でおもしろいネタはあるはずなんだけどなー。毛はお金そのものに不信感を持っていて、その廃止を真面目に考えていたこともあったはずなんだ。ポルポトたちが政権をとってカンボジアを地獄に陥れていたとき、連中は毛沢東に会いにいくんだけれど、そのときに毛沢東が「おれたちですらできなかったお金の廃止をやるとは！」と驚愕したという話がある。紙幣から、毛沢東のお金に対する見方を掘り下げ、それが中共の金融政策をどう左右したかを見ることもできるはずなんだけれど、そういった本質的な話は一切なし。

そしてそのしょぼい「興」と、中身のない「亡」の間はなにがあるかというと、目立つエピソードをもとにしたゴシップだけ。戦前の日本が中国で円を普及させようとしたが苦労したし、日本負けちゃってご破算となりました、という話とか、最終的に日本が敗戦した以上、どうでもいいエピソードでしかないと思うんだがそれを延々と述べたてる。そして、そこから日本の円と人民元とのつながりを述べようとして、三重野以来のバブル戦犯日銀総裁たちが中国の中央銀行とそれなりにつきあいが深かったことを述べる。でも、それがすべて個人レベルのつきあいがありました、という話の域をでない。日銀マンのだれかがウォンというイヌを飼ってました？　それが何だっての？　まして著者がその犬に会ったことがある？　そんなことに何の意味があるの？

　たとえばそこで、かれらの影響で中国がやたらに緊縮的な金融政策を採るようになりました、というような話であれば、そういう交際について紹介する意味を持つだろう。でも、そういうのはまったくない。単に、つきあいがありました、というだけ。ちなみに白川について、インタゲ話に翻弄されたというんだけど、どこがぁ？　かれがもっと翻弄されてくれたら日本経済もずいぶん変わっていたと思うが、かたくなに緊縮を保っただけ。

　あとは、世銀と中国のつきあいが〜というんだが、中国でかいし融資先としてでかくなるのは当然でしょう。でも世銀の中国融資はチベット問題をめぐって波乱もあるし、世銀の融資方針が変わるにつれて中国への融資内容も変わったはずだけど……そんな話もなし。青木昌彦やスティグリッツが中国にいっぱい来ていたというんだけど、かれらは中国に何を指導したの？　それで中国はどう変わった？　何もなし。

　あとはチェンマイイニシアティブの話とか、アジア通貨危機の人民元切り下げ圧力の話、そのときのＡＭＦ構想の話とか。そしてＡＩＩＢの話とそれに伴うＡＤＢの話。いずれも何も本質的な話がない。

そもそも、人民元の運用ってどういう考え方でこれまで行われているのか、管理通貨としてどんな考え方で実施されてるの？　そういうきちんとした記述を行った部分なし。

たとえば人民元がＩＭＦのＳＤＲに導入されたとき、透明性の低い管理通貨を大量に混ぜていいんですかという批判がずっとあった。まずそこで言われている批判とは何なのか？　人民元ってどういう管理がされているの？　そういう具体的な話はほとんどなし。さらに、ＳＤＲへの組み込みでラガルドがＩＭＦの親玉になったのが大きな契機だったという話をする。ほほう、するとラガルドが何やら中国の懐柔を受けていたのか？　何か特別なつながりがあったの？　あるいは前任のストロース＝カーンと大きな考え方のちがいがあったとか？　ところがそんな話は一切なし。出てくるのはラガルドがスマートでタカラジェンヌみたいでとかいう話だけ。それならラガルド出てきても意味ないじゃん。契機になってないじゃん。

すべてそんな具合。何か大きなトピックが出てくる。そしてその周辺にいる人々のゴシップが並べられるんだけれど、そのゴシップが大きなエピソードの展開にどう関わったかはまったく書かれず、著者個人がその人に会ってインタビューしたときに、着こなしがーとか宴会の食事がー、入り口の置物がー、とかホントどうでもいい話になって、その人のインタビューも通り一遍の公式声明以上のことは何も聞き出せず、最後に「通貨はその国の基本である」とかなんとか、何のまとめにもなっていない漠然とした話がでておしまい。

結局、著者がいろんな人に会ったのはわかった。でも会ったことで何が明らかになったのかといえば……何も。アマゾンのレビューを見るとずいぶんほめられている。多くの読者はバカで、こういうゴシップをありがたく拝聴してなんかわかったつもりになるので、それはそれで仕方ないんだが、正直いってこれだけの人にインタビューしたんなら、もう少し何か本質的なことが一つでも解明できるはずだと思うんだが。ぼくは読んで、かなりの徒労感しかおぼえなかった。すみません、せっかくもらったのに。

（ブログ　二〇一七年九月十三日）

コメント

冒頭にある通り、本書はもらった本だ。深圳の製造業が急激に注目されるようになり、都市開発とメイカーと経済と三つ股かけているところに中国までからんでいることで、いろんな人と交流が増えた一環で、この本も「忌憚ないご意見を」とのメッセージつきで送られてきた。で、忌憚のあまりない書評です。

ぼくと著者との間にいる知り合い何人かからは、多少議論を整理したところもあって参考になったよーという意見ももらった。つまり暗に、おまえここまでタコ殴りにしないでもいいだろ、とたしなめられたわけだ。が……ぼくは知り合いや準知り合いに手加減するのは失礼だとも思う。

他にも本書では、たとえばＡＤＢの本部が東京にならなかったことについて、政治的な策謀をあれこれ勘ぐってみせる。でも東京ではＡＤＢの業務に必要な英語のしゃべれる一般スタッフが調達できないというものすごい現実的な理由が大きかった、という話もよく聞くよ？　他の話だって、どういう現実的な要請から中国は各種の手だてを実施してるのか、という視点がないと、ほんと憶測と公式発表だけで何も深みがない。

議論の整理がよかったという知り合いの擁護論も、あまり納得できない。一部の話は、いまの中国が最適通貨圏になってるか、という話に還元できると思うんだけど、それについての評価もなくもぞもぞしたインタビューのキャッチフレーズ出しておしまい。山形は、この分野で必要以上に耳年増だから、というのもあるだろう。でも、別にぼくにとって新しい知見がなくても、それを体系だってきちんと述べるのだって、こういう本の役目だと思うんだけどね。

▼技術が人を操り自らを進歩させる、倒錯した議論の魅惑

W・ブライアン・アーサー（著）有賀 裕二（監修）日暮雅通（翻訳）
『テクノロジーとイノベーション――進化／生成の理論』（みすず書房）

本書の手柄は中身よりアプローチにある。イノベーションは経済、いや人間社会と文明の発展に決定的な重要性を持つ。が、どうすればそれが起こるのか？

これについての既存研究は多いし、著者の答えも目新しくはない。あらゆる技術は、他の技術の組み合わせである。だから技術のモジュール化とその自由な組み合わせを促進すれば、イノベーションは起こる！　これは内外の多くの識者が何度も指摘したポイントだ。

が、本書の視点が異様だ。技術が経済に貢献するという従来の見方を、本書は逆転させる。技術は生物のように、自律的に進化発達するのだ。経済はその結果でしかない！

本書が人間不在という監修者の指摘は慧眼。人間は、技術という生物の淘汰進化の環境でしかない。「有益な技術」を人が選ぶなどおこがましい。人間という環境に適応した技術が勝手に生き延びる！評者などＳＦファンにはたまらない見方だ。第九章の、人工世界の中での技術進化シミュレーションなど実に興味深い。

ただしそのおもしろさが本書の弱さにもつながる。技術が自律的なら「基礎研究に力を入れろ」といった人間側への提言は無意味では？　技術のほうで勝手に面倒見てくれるのでは？　また著者は、技術は人生を肯定するとかいう甘っちょろい結論に落とそうとする。でも本書の議論だと、技術は人を肯定も否定もしないのでは？

視点は刺激的ながら、この本だけではアナロジーにとどまりかねない。帯には「次を見通す」とあるが、使える技術ネタは本書だけでは無理。実際の萌芽技術を描いたニコレリス『越境する脳』などをどうぞ。複雑系経済学の雄たる著者には、今後は人間という生命体と技術という疑似生命体の共進化をもっと子細に論じてほしいところ。技術はそのとき、まったくちがう様相を表すことだろう。本書はそのための序曲となる。

（「朝日新聞」二〇一一年十月三十日）

コメント

ぼくは、機械が人間を操って自分たちの繁殖しやすい環境をつくっている、という見方に結構好意的だ。拙著『新教養としてのパソコン入門：コンピュータのきもち』（アスキー）にもそれは書いた通り。パソコンがやたらに高く、導入しても数年で陳腐化して、生産性に貢献したとはまったく思えない時期にも、何やらＩＴ投資がドカドカ行われたのは、機械の意志に人間が服従させられた結果だと思う。その自分と同じ見方にそこそこ偉い学者がなびいているのが楽しかった。が、ここに書いた通り、まだ甘いっすな。ホッホッホッホ。

第2章

ピケティ／格差

ピケティ『21世紀の資本』が、様々な意味でとんでもないベストセラーだったのは、いまさら言うべきにも非ず。あれだけ分厚くて高く、しかも専門的な内容の本が十万部以上売れるなどというのは、普通はちょっと考えられない事態だ。

訳者としても、自分の訳した本についてあれだけいろんな人々がコメントするというのはなかなかない経験だった。ぼくはもともと、自分の訳書に対するコメントはがんばって読むようにしているのだけれど、アマゾンレビューや雑誌書評に留まらず、一般向け解説書がこんなに出るとは！　特に、ある宗教団体の霊言シリーズにすら登場したのは、空前（そして願わくば）絶後の体験ではありました。

もちろんそれらは玉石混交で、玉と石とどっちが多いかは……推して知るべし。そしてその多くは、ピケティをきちんと解説するというよりは、ピケティに仮託して自分の勝手な思いこみを述べる、というもの。r>gで、働くより投資のほうが収益率が高いことが証明されたから、株式や不動産投資をあなたもやりませんか！　といった、頭痛ものながらも内容と関係なくもないものはまだマシなほうで、ピケティをまともに読んだとは思えない理解ぶりの人が、アベノミクスはダメだという前振りにピケティを使っているだけとか。ちなみに、霊言本はこの点で意外とマシで、教祖様（が口寄せしたピケティ守護霊）はもう支離滅裂もいいところながら、それに対して信者たちが、遠慮会釈のないかなり正気の突っ込みを入れまくっていて、予想外に楽しめる。

そうした関連本すべてに一通り目を通し、ざっと書評のようなものをアマゾンレビューに書いたりしたのは、暇だからというべきか、あるいはノーブレスオブリージュとでも言うべきか。それは一通りぼくのブログにはアップロードしてあるけれど、ほとんどはそのときの便乗本の枠を出るものではなく、現時点でほとんど絶版だし、その書評を読んでも、お笑い以上の意味があるものはほとんどないと思う。ここには『21世紀の資本』邦訳誕生の背景と紆余曲折、そしてピケティの他の本に関するレビューを載せておこう。

さらにその後、格差を含む今後の経済見通しに関する本について、いくつか書評する機会があったので、それも追加しておく。

▼ピケティ『21世紀の資本』の翻訳進捗についての弁明

もともと今年いっぱいくらいかけてじっくり訳すかと思っていたら、君たちがせかすもんで、二ヶ月でやらなきゃいけなくなったよ（それだけじゃないけど‥急がねばならなくなった理由はほかにあるのだ。天安門事件!!　祖国統一マンセー！）。それも版元からアナウンスされて外堀埋められちったし。

やれというなら、できます。一昨日手をつけはじめて、十七分で一ページあがるのがわかりましたから、かかりっきりになればどのくらいでできるかは、まあ計算しとくれ。が、ぼくたちが頑張って急いだら、本当にみんな買って読んでくれるんだろうねえ。なんかアメリカで話題になっているからみんな知ったかぶりして重要だとか楽しみだとか言ってくれるけれど、そういう聞いた風なツイートをしている97％の人は、たぶん単なる聞きかじりで、本書の何たるかがわかってない。本当はこういうこと書かずに、騒いでもらって聞きかじりのにわかな方々にもお買い上げいただくのが営業的には賢いんだろうけれど、ぼくはそういうのが嫌いなのと、あと勝手に失望したとか言われて、さらにいろんなバカが、その失望を翻訳のせいにしたりするのは嫌なので、少しexpectation managementをさせていただくよ。

――本書のあらすじは？

なんかみんな天地鳴動大地震撼の革命的な本だと思ってすっごい期待しているようだけれど、本書に書かれていることはとても簡単だ。各国で、富の格差は拡大してます、ということ。そしてそれが今後大きく改善しそうにないということで、なぜかというと経済成長より資本の収益率のほうが高いから、資本を持っている人が経済成長以上に金持ちになっていくから。その対策としては、世界的に資本の累進課税をしましょう、ということね。たとえば固定資産税は資産額が大きいほど税率高いようにしようぜ。おしまい。

――え？　たったそれだけ？　でも何百ページもある分厚い本だってきいたけど……

はい、その通り。英訳版の本文だけで五百八十ページ、注も入れると七百ページ近い。そんな単純な中身なのになんでそんなに分厚いのかというと……本書は上の理屈を、各国の細かい統計を見て長期にわたり細かく精緻に追った本だから。

だからもう、いろいろ細かい統計の話が基本になるんだよ。第一章の最初とか、国民総所得＝国民総産出の説明が何ページも続いて、倒れそうになります。富をどう定義し、格差は何で見て、それをどんな統計をもとに、何を考慮してやって、こんな問題もあるけれどそこはこう補い、ここんとこはこう推測して、あーでこーでこうひねって、ここでこう揃えてうーたらかーたら。

　ページが進んでも同じことを繰り返しあっちからもこっちからも検証してるけど論点はずっと同じで、共訳者は「ページが進んでいるはずなのにずっと同じページにいるようで、うなされる」とのこと。I feel your pain, girl…

　経済成長より資本の収益率が、という部分も、きちんとやろうとすると一筋縄ではいかない。あーたらこーたら、人口成長率との関係は、生産統計とか資本の収益率測定とかにおいて考えるべきはうだうだ。

　どれも、非常に重要なポイントではある。これだけの整理を行ったというのはすごい話だし、その努力は刮目すべきもの。本当に立派で重要な本なのはまちがいない。でも、一方で非常に専門的でtechnicalな本でもある。本書を「楽しみ」と言っている多くの人は、たぶんここまで細かい議論に関心ないと思うし、上述のあらすじで用は完全に足りると思うよ。だってさ、あーだこーだ言ってる人って、まともに日本の国民経済計算や世銀の『世界開発報告』（ＷＤＲ）すらちゃんと見たことない人が9割じゃん。あ、二〇一四のＷＤＲ、ちょっと目の付け所がいいと思うよ。その筋の方は見ておいて損なし。ＷＤＲだから、得もそんなにないんだけどねー。

——でも、もっと深い洞察とか指摘とかあるんじゃないんですか？　だって二一世紀のマルクスとか言われてるし……。

ない。「深い洞察」の意味にもよるけど、何かすごい深遠な哲学を期待してるなら、悪いけどない。だってこの本はとっても実証的で実務的とすら言える本だもの。いまから半世紀後に『ピケティ：その可能性の中心』とかいうピントはずれな哲学書ができたりとか、絶対にしない。

　なぜかというと、ピケティの言ってることはシンプルで、そういう変な深読みを可能にするようなあいまいさが全然ないから。いや……前言撤回。もちろん、その手の馬鹿な深読みする人は、重箱の隅つつきと曲解が仕事だから「原著四五八ページに書かれた『成長』の概念の特殊性ガー」みたいなバカ深読み哲学が生まれないとは言わない。でもないと思うなあ。序文でもマルクスの変な結論ありきの論理性なしの断言や飛躍についてはちょっとくさしているし（それがインチキな深読みを許す部分となっているのだ）、本書はそういうことしてないし。

　ピケティのビジョンや（悲観的な）将来像について、好き嫌いを言うことはもちろんだれにでもできる。ピケティが挙げた以外の可能性をあれこれ議論するのも楽しいし、重要なことだ。いろんな説が出てくるだろうし、そういうレベルでのお話はあれこれ可能だ。でも、本書のえらさはそれをデータで裏づけたことだ。だからそれに対する反論も、本当に意味があるものになるためにはやはりデータ的な裏づけがいる。本書の手柄は、そうしたデータの裏づけを可能にするような仕組みを創った、ということだと思うのだけれど。

——でもウォール街占拠とか、99％運動とかの理論的根拠になったたっつーし、新たな革命の書じゃないんですか？

ちがうと思うなあ。ウォール街占拠とか起きたのは、二〇一一年。この本のフランス語版が出たのは、二〇一三年。もちろん、本書の議論のもとになったいろんな論文はあって、それは格差論争における論拠になっているけれど、本書がその源だというのは言い過ぎ。本書をもとにした革命が起きないとは言わないけれど、本書はマルクスとはちがってそういうことを主張してはいない。

むろん、両者がまったく関係ないわけではない。99％運動の人たちの一部は、他のデータも見ていたし、同時に本書で言われているようなことを直感的に理解していた（印象だけで加わっていた人も多いけれど、運動ってのはそういうものだ）。それはクルーグマンやスティグリッツだってそうだ。でも本書のおかげでそうした運動が起きたわけではない。むしろ追認ですね。

——えー、じゃあ全然つまんないんですか？

そんなこともないと思う。経済成長の議論とかで、「イノベーションとか言ってるやつは、みんな現状肯定で格差増大を見ないことにしたい、金持ちの提灯担ぎだよねー」とか言ってる部分とか、鋭い（そしてフランス人っぽいいやみな）部分は結構あるので、是非とも読んでね。いろんな思いこみが解体される部分はある。だから勉強にはなる。まじめに読んで損するような本ではない。が、世界が一変する本ではないと思う。「格差って増大してんのかなー」と漠然と思っていた人が「あ、やっぱ増大してんだー」と納得する本だと思う。

——それじゃあ、なんでアメリカであんな話題になってるんですか？　ベストセラーでしょ？

知らないよう。それはアメリカ人に聞いておくれ。でもそれはアメリカの特殊事情があると思う。そもそもアメリカは、格差拡大がいいことだ、という人たちがたくさんいるし、格差拡大は起きていないという人たちも山ほどいて、それに対してふざけんな、という人もたくさんいる。だから本書はその双方の琴線に触れる部分がある。そんなことだと思う。これから解説を書くときに考えるね。

——ええい、お前が長い解説書くとページが増えて値段が上がるからやめろ！

そう？　でもぼくが長い解説書くと、その分売上げ増えるんだよね。場合によってはそれを見込んで刷り部数を強気にするから、その分かえって値段を下げられることだってある。それを考慮するとぼくの解説の最適長さみたいなのはあって（利潤最大化の観点から）、たぶんその長さって五千〜八千字くらいみたいよ。読みたくないかもしれないけど、あの解説で君が少し安く本を買えている可能性だってあるんだから、我慢しろや貧乏人め（注：なお、結局訳者解説は含まれませんでしたので、この問題は杞憂でした。万人にとってよい結果だったのでは?)。

――でも本当に中身そんな単純なんですか？　池田が解説本を書くって言ってますけど？　一冊くらい書けるほど中身あるんじゃないんですか？

言ってるねえ。何書くんだろうねえ。ほんと、上に書いたまとめで十分だと思うんだけど。

本当に解説書を書くとすれば、上に書いたようなことを一章かけて引き延ばし、本の残りはピケティの議論にケチをつけて、イノベーションとか構造改革とかの影響を十分に考慮していないとか言ったりできるかもね。あるいは突然宗旨替えして、自分は百年前から格差増大を懸念していた、とかいうふりをしてみせて、日本も格差拡大はけしからん、とかいう手はあるかもしれないね。もちろん、ぼくなんかの気がついていないような重要な論点やアプローチがあるかもしれない。そういうのが指摘されているといいな。

あと行きがけの駄賃で、まずアベノミクスが格差拡大をもたらした、懸念していた通りだ、だからワシはインフレターゲットを批判していたのだ、みたいな（いままで一度も言ってない）話をいきなりこじつけてから、さらには日本語版はいかにろくでもないものになるはずか、その訳者である山形がいかに見下げ果てた野郎か、なんてので一章費やす、なんていう手もあると思う。格調高いフランス語だったのが、英訳に加えて山形の下品な翻訳で台無しになった、とか言って。いずれにしても、ぼくは期待はしてないけれど、surprise me, please. Entertain us. もちろん、この本の本当に立派なまとめになっている可能性だって常にある。Anything is possible. そして単なるお手軽なアンチョコ本を超えて本当に新しい視点や論点を提供してくれていたら、それは本当にすばらしいことだよね。

——英語からの重訳とは許しがたい！　重訳は歪曲が入る！

ぼくはこの見解には与しない。下手な直訳よりうまい重訳のほうがずっと歪曲は少ないと思う。むろん、ぼくはここで決して中立的な立場ではないから、この見解は割り引いてくれていい。でも本書は文学作品ではない。テクニカルな統計処理の説明やその解釈が主だ。書き方も明快で、フランス現代思想みたいな得体のしれないファッショナブルナンセンス／知の欺瞞は皆無だ。だから、そんなに心配する必要はない。

まったく差がないとはいわない。でも重訳と仏語直訳との微妙な差がわかるほど本書を読み込める人は、本当に恵まれた少数派だと思う。そして上に述べた通り、本書はそこまで細かいニュアンスやほのめかしを読み取るようなレトリック重視の本ではない。がっちりした専門的な統計処理のテクニカルでストロングスタイルな本だ。重訳で失われる部分は、ぼくはきわめて少ないと思う。いまのところ、ピケティ自身、英訳に何か問題があったという話はしていない。ま、翻訳しながら、必要ならフランス語も部分的に目を通すので（かなり錆び付いてるけど。独語訳も手に入れておこう）多少は補正もかかるんじゃないのかな。

――おしまい

つーことです。ほんと、細かいデータの処理とまとめ方、いやそれよりもそうしたデータそのものと、将来へのエクストラポレーションのやり方、その他本当に勉強になる本であるのは確か。あと、最初にまとめたことは、印象論や部分的なデータを言うのは単純だけれど、それをがっちり裏づけをつけて説得力ある形で見渡して言うのはとっても面倒。それをきちんとやったというのは、本当に学問というものの力強さであり、そしてその力強さを背景に明快な将来への展望（決して明るいモノではないとはいえ）を提出して見せたというのは、文句なしの力作だ。でも気軽に読んで、気軽につまみぐいして知ったかできるような本ではないよ。むしろ、そういう安易なつまみ食いや印象論を廃したところに本書のえらさがあるんだから。

専門家はもちろん、それをちゃんと正面から受け止めてほしい。そこまでの根性がないディレッタント諸君には、ぼくが訳すついでに、長ったらしい解説つけて、それと本書をめぐる各種論争もまとめて紹介して、現時点での評価についてはまとめてあげますから。

あと、本書の翻訳をせかした人や、翻訳がはやまって嬉しいとか言ってる人は、もちろんそういう細かい統計処理を勉強し検討し格差データを自分でも勉強しようという意欲がある人、なんですよねえ。ご要望に応えて急いで訳はあげますので、ホント買って読んでね。急いで訳しても印税増えないのよ。だからぼくたちは急いでもぜーんぜん得しないのに、君たちのためを思って頑張るんだから。

あと、お願いだから読んだ成果を活かしてよね。本書の翻訳により、我が国における格差の研究や議論も飛躍的に発展することを祈ってやみませんわよ、ぼくは。訳者あとがきに社交辞令でこういうことを書くけれど、本書の場合、これはマジに祈ってます。あと、革命の書を期待していてアテがはずれた人たち、勇ましいアジテーションを期待していたのに生真面目で実直な研究書でがっかりした人々は、それをぼくの翻訳のせいにはしないでおくれよね。

では年末に（年始になるかもしれないけど）。あと五六〇ページ！

（ブログ　二〇一四年七月十一日）

コメント

言わずと知れたピケティ『21世紀の資本』翻訳中の進捗報告ではありますが、これが実は大変な大問題となったのでした。

もともと、このピケティ本はどう考えてもベストセラーなんぞになる本ではなかった。死ぬほど分厚い、中身はきわめて固くて、一般向けとはいえ数式やグラフ満載の専門書ではある。口さがない人々は、利にさとい山形が流行に便乗すべく、何やら陰謀を弄してこの本の翻訳に名乗りを挙げた、といった陰口をたたいてはくれた。が、そんなことはまったくない。

そもそも本書の翻訳権は、みすず書房の担当編集者が、仏語版刊行と同時に、まさかあんなの売れるとは予想もせず、単純にその内容的な重要性から取得したものだった。そして山形にその翻訳がまわってきたのは、おそらくまさにそれが売れそうにないからなのだ。

普通の翻訳家は、こんなの嫌がる。分厚いので面倒だし、専門的なのでむずかしいし、手間暇かけても絶対に売れないもの。絶対に割にあわない。その間はご飯の食い上げで、生活が成り立たなくなる。

いっぽうで、こうした重要な本はその分野を専門とする学者にやらせる手もある。が、これを格差論の学者にやらせたら、まず平気で十年かかえこんでくれるうえに、おそらく精度は圧倒的に劣る。その場合の精度というのは、専門用語の訳が定訳とちがうとか、変換ミスがあるとかいうレベルの話ではない。まともに文法通りに解釈できて、意味を正反対に取ったり、皮肉や反語を理解できなかったり、慣用句を誤解したり、そういう日常的なレベルのミスがない、ということだ。

その点、山形はまず、副業翻訳家だ。これに時間をかけたところで、喰うには困らないし、それにより実入りが少なくても、おもしろければ喜んでやる。さらに山形は、翻訳の精度はきわめて高い。構文レベルの取りちがえはほぼないし、白を黒と誤訳するような部分はない。そのうえ速い。

それでも最初は、「時間かかってもいいから」ということで引き受けた翻訳ではあった。そんな短期で価値が下がる本ではないし、まあ二、三年がかりかなあ、というのが印象ではあった。

ところが二〇一四年に入って英訳版がいきなり世界的なベストセラーになってしまった。英訳を担当したアーサー・ゴールドハマー氏は、絶対に売れるわけないと常識的に思って翻訳を買取方式にしてしまい、そのすさまじい売れ行きの恩恵をほとんど享受できなかったほど（これはあまりに可哀想なので、日本版の印税を少しお裾分けしました）。そして、翻訳が出た他の国でも、そこそこよい売れ行き。日本でもさっさと翻訳が出ないのかという圧力がかかってきたのが二〇一四年夏。遅くてもいいと言われていたのが、二ヶ月で挙げてくれ、という。中国語版と韓国語版は秋には出るとのことで、日本版もそれに並ぶくらい出ないのか、とのこと。

でもこちらはゆっくりやるつもりで、その時点では確か三章くらいしかあがってなかったんですよねー。さらにその一方で、いろいろこの本の話題があちこちに出てきて、口さがない噂が出てきた。まず、一つはこれがマルクス『資本論』に匹敵する革命的な書物だ、というなんだかすごい期待。

さらに、ピケティ側とかわした翻訳出版の期限は二〇一七年かなにかになっていた。それがどこからか流出して誤解され、日本語版の出版予定が二〇一七年というとんでもない話が出回り、なんでそんなに遅いんだという怒りの声がツイッター方面などでも散見されるようになった。そして訳しているのが山形だというのもわかってきて、そこから翻訳が遅れているのは、山形が無能であるばかりか、何やらその衝撃的な理論の紹介を遅らせようという安倍政権の陰謀であるといった話まで登場。

おふざけでないよ、ということで書いたのが、上のブログだった。

で、これを読んで「ああそうですか、では翻訳はやく出してね」でみんなおしまい、となるかと思ったら……

当時、『ウォールストリート・ジャーナル』をはじめ、ピケティの言う１％に奉仕するメディアは、アンチピケティの大論陣を張っていた。そしてそのＷＳＪ日本版オンラインが、このブログに目をつけて、日本の訳者もピケティはつまらんと行っている、退屈だといっている、繰り返しばかりで死にそうだと言っている、よってピケティなんかダメ、と言わんばかりの記事を書いた。一応、書いた担当者のねーちゃんは、わざわざぼくに電話までかけてきてヒアリングしていたんだけれど、そこで言ったことはほとんど反映されていない。

記事としては、かなりひどい代物だったとは思う。さらにこれが英語で出て、ピケティ関係者の目に止まることとなり、「この翻訳者はなんだ！」という物言いがついて、みすず書房関係者はその調整にいたく苦労されたとか。余計なお手数をかけましてすみません。

この書評というか翻訳時コメントのブログに、英語でいろいろ前置きが書き足されているのは、そういう事情があったせいなのだ。

いまこれを読み返しても、ぼくは自分がまちがったことを書いているとは思わない。ピケティ『21世紀の資本』は非常に野心的で重要な本だけれど、主張は単純だと思うし、それをデータでこれでもかと重ねて論証しているため、読んでて（まして訳してて）ダレる部分があるのは仕方がない。でも、思いこみやイデオロギーで勝手なこと言わず、そうやって退屈でも地道にデータを積み重ねて格差を見直そうぜ、というのがあの本の最も重要な主張だ。ぼくはブログで、それをいささかおもしろおかしく書いて見せたけれど、でもあの本の価値を否定するようなことはまったく言っていない。世間的な期待がずれているという指摘をしただけなのだ。

いわゆるピケティブームは、その後半年ほどで下火にはなった。でもそこで提起された問題はいまだに続いているし、活発な議論を呼び、あらゆる人にとって無視できないものとなってはいる。いまや、総合的な経済状況の話をするときに、ほんの形式だけにしても格差の話をせずにすませることはできないどころか、多くの政治的な論争においては、それが中心的な役割を果たすことも多い——それがトランプ選出やブレグジットといった予想外の形になってしまうこともあまりに多いのだけれど。

ピケティ自身も当然ながら、経済格差についての研究は深めていて、二〇一九年には『21世紀の資本』の続編『資本とイデオロギー』が満を持して発表された。『21世紀の資本』を上回る大著……さすがに二匹目のドジョウはいないだろうし、これがまたもや世界的な（いや局所的でも）大ベストセラーになることはたぶんないだろうけれど、それでも格差研究を大幅にすすめ、前作で残された課題を着実に埋めて発展させるものとなっているのはまちがいない。やはり地味かもしれない、細かくて通読には退屈な面もあるかもしれない、それでも――いやだからこそ――本として重要であり、古びないという点で、前作にひけをとらないものになっている。日本で前作を買った／読んだ人々のなるべく多くが、その興味をしぼませることなく、この新作にも目を通してほしいと願いたいところだ。

▼ピケティの前の本、読んだ！（本文だけだけど）読んだぜコノヤロー！

トマ・ピケティ（著）山本知子、山田美明、岩澤雅利、相川千尋（訳）
『格差と再分配：20世紀フランスの資本』（早川書房）

　この本、出ると知って、でもだれが読むんだろうと老婆心ながら心配になりました。ピケティ『21世紀の資本』便乗をねらった安易な本はたくさん出たけれど、この本は確かに便乗ではあっても（だってあの本が売れなければ、この本が翻訳出版されること自体、まずあり得なかったと思うから）、安易ではどう考えてもあり得ない。『21世紀の資本』より分厚くて字が詰まってるんだもの。そして一万七千円というこの値段！　だれが買うんだ？？！！　図書館である程度の需要が担保できればいいってことなのかなあ。

　が、一応ピケティで儲けた身としては、買うのは義務だろうし読むのも義務だよなあ、と思って献本もされたけど、自分でも買いました。で、ヒイヒイ言いながら読みましたよ。もうほとんどページを機械的にめくり続ける世界だけど。で、ついについに、年内完読いたしました。本文だけだけど。この先付録も見るなんてありえなーい！　あと、すべてのページの三分の一を占める注もほとんど見てない。でも完読だぜ、どうだ、コノヤロー！

その価値はあったかというと、まああった。ただし、本のほとんどはフランスの細かい統計的なデータの説明、それを長期的に見るにあたって、細かい制度的な改訂をどう補正したか、といった記述。

そして結論は、二一世紀の資本のフランスに関する部分で語られたものとだいたい同じ（というか、本書を元にして『21世紀の資本』が書かれたのであたりまえだけど）。フランスの購買力は、二〇世紀を通じて五倍くらいになった。で、格差は大きかったものが激減し、でもそれが七〇年代くらいからまた大きくなった。変化の原因は、労働所得はあまり変わらず、むしろ戦争とインフレによる資本破壊と、そしてその後の平和と低インフレと相続による資本増大に伴う、資本所得の変化である、ということ。そして、税金を通じた再分配が格差解消に大きく貢献したということ。だから経済発展すれば格差は自然に解消、というものではないこと。

最後には、格差と経済成長の関係について少しコメントがあるけれど、基本はまだはっきりしない。でも、格差が小さい時代のほうが大きな成長があったのは事実。また社会の安定性にはどうも関係しているようだ。二一世紀の現在、格差は一九世紀の水準には達していない。でも今後悪化する可能性はある。データも不足しているので、もっときちんと研究できる下地を作りましょう、というのがざっとしたポイント。

これを読むと『21世紀の資本』が(あれでも)読者に配慮していろいろ考えていたのがわかる。バルザックの小説をネタにした話やフォーブス長者番付を引き合いに出した分析は、こっちの本には出てこない。『21世紀の資本』は、読み物的な楽しさも狙ってそういうのを入れたんだろう。こちらは、もうずっと真面目な純粋学術書。経済学者たちは(できればきちんと買って)読むべし。そうでない人は……まあ是非読めとすすめるのはためらわれるところ。でも、読んで損はしない。ホント、「すばらしい本だから精読すべし」と言ってあげたい気持ちはテンコ盛りなんだけれど、さすがに無理! でも本屋で手にとって、カールしながら最初と最後を読むのがいいんじゃないか。

(ブログ 二〇一六年十二月二二日)

コメント

ピケティの『21世紀の資本』の出発点とも言うべき重要な本。でも『21世紀の資本』よりもっと専門的で、統計処理の話などのテクニカルな話が満載となる。ピケティの市が栄えれば得をする立場の人間としては、すごい本だから買いなさいと煽りたいところだけれど、でもそのすごさは、結果だけが知りたい一般読者が必ずしも入り込める部分ではない。格差に本当に関心ある人は、読むべきだけれど、そういう人はこんな書評なしでも読むだろう。でも、これの翻訳をちゃんと出してくれたというのは、ぼくは出版社として日本文化を多少なりとも支える気概を見せてくれたということで、大いに評価したいところ。

▼時事コラムで仏欧のローカルネタが中心。入門にはつらいんじゃない？

トマ・ピケティ（著）村井章子（訳）『トマ・ピケティの新・資本論』（日経ＢＰ）

ある意味で便乗本と言えるけど、ピケティ自身の手になるという意味では他から一歩抜きん出た本。ただ帯に「ピケティによるピケティ入門」とあるけれど、それはきついんじゃないだろうか。ピケティの新聞時事コラムの選集となっているので、ほとんどすべてのコラムはフランス（二割くらい欧州全体、たまにアメリカその他）のローカルなネタをめぐるものとなっている。たとえば、フランスの議員の政務調査費が領収書いらないとか、フランスの相続税が変わったとか、フランスの小学校が水曜休みなのはけしからんとか（休みなんですか?!!）、ＥＵの総会が財政統一に乗り気でないとか。そのローカルなネタのほとんどについて、本書の読者はほぼ知らないと思う。そして知っても他国の細かい法制や古い時事ネタだ。したがって、それ自体に興味を持つのはなかなかむずかしい。

たぶん本書を手に取る半分くらいの人は、廉価版『21世紀の資本』を期待してるんじゃないか。残念ながら、そういう役にはたたない。r>gは一回しか出てこない（だから帯にそれをでかく書くのは、ちょっとミスリーディングだと思う）。格差の話も、すごく前面に出てくるわけじゃない。もちろん、税制や教育制度を批判する根拠として格差の話は出てくる。リリアンヌ・ベタンクール@ロレアルは、何度も金持ちの悪役にされている。でも格差の話を前面に出しているコラム、というわけではない。格差の正面切った分析はなし。『21世紀の資本』を読んでいれば「あ、このネタか」と思い当たる部分はたくさんある。累進資本税の話も、このあたりが発端だったのねー、と思えるコラムはある。が、それがピケティの思考に対するすごい示唆を与えてくれるわけではない。

ネタそのものが関心を持ちにくいもので、『21世紀の資本』解説でもない、ということで、本書に対する興味や見所としては、そうした時事ネタに対するピケティの主張の背後にある考え方、ということになるだろう。もしピケティという人物にすでに興味があり、その『21世紀の資本』での主張を知っているなら、本書のコラムからそうした部分を抽出することはできる。そして、そういう下地があれば興味深く読める部分も多い。

でも、予備知識がまったくない人が本書を読んでどうなるのか、というと、ちょっとつらい面もある。ピケティ入門というよりは、ピケティをある程度読んで理解した人のための本で、玄人のための気軽なピケティという感じのほうが強い。

さて、アマゾンのレビューを見ると、例によって本書が反アベノミクスだという書評が乱舞していて、ちょっと驚かされる。その面については、本書はきわめて明解で、アベノミクス（の黒田日銀金融緩和）的な政策について、明確に絶賛の意を示しているんだから。

たとえばpp.217–220の「43 中央銀行の役割は」を読んでほしい。現在のＥＣＢに対して、中央銀行の大量国債買い入れが主張され、それがインフレを加熱させる恐れなんか全然ないと明確に述べている。「ＥＣＢは、インフレ率が５％を超えたら国債金利を見直すという条件で、景気後退後に発行された国債を低金利で引き受けることが可能なはずだ」。インフレ５％だよ？　他のところでも、ＥＵは債務削減のために4〜5％のインフレを我慢しろと明確に主張している。

あ、あと pp.230–233 の「46 FRBを非難すべきか」も見てね。FRBの二〇一〇年の行動計画（つまりはかなりの金融緩和）について、各種の非難を一蹴し、ハイパーインフレなんか起きない、数パーセントのインフレになるのはむしろ歓迎、デフレの下で景気低迷を長引かせてはいけない、ECBも見習えと明言している。

これだけここでは明確に述べているのに、なんで日本に対してはあんなに歯切れが悪かったのか、というのはちょっと謎。察するに、黒田日銀の政策について、まだきちんと見てなかったんじゃないかな。だからはっきり良否を断言したくなくて、両論併記の穏健な物言いにしておこうと思ってあんな具合になったんじゃないだろうか。あと、ピケティとしては例の累進資本税を推したいので、金融政策だけで終わると思われるといやだから予防線を張るよね。

でも、本書を見ればピケティがアベノミクスの、少なくとも金融緩和の部分には反対しようがないことくらいはわかるんじゃないかな。その意味では有益な本だと思う。

（アマゾンレビュー／ブログ　二〇一五年二月十一日）

コメント

書いた当時はピケティブーム真っ盛り。それに乗じて、彼のエッセイ集を出そうというのは、狙いとしてはもちろんあり。ただここに書いた通り、やはり時事エッセイの常として、その時点の、その対象読者の身辺のネタになってしまう。それが日本の読者と共鳴するかというと、どうなんだろう。ぼくは比較的、外国ネタには通じているつもりではあるけれど、それでもよく知らない話ばかりになってしまう。クルーグマンのコラムは、アメリカローカルの話を書いていても、それがある程度は日本の状況にも関連するし、そこからアメリカにとどまらない話を引きだそうという意図が見られるけれど、このピケティのコラムは、フランス読者の関心領域にとどまっていて、何かそこからぼくたちが引きだそうとすると、かなりこちらの努力が要求されるものになってしまっているとは思う。それはピケティのせいでは必ずしもなく、フランス文化がいまや世界の中でローカル文化の一つに成り下がったせいもあるんだろう。

これを読んで、担当編集者の方がずいぶん怒っていたようなんだけれど、ぼくは書評というものは、ふわっと持ち上げるだけではなくて、欠点も指摘する必要があるとは思うんだ。それを読んで、実際にその本を手に取った人が「だまされた」と思うようなものは罪作りだろう。商売の邪魔しやがって、と思うだろうけど、でもそれをなあなあですませるのは、ぼくは不誠実だと思うし、それが世界の痛みを増していると思うのだ。

▼死んでもなおらないある病気の人に、ウルフが親切に教えてあげる教育的配慮に充ちた本

スーザン・ジョージ、マーティン・ウルフ（著）杉村昌昭（訳）
『徹底討論 グローバリゼーション賛成／反対』（作品社）

たいへんにおもしろい本だが、それをおもしろく思うのはぼくのような嫌みな人物だけかもしれない。多くの人はいらだつのではないか。スーザン・ジョージのあまりのひどさに。

基本的には、スーザン・ジョージはあらゆることについてあまりに無知。貧困者が減っていることも知らないし、東アジアがグローバリズムの恩恵である輸出振興で栄えて貧困を脱したことも理解しておらず、そもそも貧困の定義すらご存じない。ウルフはそれに対して一つ一つ辛抱強く、それがなぜまちがっていて見当違いの議論かを説明し、スーザン・ジョージはそれに対して反論できずに論点をずらすしかない、というのが連続する。このため、両者の話がかみ合っていないように見えなくもないが、スーザン・ジョージが自分のまちがいを認めてそこから議論を発展させようとしないだけ。

またトービン税についても、「なんで貧困対策の財源をトービン税に？」という至極当然のウルフの疑問に対し「理由なんかなくて、とにかく金がそこにあるからだ」というひどい開き直りぶり。学ぼうとしない人は何も学べないという見本がここにある。

訳者もまたその見本の一人。反グローバリズムのお題目にだけ反応している愚かな現代思想学者で、せっかくこれだけていねいでわかりやすいウルフの説明を訳して精読したにもかかわらず、その議論がまったく理解できていないイタい解説を書いて平然としているのは失笑モノ。全体にいやみな感性があれば笑えるし、また軽傷の（頭のいい）反グローバリズムかぶれの人が読めば、目が覚めるよい本だとは思う。

（アマゾンレビュー／ブログ　二〇〇八年十二月二四日）

コメント

ピケティの翻訳をして、格差が問題だと述べたとき、この書評を引き合いに出して山形が立場を変えた、と述べた人がいた。ぼくはそうは思っていない。スーザン・ジョージのまぬけぶりはここで指摘した通り。グローバリゼーションにより世界の貧困は激減しているのは圧倒的な事実で、そもそもの問題意識からしておかしい。

格差と貧困はちがう、というのはこの手の問題を考えるときに重要な話だし、またグローバリゼーションを語るときに一つおさえておくべきことがある。いま、あらゆる国の中で格差は増大している。そして国ごとの格差も開いている。でも、世界の人口全体で見ると、格差は減っている。それはまさに、それまですさまじい数の貧困者を擁していた中国とインドが、グローバリゼーションのおかげで貧困者を激減させ、所得を底上げしたせいだ。国として見れば、中国もブータンも一つの国だ。でも、世界人口の比率で見たら、中国の影響が圧倒的に大きいのだ。

というわけで、ピケティを読んで「スーザン・ジョージが正しかった」なんていう変な誤解はしないでほしい。すべてはここに書いてある通りで、訂正すべき点は一切ないと思う。

▼デジタル産業革命の先にある宿題　その１

ライアン・エイヴェント（著）月谷真紀（訳）
『デジタルエコノミーはいかにして道を誤るか』（東洋経済新報社）

本書の前半の議論はお馴染みのものだろう。デジタル革命で社会も経済も激変する。急激な自動化で職が次々に消え、賃金水準は停滞する。そして富は一部の人にだけ集中し、格差が増大して社会が立ちゆかなくなる、というもの。マルクスやエンゲルスの主張のデジタル版だ。当然ながら、そこから出てくるのは、何らかの再分配の必要性となる。

本書のおもしろさは、その再分配の難しさを指摘しつつも、それを社会的に正当化する根拠づけを試みているところにある。

その根拠は、社会資本（ソーシャルキャピタル）だ。社会や会社の成功は、構成員の教育水準や法制度だけでは決まらない。やる気や遵法精神など、社会や企業の風土ともいうべき社会資本が重要だ。そしてそれは、資本家や発明家や労働者個人に帰属するのではなく、社会の構成員すべてが共有することで力を発揮する。

だったら、それを根拠として所得の再分配も正当化されるのでは？　企業の成功や各種イノベーションも、実は社会資本あっての成果だ。ならば成功の果実である収益や所得の相当部分を、社会資本への還元として社会全体に再分配してもいいはずでは？

そう述べる一方で、著者は金融緩和や税制改革、労使協議、ベーシックインカム、シェアリングエコノミー、移民など、既存の所得再分配施策ほぼすべてに悲観的な見通しを投げつける。全体としてかなり暗い主張ながら、明解で親しみやすい書きぶりのため、読みながら気が滅入ることはないし、主張を明確化するために話を過度に単純化しがちな類書とちがい、各種議論への総合的な目配りは見事。でも読み終えて途方にくれてしまうのも確かだ。最終章には人類の叡智への明るい期待がいきなり謳われているのだけれど、どこを叩くとこんな希望が出てくるのやら。でもそれはまさに、いまの世界が直面する困難の実像だ。その脱出路を考える前提としても是非抑えておくべき一冊。

▼デジタル産業革命の先にある宿題　その2（採用版）

エイヴェント『デジタルエコノミーはいかにして道を誤るか』

デジタルと人工知能で社会も経済も激変――そんな煽り本はいまや一山いくら。みんな機械に仕事奪われお先真っ暗、大量失業の格差激増で社会崩壊！　果ては人類を凌駕したシンギュラリティ後に人類と機械の一大決戦などという三文ＳＦまがいの主張すら散見される。そしてその解決策として挙がるのは、機械打倒のラッダイト議論、人間様の心だけは機械にわからないといった無知な手前味噌、あるいは機械に負けないお勉強で抜け駆けをといった目先談義ばかり。

本書は、その視野の総合性も対応案も、そうした志の低い本とは一線を画する。二〇世紀初頭も、産業革命で生じた格差を前に、所得の再分配手法の模索が課題だった。いまや再びそれを考えよう、と本書は主張する。

本書の手柄は、かけ声だけに終わらずその根拠づけを実際にやってみせたことだ。社会や会社の成功は、構成員の教育水準や法制度だけでは決まらない。やる気や遵法精神など、社会や企業の風土たる社会資本（ソーシャルキャピタル）が重要だ。そしてそれは、社会の構成員すべてが共有して初めて力を発揮する。

だったら、それを根拠として再分配も正当化されるのでは？　企業の成功や各種イノベーションも、実は社会資本あっての成果だ。ならば成功の果実の相当部分を、社会資本への還元として再分配しては？

そう述べる一方で、著者は金融緩和や税制改革、労使協議、ベーシックインカム、移民など、既存の所得再分配施策ほぼすべてに悲観的な見通しを投げつける。明解で親しみやすい書きぶりのため、読みながら気が滅入ることはないけれど、読み終えて途方にくれてしまうのも確かだ。最終章には人類の叡智への明るい期待がいきなり謳われるけれど、どこを叩くとこんな希望が出てくるのやら。でもそれはまさに、いまの世界が直面する困難の実像だ。年末年始でちょっとぼけた頭に活を入れる一冊としても、是非！

（「週刊文春」二〇一八年一月十八日号）

コメント

ときどき、依頼されたものについて、複数のバージョンを書いてしまうことがある。普通に書いてみたけれどなんかおとなしいなあ、ということで、もうちょっと派手に煽るようなほうがいいかなあ、というのを書いてみるわけだ。たいがい、おとなしいほうがいいという編集者はいなくて、煽るようなほうがいいと言われる。そうだろうねえ。そこまで書く勢いが出るくらいおもしろかった、ということが伝わるものね。これも、非常におもしろい本でちがうバージョンの書評まで書いてしまったけれど、後に他の人が書いた書評を読むと、注目点がかなりちがっていて、これまたおもしろいところ。

▼戦争、革命、疫病……数十万人単位で人が死なないと〝経済格差〟解消しない問題

ウォルター・シャイデル（著）鬼澤忍・塩原通緒（訳）
『暴力と不平等の人類史：戦争・革命・崩壊・疫病』（東洋経済新報社）

本書の主張は簡単明快。経済格差が縮まるには、常に流血の大惨事が必要だった、ということだ。戦争。革命。文明崩壊。疫病。数十万人単位で人が死ぬくらい社会が激変しないと、金持ちが既得権益や財産を手放したりはしない！

経済格差の拡大は現代社会の大きな課題とされる。本書は多くのデータや既往研究をもとに、石器時代以来の各種社会における経済格差の状況と、その背景にある力学を描き出す。社会が安定して豊かになると、どこでも必ず格差は開く。そして、それが縮まったわずかな事例は、必ず死と暴力に彩られる！

それを嫌と言うほど描き出した挙げ句、「何かを願う時には、よくよく注意する必要がある」という

一文で本書は終わる。つまり極端に言えば、血みどろの騒乱と殺戮を引き起こす度胸もないくせに格差縮小とか口走るな、と著者は嘲笑しているのだ。

開発援助分野の評者としては、露骨にケンカを売られているわけで、心穏やかではない。だからかなり眉にツバをつけつつ読み進んだ。著者の議論はあまりに大風呂敷では？　特に一九世紀から二〇世紀の、社会経済の大変化はどうなんだ？　石器時代と同列に扱っていいのか？　人口変化も生活水準も人権意識もすべて変わった現在、格差の力学だけが同じなのか？

だがもちろん、評者がすぐ思いつく程度の反駁《はんばく》は、著者もきちんと議論を展開していた。社会騒乱なしの各種格差解消要因が、実にショボいものでしかなかったことを、本書はグリグリ描き出す。人は強欲で自分だけはかわいい。善意や社会の良心に頼るやり方は、どうしても限界があるのだ。

ではどうしようか……本書にも名案はない。そして急に人々が格差解消に目覚める可能性も完全に否定するわけではない。でもそれが奏功する可能性がいかに小さいことか。

ただ一つだけ批判しよう。いま、世界の格差では奇妙なことが起こっている。各国の国内格差は拡大、国同士の格差も開いている。でも、世界の全人口で見ると、格差は縮まっているのだ。

なぜか？　それまで世界でもっとも貧困者の多かった中国とインドが急激な成長を遂げたからだ。そしてこの巨大二ヶ国で貧困者が大幅に減り、所得階層を上がったことで、世界の所得分布は均等化した。するとと実際には、見方次第では著者の考えていないような形で格差解消が進む可能性はそれなりにあるのでは？　底辺社会の急成長が大きな要因になるのでは？

だがそれで、現状の社会内部の格差解消が不要になるわけでもない。格差解消の難しさについて、本書はきわめて精緻な（そして厳しい）実像をつきつける。それに取り組もうとする者は、だれであれ本書を避けては通れないだろう。

（「文春オンライン」二〇一九年八月二六日）

コメント

この本は、ピケティの主張をベースに格差の拡大と縮小を扱いつつも、ピケティのような解決策は提示しない、というかそれを頭から否定してかかる。平和なときにやる格差対抗策なんか、これまでまともな効力を持ったためしはないよ、と言って。ある意味でピケティにケンカを売っている本とさえ言える。

これに対して、というわけではないけれど、二〇一九年にピケティは新著『イデオロギーと格差』を出した。格差がなくならないというのはまさにイデオロギーであり、みんながそう信じ込むことで格差は延命し、拡大してきたのだ、という話。本書の主張を正面きって打ち返したわけだ。さてどっちの議論に妥当性が感じられるだろうか？　こういうストロングスタイルの殴り合いがあると（そしてそれが、ＸＸの手先だのＹＹの走狗だのといった個人攻撃に堕さずに行われると）読者としても楽しいし、またそれが学問進歩の原動力だとは思うのだ。この書評も、そのファイトの見所を多少は整理できていれば成功だと思うのだけれど、どうだろうか。

第3章

ケインズ

世界的に、リーマンショック／世界金融危機以降、ジョン・メイナード・ケインズへの関心が復活している。なぜか？　世界金融危機に対して、まともな診断や処方箋を下せたのがケインズ理論――それも最近の精緻なものではなく、古くさくどんくさいオリジナルのケインズ理論だけだったからだ。

ケインズ理論は一般的に、一九三〇年代の大恐慌を受けて成立した。ぼくの理解するケインズ理論とは、彼の主著の題名どおり『雇用、利子、お金の一般理論』、つまりこの三つの間の関係についてのものだ。それまでの新古典派理論では、実体経済では失業や設備の遊休は起きず、自動的に価格を通じた市場の調整が行われるはずだった。でもケインズは、お金の市場が金利を通じて実体経済に影響し、失業を引き起こすことを示した。お金の市場をいじれば実体経済の改善につながる。そして失業の成立を説明する理論なんだから、基本的にはそれは不均衡理論だ。

ところがその後、経済学の主流派では、なんかすごい条件をおいたらあらゆるものは均衡する、という一般均衡理論が証明されてしまった。その魅力と数学的な構築性にみんな流されてしまい、不均衡理論としてのどんくさいケインズ理論が流行らなくなった。でも……二〇〇八年に、まさにお金の市場が崩れて実体経済まで道連れにしようとした。そんな大きな不均衡状況をまがりなりにも説明できるのは、古くさい原ケインズ理論だけだった。だからケインズ再評価が起きた。

さてぼくは、有名だけれどだれも読んでいない古典を真面目に読むのが結構好きだ。だから既訳（のひどさ）に定評のあるケインズ『一般理論』を自分で要約し、乗りかかった船で全訳までした。その過程で既存の翻訳や一般向けケインズ解説書を手に取ってみたのだけれど……かなり壮絶なひどさ。翻訳は勝手な改ざんを平気でしているし、概説書の多くはむしろ自分たちの主張のダシとしてケインズを使っているだけだ。

以下の書評は、基本的にそれを指摘したものだ。

ちなみに聞いた話では、関係者はこれで山形に深い恨みを抱き、おかげで山形訳『一般理論』などに言及しない不文律があるとかないとか。アマゾンのレビューを見ると、拙訳の『一般理論』は罵倒の連続だし、さらに全然関係ないフランクファート『ウンコな議論』や拙編訳『景気の回復が感じられないのはなぜか』のレビューにも、なぜか『一般理論』の翻訳についての長文の罵倒があがっている。でもぼくは、実際に読んだ内容をベースに翻訳もしてるし、また書評もそれがベースだ。自分ではとてもフェアなつもりだけれど、どう思われるだろうか？

▼古い本とはいえケインズについてしっかりまとめた好著

伊東光晴『ケインズ――〝新しい経済学〟の誕生』（岩波新書）

一九六二年の本で、ケインズ理論黄金期。一方の日本は安保闘争その他で、マル経が幅をきかせ、ケインズ理論なんてのは資本主義と管理社会の尖兵とされていた時期。本書は、ケインズがいかに当時の古典派経済理論とそれを体制化してしまった政治体制に心を痛め、実際に人々を救う実効性のある経済学を生み出そうとしたかを語る。

かなり多くのグラフと数式を使ってケインズ理論をそこそこ詳しく説明しているのは立派。ケインズがデフレを批判しインフレをよいものとしたこと、流動性選好等々、説明はかなりわかりやすい。いまだと、これでもむずかしすぎると言われるだろうけれど、むかしの新書はレベルが高かった。

時代背景もあり、かなりのページをマルクスとの比較に費やしている。また、ケインズ経済学が引き起こした政策的な問題として、軍事支出とインフレを挙げ、理論的には産業ごとの不均衡、独占、そして資本の蓄積がＧＤＰ上昇につながっていないことだと指摘。

当然ながら、その後経済学（Keynes or otherwise）がたどった道筋（とその破綻）については触れられていないが、いまにして思えば、それに至る萌芽はこの問題点の指摘の中に見られ、著者の理解がそれなりに経済学の当時の状況をよく反映したバランスのよいものだったことがわかる。新しいネタに触れていないという意味では古びた面もあるけれど、いまだに結構いい本だと思う。


（アマゾンレビュー／ブログ　二〇一一年八月十五日）

▼著者が脳内ケインズをもとに実物を批判する異様な本

伊東光晴『現代に生きるケインズ——モラル・サイエンスとしての経済理論』（岩波新書）

同新書で、前の同著者の「ケインズ」は、歴史的背景から理論的な解説までバランスよく扱い、とてもよい本だった。しかしこの本は、ケインズをひたすら神格化し、ケインズ様の偉大なる御理論をその後の論者たちがいかに誤解歪曲してしまったかをひたすらあげつらうにとどまる、ケインズ神学の本でしかない。

二〇〇一年の本なので、基本的にはケインズ経済学に対するフリードマンやルーカスの批判、その結果としてのニュークラシカルみたいな流れはすでにあったはず。だが、本書の中で執拗に批判されている新古典派反革命というのは、サミュエルソンのことだったりヒックスのことだったり。ご自分のかなり重箱の隅的な研究の範囲内でしかモノを見ておらず、前著での比較的広い目配りはあとかたもない。歳は取りたくないものだと思う。

ぼくはもちろん、クルーグマン的な見方（つまりは伊東が本書で批判しているような、新古典派反革命に汚染された邪教的理解）に影響されているから、乗数批判とかIS-LM批判とかは、単にケインズの主張が完全には反映されていないというだけの揚げ足取りに近いんじゃないかとは思う。

たとえばIS-LMをヒックスがケインズに見せたら「ほぼ異論なし、だけど古典派の理解がちがうんじゃないか」と返事した、というのからヒックスのケインズ理解は変なのだ、というんだけどね。でも、概ねオッケーって言われたんだし、物言いがついたのは古典派理解のほうだし、それをもってIS-LMはケインズを歪曲してるという理屈は変でしょ。いやそれどころか、ケインズ様を奉じつつもカーンなどの入れ知恵を受け入れたケインズはまちがっていて云々という具合に、いつのまにか伊東の脳内理想ケインズができあがっていて、それに反するものは現実のケインズ本人すらダメって、あなた何様ですか、という感じ。脳内理想ケインズがそんなに正しければ、ケインズに頼らず自分の理論を構築なさってはいかがです?

ついでに、pp.187–88には金融緩和による日本の不況脱出という説が批判されてるんだが、クルーグマンの、日本が流動性のわなに入っていてお金を刷るだけじゃだめでそれにより期待も変えるのが重要、という主張にケインズを読む注意の十分の一でも払ってくれればねえ。

ケインズ学説史の中でならこういう本もありかもしれない。また、狭い学界の中であればかれが触れていないものや無視しているものについては「まあ伊東先生はそういう方だから」ですむだろう。その人たちは他の学説なども知っているので、頑固老人の愛嬌だと思って大目に見られるだろう。けれど、ケインズについての一般・初歩的な理解を得ようと思ってこの本を手に取る人は本当にかわいそう。ケインズの理論の全貌もわからず、また現在(当時)の理論の状況もわからず、ケインズとは細かい話をつつきまわす世界でしかないと思ってしまうだろう。不幸なことだと思う。ケインズを研究しすぎるあまり、それ以外のものが見えなくなってしまった本なので、特に初心者は手にとってはいけない。

(アマゾンレビュー/ブログ　二〇一一年八月十五日)

▼単著ではないうえ、まとまりもバランスも悪いわかりにくい本

伊東光晴『ケインズ』(講談社学術文庫)

まずさあ、これって伊東の単著じゃないのね。四〇〇ページのうち、百五十ページ分くらいは他の人

が書いてる。それを単著と称して出すことの道徳性というのは批判されるべきだと思う。ケインズ経済学はモラルサイエンスだと言ってる人のモラルがこの程度とは。

で、本書は上の岩波新書二つの間くらいに書かれた本。一九六二年の『ケインズ』、二〇〇一年の『現代に生きるケインズ』に対し、これは原著が一九八三年、文庫収録が一九九三年。味わいも、両者の中間くらい。一応、生涯の解説（これは別の人が執筆）、一般理論の詳しい説明（かなり細かい）があり、それがその後どう展開したか（これもほとんど別の人が書いてる）が説明されている。

が、一般理論解説は、その後の解釈や批判に対するあれこれ予防線が多いため、うだうだしくてかえってわかりにくい感あり。特に古典派の理論をあれこれ微分方程式を並べ立てて説明しているのは、正直いって中身とあまり関係ない。それ以外のものも、ケインズの書いたことをそのまま流しているだけのところが多く、あまり説明になっていない。同時に、その生涯における関心事との関連づけが薄く（別々の人が書いているのでしょうがないが）、本の各部分どうしがまとまらずに散漫な印象となる。

また、別の人が書いているその後の理論的展開の部分は、本当に視野が狭い。フリードマンから合理的期待形成、ニュークラシカルはほんとになぞるだけ。その後はケインズっぽい話だけに的をしぼっていて、ミンスキーくらいで話が止まる。好き嫌いはあるだろうけれど、八〇年代半ばとはいえ文庫になった時点でニューケインジアンについて一言も加筆しないポストケインズ解説ってあまりに偏狭では（文庫化にあたり加筆する余裕もあったのに↓原著刊行時点の八〇年代半ばでは、まだ仕方なかったのではとのこと）。

さらに、その後伊東自身がケインズ批判に対する答の中で、サプライサイド派や合理的期待形成にも少し触れているんだが、ラッファー曲線を長々批判する一方で、合理的期待形成は一ページほど。バランスの悪さは否めない。それをまったく無視した『現代に生きるケインズ』よりちょっとはマシだが。その他の批判も、世の中がケインズ様のおおせの通りになっていないというグチに終始している。ケインズだけにしか関心のない人なら読んでいいかもしれない。でも、いまの世界にケインズがどう関連しているか、というのが知りたい人は、手を出す必要はない。

（アマゾンレビュー／ブログ　二〇一一年八月十五日）

▼マンガとしてはとてもよいできだが、解説の小野理論偏重はどうよ

石田おさむ、細山敏之、小島寛之『マンガ　ケインズ　大不況は解決できる！』（講談社）

ケインズのマンガ。理論的な説明はあまりなく、もっぱらケインズの生涯の説明が中心。一応、有効需要の話や公共投資の話も出ているが、基本はケインズが世界の問題を解決しようとした志が解説されている。

監修解説は小島寛之だけれど、マンガそのものには小島（ひいては小野善康）的な偏り（むろんかれらは自分たちこそケインズの可能性の中心だと思ってるだろうけど、あくまで世間一般的な理解から見た偏りね）はない。解説は（その分、かな）小野理論の宣伝がものすごい比率となる。小野理論は、価格のねばっこさを想定しなくても動的に不況が描けるというんだが、でも実際に世界で価格のねばっこさは観測さ

れているので、それなしの理論というのが本当に現実の説明モデルになるのか、それとも理論のための理論になるのかは、説明の必要があると思うなあ。それと、現在の問題解決に活躍する経済学者として、清滝信宏を挙げるべきか？　いや「問題」の種類にもよると思うんだけどね。

ま、マンガの読者が解説まで細かく読むかどうか。生涯の理解にはいいけど、これでケインズ理論がすべてわかるとは……まさか思ってないよね？

（アマゾンレビュー／ブログ　二〇一一年八月十五日）

▼全体の見通しがないし、ケインズが動学でないというのは批判すべきことか？

宇沢弘文『ケインズ「一般理論」を読む』（岩波現代文庫）

『一般理論』の解説としてはまとも。でも、これ読んで『一般理論』がわかるのかなあ。

一般理論の個別の章に沿って、あれやこれやと説明していくんだけれど、個別の章の話にいきなり入ってしまう。その前に全体の構成と論旨についての説明があってしかるべきじゃない？　とにかくすべての部分で、全体像が提示されないうちから細かい個別の話をしすぎて、実に見通しが悪い。

あと話が全体にとてもうだうだしい。ケインズ経済学は、IS-LMモデルが期待の役割をはっきり反映していないので、期待を重視しないと思われているし、それがその後のフリードマンに始まる批判の入り口になった。でも、ケインズ自身は期待をとても重視していた。5章なんかでも期待がすごく大きくクローズアップされているという。これ自体はその通り。でもそれだけのことを言うのにジョーン・ロビンソンの長ったらしい引用とか、もってまわった解説とか要るの？

また古典派の公準を説明するのに、あのグラフやら微分方程式やらは、こけおどし以上の意味があるとは思えない。

伊東光晴の本でもそうなんだけど、ケインズの話のくせに、なんだか古典派の話がやたらに多いんだよね。むしろ読者を混乱させて総合的な理解を妨げているように思う。もっと言うなら、クルーグマンの指摘を信じるなら（ぼくは信じている）、当時の古典派理論というのは、もっといい加減なもので（マーシャルとか読もうとするとわかる）、だからこそケインズはあれこれ定義の話をする必要があった。ヒックスのIS-LM論文についてケインズは「古典派の理解がまちがっている」と述べたそうで、それはある意味で、ヒックスが古典派をきれいにまとめすぎたということ。古典派を現代的な理解のもとで解説してしまうと、むしろ一般理論の価値を下げるのでは？

個別部分の説明はそれなりに詳しくて、話の流れがわかっていれば、なるほどと思うことも多い。でも、そうでなければ聞いていた人は混乱したまま、ケインズとはむずかしいものだ、と思っただけで終わったと思うな。

あと、これまた伊東光晴もそうなんだけど、ケインズの文を「華麗」「美文」とか言うやつは、英語があまり読めないだけじゃないかと思う。いまの論文調よりは談話調で、しかもケインズはそこに嫌みや皮肉をたくさんちりばめているだけなんだよね。

ついでにもう一つ。本書でも、IS-LMは均衡モデルだからだめ！　ケインズは不均衡動学だ！　という主張がしつこく繰り返される。でもぼくはクルーグマンの「でもケインズの『一般理論』って基本は静学モデルですから。いや、動学モデルを捨てたことこそ、その強みの源泉ですから」という主張のほうに説得力を感じる。IS-LMだって、それ自体は均衡しているけれど、結果として労働市場のほうは均衡しない部分均衡モデルで、それを一般均衡のできそこないみたいにいうのは本当に正当なことなの？

（アマゾンレビュー／ブログ　二〇一一年八月十日）

▼変なケインズ理解をもとに小野理論を持ち上げようとする歪んだ本

小島寛之『容疑者ケインズ』（ピンポイント選書）

本書は、昔献本してもらったけどうっぱらってしまい、今回お勉強のために買い直したんだが……。そもそもぼくは小島寛之のケインズ解釈にあまり感心していない。ホント、小野善康をほめたいならケインズを持ち出さずに小野理論それ自体として説明してほしいぜ。

たとえば本書ではまず小野のふんどしで、乗数効果を否定しようとする。これはケインズの枠組みの中ですら矛盾なんだって。なぜかというと、有効需要を増やすために公共事業をやったら、そのお金は税金で人々の可処分所得からぶんどることになる。だから可処分所得が減ってしまう。でもケインズの

当初の仮定では、それは変わらないことになっているはずだからこれは矛盾だ!!（p.41）

はあ？？？　小島&小野ワールドでは、公共事業するとき、その場ですぐ増税するんですかぁ??

普通は、国債出したりするだろうがよ。現時点の可処分所得は減らなくても、信用創造で使えるお金は生み出される。そして、ケインズの体系では、貯蓄とかもすべて常時活用されているわけじゃなくて、タンス預金があったり、ブタ積みされているお金があったり、というお金もあるわけでしょうが。ばらまき政策としてのケインズ理解だって、普通は国債でまかなうことを前提にしてるんじゃないの？　消費が落ち込んでるときに増税するなんて、いまの日本の政府ぐらいのバカじゃないとやらないよ。小野の乗数効果批判って、まさかこの程度の議論なの？？！！　そんなので乗数効果を批判されましても。それとも賢い消費者はそれに伴う将来の増税を期待に織り込み現在の消費を変える合理的期待形成ですか？　でも中立命題を考えたリカードですら、そんな馬鹿なことは実際には起きないと書いて、極論だと言っている。この程度の現実認識で経済の話をしようとは……。

一般向けの概説書に、変な仮定を置いた極論をしょっぱなから持ってきて、いったい小島寛之は何を考えておるのだ。しかし、これがもし小野理論の忠実な反映なら、なぜ小野善康が増税容認論を口走るのか、なんとなく見えてくる。

いきなりこれなので、その先はもう読みません……といいつつ流し読みしたけど、最後の意志決定理論でナイト流不確実性云々の話は、まあ別に大きく異論はございませんよ。でも、イーブリンが駆け落ちを間際で思いとどまった話は、いまなら割引率が双曲関数的になっていることで説明したほうがずっとすっきりするんじゃないの？　誘惑がどうしたこうしたって話、ぜんぜん明確じゃないし、それ以前にそれがどうした（ケインズとどんな関係が？）、という感じ。だいたい、何が「容疑者」だよ。容疑があるなら普通は事件があるんですが、事件がない容疑者なんだよね、この本って。全然だめどころか有害。

（アマゾンレビュー／ブログ　二〇一一年八月二九日）

▼ケインズを階級対立の先駆者として見ようという昔の変な試み

宮崎義一、伊東光晴『ケインズ　一般理論（コンメンタール）』（日本評論社）

ものすごく古い六〇年代の本だけれど、山形はバカだからこれでも読め、というコメントに応えて読みました。宮崎義一と伊東光晴が、ケインズの一般理論を読みながら放談するというぬるい構成の本。それぞれの章について、伊東と宮崎がかわりばんこにレジュメを書いて、それを見ながらあれやこれやと対談が進むんだが、基本的にメリハリがない。ケインズが問題にしている単位の話とか、なぜこんなものが必要だったのか、というのがぜんぜんない。いっしょうけんめい二人とも、いろんな名前を挙げて知ったかぶりを展開するんだが、誰はこういった彼はこういったの連続で、それが現実的にどういう意味を持つかについては考察があまり見られない。

それに誰の何とかという主張が云々というのも、ホントむかしの話ばかりでいま読んでもあまり益がない。しかもその議論自体の中身を説明せずに二人の世界で話が進むので、勉強にもならないというトホホな本。こういうのって、たぶん言ってる当人たちはわかっていたと期待したいんだが、そうでないことも多そうだ。そしてその弟子どもは「いやあ先生、さすがに博識でいらっしゃる」と言うだけで実は読んでおらず、生意気な大学院生が「パティンキンのなんとかって何ですか〜」とか言うと「きみ、そんなことは自分で調べたまえ」とか言って、知ったかぶりを無知なケツなめがガードして、鉄壁の象牙の塔タコツボが完成するという図式。まじめな人ほど「ここでなぜハロッドが出てくるのかわからない！」と悩んでしまい、実は単なる先生の誤解やかんちがいなのに、無理な深読みをしてさらに「先生はすごい」モードに入ってしまいがち。なんかそんな動きの源を見る思い。

さらに変なのは、あちこちで二人とも、ケインズは階級対立を先駆的にモデル化したのだ、というのを強調しようとしていること。新古典派の理論は、みんなが同じくらいで競争しあった平等社会を想定しているけれど（!!）、ケインズは設備投資とかする企業と、労働者ってものを別に扱っているし、あるいは金利生活者とそうでない連中を分けている、よってケインズは階級社会を鋭くとらえているのだ、というわけ。

この本が出た一九六〇年代とか七〇年代初期だと、マル経流行もあってそんなことを言ってみたほうが世間的な受けがよかったのかなあ。議論の切り分けの問題だから、そんな階級問題とまではいかないと思うし、そうした企業のあり方について検討していた人は他にもいると思うんだけどなあ。

いまは当然絶版なので、図書館で借りて読みました。むかしの貸出票が入るポケットや、返却日のハンコとかが押してあって懐かしい感じ。コンスタントに借り続けられていて、いっしょうけんめい勉強した人がいたんだなあ、というのがわかって感慨深い。一九六〇年代で二五〇〇円の本というのは、ずいぶん高かったんだろうね。

（アマゾンレビュー／ブログ　二〇一一年八月三〇日）

▼伝記とケインズの理論や貢献、その後のケインズ経済学をバランスよく描いている

吉川洋『ケインズ―時代と経済学』（ちくま新書）

吉川洋のケインズ。ケインズの伝記的な事実から入り、インド時代から戦後のなんたら、お金の理論を経て一般理論へ、さらにはその後のルーカス批判等々を経て云々。非常に手堅い流れだし、読んでいて目をむくような変なことは書いていないし、IS-LM憎しのあまり敵に塩を送るような変なことにもなっておらず、立派。

一九九五年の本だけれど、この時点で合理的期待形成とかニュークラシカルとかＲＢＣにすごく否定的な書き方になっていて、ケインズがいかに重要かを力説している。リーマンショック以後はこういう論調も普通だけれど、それを十五年前にはっきり書けたのはえらい。当時なら「ＤＳＧＥとかも出てきてケインズもいまやアウフヘーベンされて、明日の経済学が花開くよねー」みたいな書き方にしたほうが、業界的にもうけたはずだと思うんだけど、ケインズの影響をきちんと見極めて評価しているのは立派だと思う。

もちろんケチはつけられる。ケインズの限界として、資源問題とかに注目しなかったことを挙げて、ジェヴォンスが石炭の枯渇を心配したり、紙の枯渇を心配して紙を買いだめしたりしたのをケインズが馬鹿にしていたことを指摘して、ジェヴォンスがローマクラブの指摘の先駆者であり、それを評価できなかったのはケインズの近視眼であったと書くんだけど（p.198）……でも実際問題として石炭枯渇してませんけど？　紙を買いだめしたジェヴォンスは、トイレットペーパー買いだめする日本人並にバカだったでしょ？　その他のほぼあらゆる資源について、ローマクラブの予言はまったくあたってませんが？
が、それは見解の相違もあるし、細かい話。それにぼくも、二〇〇三年にロンボルグを読むまでは、この主張をかなり支持していたので、あまり文句を言える立場でもない。全体としてはよいまとめだと思う。いままでいろんな腐ったケインズ本を読んできて、ケインズってひょっとしてＸＸＸ集塵装置なのかしら、と不安になっていたところなので、普通に書かれたバランスのよい本に出会えて一安心。

（アマゾンレビュー／ブログ　二〇一一年九月五日）

▼安易な人物像や哲学談義に流れ、経済学者としての評価から逃げた本

西部邁『ケインズ』（イプシロン出版企画）／西部邁『ケインズ（20世紀思想家文庫〈7〉）』（岩波書店）

本書は岩波書店版を読んだが、全五章は

1. 個人史（人物評伝）
2. 価値観（道徳観）
3. 学問論（哲学や歴史の話）
4. 政治論
5. 経済学

となっており、ケインズの経済学の話はページ数的にも全体のかろうじて四分の一。あとは書きやすく安易なゴシップに流れており、原著出版の一九八三年当時ですらほとんど読む意義はなかっただろう。むろん当時はケインズ経済学は死んだと思われていた時期で、経済学的にケインズを評価する必要もないと思ったのかもしれないが。そしてその経済学の部分でも、結局ケインズ理論がどんなものかという説明はまったくない。すでにたくさんあるからいらないと思ったんだって。価値観だの伝記だの哲学だのは、ケインズ経済学との関わりにおいて初めて興味が持たれるもののはず。その説明がないなら、それをケインズの解説書として出すとは、ちょっと不誠実もいいところではないか。

その経済学にしても西部は『一般理論』について「骨子を一言でいえば、経済学のなかに行為論的な要素をもちこんだことだといえよう。ここで行為論というのは、〝人間は主観的に構成された意味を担って不確実な未来へ向けて行為するものだ〟という点を強調する考え方である」とのこと。さて、この話（といってもずいぶんあいまいで不明確だが）は資本の限界スケジュールにおける期待の役割などの点で、確かにケインズ経済学で重要な役割を果たしている部分はある。でも、それが『一般理論』の「骨子」だとは、ぼく（一応、『一般理論』を全訳しました）にはとても思えない。そして読んでいると、西部がこんな話を骨子としているのは、単にそれを当時かれが旗を振っていたヴェブレン――ひいては当時西部がぶちあげようとしていたソシオエコノミクスだの経済倫理学だの――を持ち出すための口実なのだ、ということがすぐにわかる。我田引水。

それにしてもこの原著が出た岩波の20世紀思想家文庫というシリーズは、小田実の毛沢東といい田中克彦のチョムスキーといい本書といい、ないほうがよい有害無益な駄本ばかり。企画自体がおかしかったと思わざるを得ない。そしてそれを二〇〇五年の、ケインズが少し復活しつつあった時期に再刊する見識のなさにも驚かざるを得ない。

（アマゾンレビュー／ブログ　二〇一一年十月十五日）

（付記：この版元って、西部が編集長のなんとかいう雑誌の版元なのね。解説を書いている佐伯もその雑誌の関係者。そういう政治的な事情で再刊されたってことですか）

▼ケインズがいかにイヤミなやつかよくわかる

バーナード・マンデヴィル（著）泉谷治（訳）
『蜂の寓話――私悪すなわち公益（叢書・ウニベルシタス）』（法政大学出版局）

マンデヴィル『蜂の寓話』という本について、知っている人の半分はケインズ『一般理論』23章で言及されているから知っているんだと思う。

そこでケインズは、この詩と説明が有効需要創造の重要性を訴えたものであり、バカみたいな倹約とか節制とかをよしとする当時の社会通念からはずばぬけた慧眼であり、それ故にひどく攻撃されたんだと語る。

> かくも邪悪な思想（注：マンデヴィル）が二世紀にもわたり、道徳家たちや経済学者たちの非難を集めたのも不思議ではありません。その批判者たちは、個人と国家ともに最大限の倹約と経済性を発揮する以外にはまともな療法はないという謹厳なるドクトリンを抱え、自分がきわめて高徳であるように感じたことでしょう。ペティの「娯楽、すばらしいショー、凱旋門等々」はグラッドストン的財務の小銭勘定に道を譲り、病院も公開空地も見事な建物も、さらには古代モニュメント保存すら「お金がなくてできない」国家システムとなりました。ましてや見事な音楽や舞台などあり得ません。これはすべて民間の慈善や、先の考えのない個人の寛大さに委ねられることとなったのです。

ほとんどの人はもちろん、実際にマンデヴィルの本を読もうなどという物好きなことはせず、ケインズがそう書いているからというだけで、そういう立派な本なんだと思っている。

ぼくもそう思っていました。ケインズの思想に近い論者なんだろうと思ってました。

でも実際に読んでみたら……ぜんぜんちがう。

確かにこの本、贅沢は敵だという風潮に逆らって、むしろ贅沢こそ需要を創り出し、人々の雇用を創出するものなのだ、という慧眼は出ている。というか、確かにいろんな慧眼はある。人の徳や上品さ、善意、公平さなどはすべて、実は人々の貪欲、下劣さ、虚栄心、他人をだまそうというこずるい心性などから生じている、というのがこの本の趣旨。各種の道徳とか、善意に見えるものとかは、実はそういう私的な悪の相互作用または相互牽制の結果として生じている、という。

でもマンデヴィルがそこから引き出すのは、自由放任と現状肯定の、むしろリバータリアニズム的な主張だ。各種の私悪が、公益につながる。私悪を否定すると、かえって公共にとっては害になる。だから——私悪をなくそうとしてはいけない！

たとえば、当時の町はゴミだらけで悪臭まみれのひどいところだった。でもマンデヴィルは、「そういう私悪は、よく考えれば仕方ないことなんだ、ゴミや悪臭なくして都市の経済活動や産業活動ができるだろうか。だから、それを規制したりなくそうとしたりすることは、経済活動否定であり、したがって人をかえって不幸にする。よって、ゴミや悪臭は我慢しろ」とのたまう。

あるいは、商人がインチキ商品を売ったりするのも、「人は常に他人を出し抜こうとしているのだ。だまされると腹がたつけど、自分が人をだまそうとしなかったやつはいないのだ。よってそういうのは仕方ないのだ」とおっしゃる。

全体として、すべて現状追認、あきらめろ、規制しようとするな、美徳に見えるものは人の打算からくるあれやこれや、つまりは現状は仕方ないのであり、無理に規制しようとしてはいけない、というわけ。全体としては、ケインズ的な発想のほぼ正反対の代物だ。

いやあ、びっくりいたしました。

ケインズがこんな露骨な自由放任リバータリアニズムを支持していたわけがないんだよね。この23章、ケインズは重商主義をほめてみたり、高利貸し禁止法をほめたり、クルーグマンも指摘しているとおり、明らかに屁理屈こねて常識はずれなことを言って見せて喜んでいるような部分が多いんだけれど、このマンデヴィル絶賛も、なんかそういうひねくれた根性のあらわれじゃないかと思う。いやあ、ケインズってほんとイヤミなやつだと思うわ。

しかし、マンデヴィル自体は非常におもしろいのは事実。アダム・スミス的な考え方を、他のあらゆるところにまで広げた（というか逆で、マンデヴィルのほうが先なんだけどね）という意味では慧眼だし、お暇ならご一読あれ。

なお、これの続編もあるんだよねー（しかも新装版が出るのか）。読もうかな。どうしようかな。

（アマゾンレビュー／ブログ　二〇一五年八月十四日）

▼古い、英語知らない、原文勝手に改ざん

ケインズ（著）間宮陽介（訳）『雇用、利子および貨幣の一般理論〈上〉』（岩波文庫）

自分で翻訳や概要をつくる過程で、見るまでもないと思っていたが、行きがけの駄賃。目を通し始め

たが、ふ、古くさい！　かたい！　「泥んでいる」（p.xiii）って、ぼくは読めなかったぞ（「なずんでいる」と読むんだって。原文はwedded)。

　さらに、パラパラめくるうちに目についたもの。p.317に対する訳注で

> 原文はthe power of disposal over an assetとなっているが、overはofの誤りであろう。訂正の上、「資産の処分力」と訳した（p.401）

とあるんだが、overで全然正しいっすけど？　power over xxxというのでxxxに対する力ってことですな。英語、ちゃんと読めてます？　ofにしても、まあいいけど、同じ文でofが重なって醜すぎるでしょう。

　さらに間宮が原文を直したと言っている注があったのでチェック。p.307に対する訳注として

> 原文はless likelihood（可能性は乏しくなる）であるが、それでは理屈にあわない。よってここではmore likelihoodと訂正して訳出した。（p.399）

でも……これは完全な誤訳。原文は流動性の罠っぽいものについて述べている部分なのだ。人は金利が高いと蓄財したがり、金利が下がると貯金したがらなくなる。そしてみんな貯蓄を増やすと金利が下がって、どっかでみんなそれ以上貯蓄したがらなくなる均衡状態になる。

　でも、その均衡金利が1％だったらどうだろう。金利が銀行の手間賃などもあって2％以下に下がれ

ないなら、みんな2%の金利目当てにどんどん貯金し続けてしまうのに、金利は一向に下がらない。みんな富を蓄積しようと欲望し続けてしまう。だから、「富を蓄積しようという欲望が、金利が下限に達する前に」満たされない状態になりやすい。この2%という下限が高ければ高いほど、その欲望が満たされる可能性は下がる。

だからこれは原文less likelihoodが正しい。間宮はかんちがいしたうえ、勝手に原文を改ざんしてしまっている。

昼休みに本を開いてこれだけ見つけるのにわずか十分。すでにぼくは、間宮陽介の英語力も、そしてケインズの主張に対する理解度も、まったく信用できなくなっている。この先も少し読んではみるけれど、当てにはできない。

さらに訳者注で間宮がケインズに因縁つけてる部分を拾ってみるが、ホントに怪しさ全開。p.38についた注にはこうある。

> ケインズは企業者間の競争によって雇用が拡大し完全雇用水準に至ると考えているがこれはおかしい。常にD=ZならNがいかなる水準にあっても、それを変化させる要因は存在しないからである。財市場ではNの任意の値についてZ=Dとなり、そうであればNを変化させる要因は存在しない。Nが完全雇用を下回っている場合には、雇用量の調整は労働市場で行われると考えるべきである。(p.369)

Dは総需要で、Zは総供給で、Nは雇用ね。で、ケインズは、自分の体系では総需要関数と総供給関数の交点で有効需要が決まるよ、だけど新古典派だと供給が需要を作るので、常に$D=Z$になっちゃってNは関係ない、だから事業者は売れ残りを心配せずNを最大、つまり完全雇用まで増やせるんだよ、こんな理屈は変だ、とケインズは主張している。

間宮はこの最後の部分が変だと言っている。どこでも$Z=D$なら、Nを増やそうなんて思わないはずだ、といって。でも、Nが増える要因はある。事業者の利潤動機だ。雇用を増やせば総供給は増える。$Z=\varphi(N)$と書くと、必ず$\varphi(N+1)>\varphi(N)$になる。古典派理論では供給が増えれば需要もついてくる。人を雇えば雇うほど儲かるんだ。だから事業者はNをどんどん増やして完全雇用にもっていくインセンティブがある。労働市場なんか全然関係ない（っつーかこの新古典派想定だと労働「市場」ってもんはあり得ない、というのがケインズの主張ではないか!!）。

この程度のこともわからずにケインズ訳してるのか。そして脚注でまちがった説明を自信たっぷりに加えちゃうとは。ますます驚愕。

十個に一個くらい、こんなまちがいがあります、というんじゃないんだよ。偶然目についてチェックしたら、いままでサンプリング三件のうち三件ともまちがってる。ロシアの工場以下の、ちょっと信じがたい不良品率。

p.71の注（pp.370-371）でも原文を勝手に変えているが、これまた間宮のまちがい。生産者は前期の実績を見て将来見通しを形成し、それを元に材料の発注とかするけど、その発注を改訂したり在庫調整したりする判断調整の原因としていちばんありそう（most likely）なのは、実際に倉庫に積み上がった売れ残り在庫を見たり受注キャンセルくらったりしたときでしょ、というきわめて単純な話なのに、わけのわからん解釈をして「ここはmost unlikelyでなければならない」という勝手な改変。四戦四敗。ちなみにこのp.71の注の訳は読むに耐えない。一読して何を言っているかもわからない意味不明の化け物みたいな訳になっている。

　その後あれこれ見ると、その前のナントカ親子の東洋経済訳に比べりゃネコでもありがたく見える、というのはかなりあるようです。で、普通のところは、現代の基準で見るとダメ訳だが、一応はまあ原文に忠実な訳といえないこともないし、以前に比べたら改訳、という……でも低い基準を設けてそれに安住するというのはなあ。

　それと、間宮はジェイン・ジェイコブズをネタに、ジェイコブズと宇沢コーブンをヨイショするあられもない論文（ともいえないひどい雑文）を書いていて、その宇沢は「最適都市を考える」などでジェイコブズをほめる一方、この間宮訳ケインズにお墨付きをつけていて、『一般理論』講義の文庫あとがきでも間宮訳がいかにすばらしいかを力説したりしている。小島寛之は『容疑者ケインズ』のあとがきで、自分がいかに間宮訳に期待しているかを書き、あまり詳しいとは思えないのにワイアードでジェイコブズに触れてみたり……。

　なーんかここら、変な学会的な相互ヨイショのネットワークができているような印象を持ってしまうんだが、やっぱそういうのってあるのかな？　うがちすぎ？

（ブログ　二〇一一年九月一日）

▼まだ続きます。ほんっと、だれか指摘してあげなかったの??

ケインズ（著）間宮陽介（訳）『雇用、利子および貨幣の一般理論〈下〉』（岩波文庫）

続きです。もう自分で訳するあいまに、「ここ難しいけどちゃんと訳せてるかな」と冷やかしに見るだけになっているけど、見るたびに何か出てきて時間を取られるのがいやー。

上巻p.132についた注は

負の貯蓄　→　「正の貯蓄」の誤りであろう。（p.385）

原文と山形訳

When the rate of interest falls very low indeed, the increase in the ratio between an annuity purchasable for a given sum and the annual interest on that sum may, however, provide an important source of **negative saving** by encouraging the practice of providing for old age by the purchase of an annuity.（強調引用者）

金利がものすごく下がったら、ある金額で買える年次払い債券と、その金額に対して得られる利息との比率が上昇するので、老後の備えとして年次払い証券を買いたがるようになり、それが**マイナス貯蓄**の重要な源となるかもしれません。（強調引用者）

ケインズの主張は、金利が非常に低かったら、年寄りは老後の備えに金利目当ての貯金をやめて、毎年利息やクーポンがつく証券を買ったりするかもしれないよ、という話。貯金するのをやめるんだから、負の貯蓄が増えるんですね。つまり原文通り。五戦五敗。ただしさすがに自信がなかったのか、ここでは間宮は、原文を勝手に直す暴挙には出ていない。だから半分負けて、五戦四・五敗〇・五分けにしておく。

次にp.194についた注（p.390）

> この箇所の原文はuntil the price of its output has fallen to the lower figure with which it is content.である。ここにおけるthe lower はthe lowest の誤記だと思われる。訂正して、本文のように訳出した。

ちがいます。ここは、旧設備による高い価格と、新設備による低い価格とを比べている。二つの比較なので、the lowerが正しい。ただしこれはふつうに訳せば日本語には影響しないんだが、何やらこの解釈を活かそうとしたのと、そもそも原文の解釈がまちがっているので「これ以上の価格低下に耐えられなくなるところまで設備量は増えつつけるであろう」と訳している。増え続けるのは設備量ではなく、

output、つまりその設備によって生産される財のこと！　供給量を増やして価格を下げようとする、と言ってるの！　lowerとlowestだけの話なら○・五敗で許すが、結局訳をまちがえてるので、一敗（ホントはそれ以上）。六戦五・五敗○・五分け。

一箇所だけありがたかったのは、ケインズの本当の計算まちがいを指摘しているところ（p.174につけた注）なんだが、これは間宮が自力で見つけたのではなく、原著の全集版で訂正されていたものだそうな。間宮の手柄はないので、ノーカウント。（付記、よく見たら、絶対人数のまちがいは間宮が追加で指摘していたので、○・五勝あげようか。七戦○・五勝五・五敗一分け）。

これではあまりに間宮が哀れなので、一箇所だけ勝ち点をあげられるのはホッとするところ。p.223についた注（p.393）

> この箇所は原文では、allow the individual no choice between A and Bという形となっている。そのまま訳すと、「AとBの間に選択を認めない」ということになって、この後に続く文と不整合になる。したがってここでは原文をallow the individual no other choice than that between A and Bの意にとり、本文のように訳した。

原文と山形の直訳

The only radical cure for the crises of confidence which afflict the economic life of the modern

> world would be to allow the individual no choice between consuming his income and ordering the production of the specific capital-asset
>
> 現代世界の経済生活を襲う、信頼性の危機に対する唯一の過激な治療法は、個人に対して自分の所得の消費と、特定の資本的資産に対する生産発注との間で選択の余地を認めないことです。

ケインズは、信頼性の危機がやってきたらみんな消費も投資もせずにお金をためこんでしまうので困る、だから過激な治療法としては、所得はすべて消費か投資に充てるよう義務づけることだ、というわけ。ここは本当に珍しく間宮が正しい。八戦一・五勝五・五敗一分け。これはぼくの翻訳でも反映させていただく。ありがとう。

はい、一応有終の美を……ということでもう十分だと思う。もう自分で訳しはじめたけど、翻訳で間宮訳を参照すべき部分なんか皆無。いくつか訳語で参考になる部分があるかと思って手元に置いてあったけれど、見ないほうがよかったと思えるものばかり。もうこれ以上見るのはやめます。

なお下巻では宇沢弘文が解題を書いている。これは『一般理論講義』とはちがい、動学にしないと、とかIS-LMダメとかいう話はせず、IS-LMの解説であっさりおしまい。無難ではあるが、宇沢の解説である意義がまったくないのも事実。

（ブログ　二〇一一年九月六日）

第4章

クルーグマン

ポール・クルーグマンについては、ぼくはもう嫌と言うほど書いていると同時に、最近では彼の本の相当部分について翻訳者でもある。それもあってクルーグマンの本についての書評は思ったより少なかった。最初に『クルーグマン教授の経済入門』をまったくの偶然で見つけてファンとなり、本人のウェブページの論文やエッセイをあれこれ読み漁るうちに、アベノミクスの中のリフレ議論について理論的な基盤の一つとなる「日本のはまった罠」を発見したのが一九九〇年代後半だ。そしてその後、この「日本のはまった罠」のおかげでクルーグマンはかなりトンデモ扱いされると同時に、『ニューヨーク・タイムズ』のコラムを担当するようになってブッシュ（子）政権のすさまじい罵倒が開始され、二〇〇〇年代前半あたりはあまりに党派的だといった批判も出てきた。が、その後リフレ政策は十分に市民権を得た。そして党派的と思われた各種の主張も、決して的外れではなかった。9・11同時多発テロ以後のアメリカの軍事化、なぜかそれに伴う減税、さらに各種の自由化と称する代物に対する批判が、かなり当たっていることが判明してきた。

ここに挙げたクルーグマン関連の書評は、そんなあたりまでのクルーグマンの著書を主に採りあげている。同時にこれは、無知な山形が予備知識なしにクルーグマンを「発見」するプロセスでもある。

▼世代の沙汰も金次第、ではないのかもしれない

『13th Gen』、Paul Krugman『The Age of Diminished Expectations』

『13th Gen』は、いまのアメリカの十～二十代を扱った世代論だ。大量消費社会に生まれ育ち、もはや輝かしい未来を信じない世代の分析。小説『ジェネレーションＸ』（邦訳有）とセットで扱われ、アメリカの一部（特にオルタナティブ系ロックのファン層）ではカルト的な存在となっている。レビュー用にＣＤ屋でこいつを買い直したとき、レジの姐ちゃんはニルヴァーナをバックに（『In Utero』発売直後だったもんで）この本のすばらしさを力説してくれたっけ。「これって、ホントあたしたちの世代がわかってんのよね。It rules!」

気持ちはわかる。しかしだねえ姐ちゃん、いまごろ（しかも日本語で）なんだけど、これはずいぶんあざとい本だぜ。だって殊勝に反省するふりなんかしつつ、実は自分たちのつくった泥沼を、あんたたちに負っかぶせようってんだもん。

13th Genは、アメリカの十三番目（これもいい加減な勘定だけど）の世代グループ。ベビーブーム（ＢＢ）世代につづく、一九六〇～八〇年生まれの世代だ。著者たちは言う。きみたちは頭も育ちも態度も悪い。でもそれは、六〇年代に好き放題やらかしたわれわれＢＢ世代のせいなんだ。われわれは気ままに離婚して家庭を破壊し、国債をたれ流して後の世代にツケをまわし、いい仕事を喰い潰し、教育をないがしろにした。しかもきみたちが育った七〇年代は、オイルショックとかベトナム敗戦とか超インフレとか、暗い話題ばかり。だからみんな性格が暗くなって、刹那的で物質主義的でシニカルになったんだ、と。将来はまともな仕事だってないし、税負担は莫大になるし、ろくなことはない。でも自力本願のこの世代は、その現実主義と不言実行で、ＢＢ世代がズタズタにしたアメリカの基盤（家庭や財政や国家威信）を再建するだろう、と。

つまり、われわれＢＢ世代はろくでもない連中でした、すいません、でもきみたちは他人に頼らないから、自力で何とかできるよね。がんばってくれたまえよって、ちょっと待てこの野郎！

　こいつが流行るのもわからんではない。この本が描いた、いまの十～二十代の閉塞感や鬱屈、醒めた現実主義は本物だし、それはニルヴァーナ人気と無関係じゃない。日本の同世代にも共通したものだろう。それをただのわがままやシニシズムや退廃と決めつけず、根拠あるものとして描いたのが本書の人気の理由だ。その根拠とは、アメリカ経済の見通しの暗さだ。不景気だし、貿易赤字も財政赤字もかさみっぱなしだし、仕事はないし、お先真っ暗。これは新聞なんかで見聞きしていることだから、なんとなく自明のこととみんな思いこんでいるし、この本でも大量の統計や引用などで、この議論はもっともらしく補強されている。

　でも、ホントにそうなのかしら。『The Age of Diminished Expectations』は、ちがうと主張するのだ。曰く。貿易赤字って、そんなに悪いもんじゃない。別に外国のせいでアメリカの失業が起きてるわけじゃないんだよ。財政赤字も、対ＧＮＰ割合さえ気をつければ目クジラたてることじゃない。経済全体が成長すれば、絶対額が増えても支払いに困らないからね。失業だって、いますぐにでも電話一本で解決できるけど、インフレが嫌だからやんないだけ。雰囲気が暗いのは、生産力が停滞してて生活水準が横這いなのと、貧富の差が拡大してきて貧しい人間が一層貧しくなって、ホームレスになったりして目立ってるからなんだ。これだって、貧乏人が搾取されてるわけではない。だって、貧乏人は搾取されるほど金がないんだもの。なぜ貧富の差が拡大してるのかって、実はよくわかんないんだよね。

じゃあ、なんでこういう話が大問題として取り上げられるのかって？　ああ、それは単に、ニュースとしての見栄えがよくて、効果はさておき、政治的に何かやってる印象を与えられるからだよ。

結局のところ、ほとんど唯一の問題は国としての生産性なんだ。ＢＢ世代がよく見えるのは、当時の生産性が年２・５〜３％も成長してたからで、いまの暗さは、それが年１・２％止まりだから。じゃあ、生産力を高めろって？　うん……でも生産性ってのも、どうして上下すんのかよくわかんないんだもの！

事態はよくはない。でも我慢できないほどひどくはないし、手に負えなくなる気配もないから、だれも敢えて荒療治を提案しないんだ。それにアメリカ人は、経済停滞に対抗する必殺技を編み出した。それは「あまり期待しないこと」である！（タイトルはここから。『高望みしない時代』ってとこかな）だから、アメリカ経済は当分このままでしょう。おしまい。

なに、これ。そうなのお？　話がぜんぜん違うじゃないか！

恐ろしいことに、これはそこらの奇を衒ったビジネス書ではない。著者のポール・クルーグマンは、ＭＩＴの経済学の先生で、貿易が専門。アメリカで大騒ぎのＮＡＦＴＡ（北米自由貿易ナントカ）ではよく新聞に引っ張りだされてる。簡潔で明快だし、短いからすぐ読める。理論一辺倒にならずに、要点は具体的な数字で押さえてあって、すごく説得力がある。それと書き方が妙に投げやりで、嫌味ったらしいんだ。各種の主戦論や「世界経済戦慄のシナリオ」的な話を持ち出しては「この旗を降ってたのはウォール・ストリート・ジャーナルに巣食ってるＸＸだけど」と実名入りでつつきまわし、常識論であっさり粉砕してくれる。楽しいよ。話の多くは日本にも応用できるから、この一冊でたいがいの悲観論者や誇大妄想論者には太刀打ちできる。

邦訳もあるはずだけれど、未見。見かけても無視したと思う。* ダイヤモンド社刊の長谷川慶太郎訳・解説だもんねえ。邦題『予測90年代・アメリカ経済はどう変わるか』だけど、大丈夫かなあ。だって上にも書いたけど、この本はアメリカ経済が変わらないって話なんだぜ。なに、万が一訳がだめなら英語で読めばいい。最近原著は改訂版が出たことでもあるし。

別の可能性も完全には否定されていない。楽天的なシナリオとして、変な理想論にしばられないポストBB世代の活躍で、アメリカの生産性が向上することも考えられなくはない、と。このシナリオは、『13th Gen』のムシのいい期待と一致している。ただしクルーグマンによれば「無根拠ながら、このシナリオはせいぜい確率20％」だそうだけれど（ちなみに南米債務デフォルトによる破局は、確率25％だって）。

しかし経済じゃないなら、一体あれは何なのだろう。繰り返すけれど、この世代の閉塞感は現実のものなのだ。『13th Gen』が受け入れられる理由はあるのだ。そしてそれは、日本でも感じられているのだ。

個人的には、社会の仕組みの話だという気がする。でも、よくわからん。まだ。

＊　のちに山形訳にて『クルーグマン教授の経済入門』として一九九八年に刊行された。

（「CUT」一九九四年一月）

コメント

初めてぼくがポール・クルーグマンを認識したときの書評。セットにされている本は、本当に一時的で浅はかな世代論でしかなく、不敬なほどの組み合わせだけれど、いまにして思えばこのアンバランスな組み合わせが、いかに自分が何も知らないままストレートにクルーグマンの主張に感心したかを伝えていて、ほほえましく思える一方で、我ながら慧眼だったと悦に入る部分もある。そして、背景知識とかはほとんどなしに、その本だけで評価をするというぼくの書評の流儀が、十分によい本や書き手を選び出せるという証拠にもなっていると自負はしている。

▼罵倒と茶化しの効用／非効用——おまけにBeavis & Butthead讃

Paul Krugman『Peddling Prosperity』

「山形さんはあっちこっちで無用な茶々ばかり入れるから」とその編集者は言うのだ。「だから敬遠されるんです！　だから訳した本だって、あんまり書評してもらえないじゃないですか！　それじゃあ本をつくるほうとしても……」

うーん、そう言われると考えてしまうのだ。少し前なら、他人がどう思おうと知ったことかと突っ張ったろう。でも幸か不幸か、いまは「少し前」ではなかったりするし、自分のお気楽な発言のせいで、せっかく本を出してくれた人たちをがっかりさせるのもねえ。そうかなあ。そういう業界的なおつきあいも考慮しなきゃならないのかなあ。とはいえ、頭も悪けりゃセンスもない、流行り言葉とくだらん思いつきで聞いたふうな口をきくだけが能の連中（いや、もちろんあなたは別よ）がせっかく野放しになっているのに、見逃すのももったいないし……。

編集者さらに曰く「その茶化しがなまじあたっているだけに、みんななおさら頭にくるんですよ」。

あたってるならいいじゃんかよぅ。バカをバカと言ってぬぁにが悪い！　長期的には正論が勝つ、はずではないか！（青いね）と内心は思いつつも、口先ではヘラヘラ笑ってその場をしのごうとするあたり、我ながら大人になったなあと思う。

確かに長期的には正論が通るとはいえ「長期的にはわれわれみんな死んでしまう」のだ、と言ったのはケインズである、というのを知ったのは、最近同じく罵倒と茶化しで悪評高いポール・クルーグマン最新刊『Peddling Prosperity』（繁栄の大安売りって感じかな）でのことだった。

クルーグマンは「世の中、行きがかりとか成り行きというも大事なのだ」という理論（いやホント）を唱えている経済学者で、その理論とは別の部分でもぼくはこの人の文章が好きだ。なんとなくぼくの文に似ているのだもの。特にその嫌味と茶化し方が。

言い換えれば、サプライサイド経済の連中はイカレポンチである。

それは別に、かれらが間違っていてわれわれが正しいから、ではない（もっとも、事実かれらは間違っていて、事実われわれは正しいのだけれど）。（中略）進化論を否定する天地創造論者や、地球が文字通り生きていると信じている『ガイア』一派も立派なイカレポンチである。

真面目な文中に、いきなりふざけた罵倒語を持ち込む不意打ち。そしていったん蹴倒してから、引くと見せかけてさらに追い撃ちをかける後ろ回し蹴り的手口。ワタシも愛用してます。

嫌味な言い方だが、学問の世界で熱心な支持者を得るのは、頭はよくても独創性のない若者に、賢さをひけらかす機会を与えてやれる理論なのだ。脱構築派の文学理論がそうだった。均衡ビジネスサイクル理論もしかり。

いきなり無意味に脇道にそれる、通りすがりに平手打ち的手法。「ガイア」とか「脱構築派の文学理論」なんて出てくる必然性はまるでないのに、つい筆がすべるのがお茶目だ。頭はよくても独創性のない若者、ね。うっふっふ。

そして、茶化しや嫌味の最大のポイントは、それがあくまで添え物だというところにある。クルーグマンだって、相手をけなすために茶化すのではない。自分と立場のちがう人でも、評価すべき人はページを割いてきっちり評価している。この本は、七〇～八〇年代のアメリカ経済学界の風潮と、それと関係ありそうで実はないアメリカ経済政策の変遷を、おもしろ可笑しく（だが真面目に）概説した、本当なら名著なのである。ガルブレイスは経済学の世界では相手にされていない（そうなのか！）とか、レーガン時代に流行ったサプライサイド経済学はレストランのナプキン上で生まれ育った（そうなのか！）

とか、ＥＣ通貨統合の失敗の解説や、英サッチャー政権が実はスカだった話や、異常にわかりやすいのは相変わらずのクルーグマン。万人必読。と、これだけですませられれば幸せだったのである。しかし。

本書はこうしめくくられる。「よい考え方は、いまだにしょっちゅうお手軽なナンセンスに負けてしまう。その時、真面目な経済学者を最終的に支えるのは、正しい考えはいずれ受け入れられるという信念である。（中略）ないものねだりかもしれない。（中略）が、そうとでも信じてなきゃやってられないよ、まったく」（一部超訳）

そしてクルーグマンは最近になって、ついに「やってられない」状態に突入してしまったのだ。クリントン政権の経済顧問の座をローラ・タイソンに取られたのが原因だという。それでかれは、あっちこっちに論文の体裁を借りた罵倒文を発表しだした。余裕皆無の、ひきつったような悲痛な文ばかり。ターゲットは主にそのタイソンと、日本でも通俗ビジネス書で有名なレスター・サロー。コケにされたサローが訴訟に持ち込むという話もあって、本書はそういうキナくさい状況下で出た。で、あちこちで書評されたけれど、みんな罵倒の部分しか見てない。そんなレトリック以外に読むべき部分があるだろうに。

クルーグマンはまめな人だから、いずれ正気にかえって事態を何とかするだろう。そう期待しよう。それまで本書はまっとうには評価されないだろうが、それにしても惜しいなあ、やっぱ世間って、そういう一番さまつなところしか見てくれないのだねえ。うーん、するとおれの場合も、みんな茶化した部分だけ見て喜んでるのかしら……。

ところで先号のビービス＆バットヘッド紹介に追加。この二人組が無知蒙昧文盲の不潔きわまる輩どもなのは事実だけれど、音楽とビデオに関してだけは、異様なまでの水準の鑑識眼を有する点はお見逃しなく。量をこなすうちに達する境地が何事にもあって、日がな一日ＭＴＶを観暮らす二人のセンスはすでに洗練と呼べる。白痴寸前のかれらの評価が、妙に自分の評価と同じで苦笑するのがこの番組の醍醐味である。うわっつらだけの商業へびめたや、イギリス／カレッジチャート系の軟弱音楽、なまじビデオに作品性を持たせようとした気取った代物は全部ダメ。ロックも、ビデオクリップも、ある種の切実さか余裕がなくては「Cool!」ではない。ミュージシャンがつまらん演技に自己陶酔していては最悪。音楽は大絶賛されるジューダス・プリーストでさえ、ビデオはボロクソにけなされてしまうのである。

一番好きなのが、ミニストリーの「Doomsday」かなんかのビデオがかかるやつ。曲はスゲーしビデオは強烈だし、かかり始めからもう二人とも「Yes! Yes! Cool!」「Ministry kicks ass!」と喜ぶことしきり。で、途中でウィリアム・バロウズが登場すると、Ｂ＆Ｂ曰く「おお！　ジジイまでクールじゃん！」ふふふ、わかってるじゃないの、ぼーや。やれアメリカの若者退行の象徴とか、ＰＴＡや女どもには評判悪いこの番組だけど、「ぼくは時代の感性を信じている」と言ったのは、あれは浅田彰だったっけね。

＊＊『経済政策を売り歩く人々――エコノミストのセンスとナンセンス』として一九九五年に邦訳。

（「ＣＵＴ」一九九四年七月）

コメント

この頃はもうクルーグマンの名前がつくものなら何でも読むようになっていた。邦訳はずいぶん硬い物になっているのは残念。そしてBeavis and Buttheadとからめていることからもわかる通り、この時点でもまだクルーグマンのえらさはわかっておらず、何やら軽薄才子のような理解でいたのは、いまにして思えばやはりほほえましい限りの書評ではある。でもポイントはおさえているのは我ながら感心。

▼クルーグマンが教えてくれる経済学の驚き

ポール・クルーグマン『クルーグマン教授の経済入門』（現在はちくま学芸文庫）

ぼくの訳した『クルーグマン教授の経済入門』は、原著はもう二〇年も前の本だ。昨年ノーベル経済学賞を受賞したポール・クルーグマン若かりし日の名著となる。テーマはアメリカ経済。ぼくの訳が初めて出たのも、十年以上前になる。にもかかわらずこの本は未だに古びていない。もちろん時事ネタは仕方ない。でも本書は時事ネタそのものの話よりも、それをどう見るかという経済学的な考え方にこそ価値がある。そしてぼくを含む多くの経済学素人は、かれの教えてくれる経済学、特にその限界についての記述に心底驚かされたのだった。

特にみんながびっくりしたのは、生産性がなぜ上がるかよくわからない、という話だ。素人の多くは、生産性くらいすぐに上げられると思っている。ＩＴを入れれば、教育をよくすれば等々。でもそうじゃないという。多くの人は、これをはっきり言ってもらったことで救われた。やり方がわかっているのにそれができないなら、単なる無能だ。でもそうでないなら――やり方がわかっていないなら――見当違いなところでで犯人捜しをして時間を無駄にすることもなくなる。

またインフレや保護貿易は国を傾ける天下の愚策というのが、メディアで見かける経済学的な通説だ。でもそれもちがうという。そして本書が出るまで、一般の人は中央銀行がそんなに重要なところだという認識はなかったんじゃないか。

そしてまた、この本は現在の名コラムニストとしてのクルーグマンの原点でもある。ややこしい経済学――そして経済そのもの――の概念をわかりやすく説明するクルーグマンの手腕が発揮されたのは、本書が初めてだったんだから。

その手腕はその後、同じちくま学芸文庫に収録された『経済政策を売り歩く人々』でも遺憾なく発揮されている。この本でケインズの不況理論やアカロフの限定合理性理論に初めて接した人も多い。そしてかれの政策論争へのコミットが登場したのは、この『売り歩く人々』だ。とはいえ最近のクルーグマンしか知らない人には意外だろうけれど、これはどっちかといえば民主党の政策に怒り狂っている本だ。特に、自分が中心となって開拓した収穫逓増に基づく貿易理論（これはかれがノーベル賞受賞の理由でもある）が保護貿易擁護に使われてしまったことについては、非常に苦々しい思いを吐露し、ついでに当時の通俗経済評論家（ＭＩＴ上司のレスター・サローまで！）をなで斬り状態で罵倒しまくっている。

実は『売り歩く人々』はぼくがＭＩＴにいるときに書かれた本で、いろいろ裏話も聞いた。かれは自分がクリントン政権の経済政策スタッフに選ばれると確信していて、お声がかからなかったことにえらくお冠だったとか。ついでにこの頃、かれは教科書共著者のロビン・ウェルズと不倫中で（いまはきちんと結婚している）、時間さえあれば彼女のいたスタンフォードに飛んでいく生活で心身ともに疲れ切っており、押さえが聞かなくなっているんだ、だからあんなに口が悪いんだとか。

でも最近の共和党の経済政策批判を見ると、必ずしもそうでもないらしい。もともと口が悪い人、もとい歯に衣着せぬ人物ではあるのだ。それがかれのいいところでもあり、悪いところでもある（という人もいる）。

『経済教室』の翻訳は、ぼくなりにそのいい／悪いところまで含めてクルーグマンの魅力を表現しようとした結果ではある。訳の文体は、当時もいまも好き嫌いが分かれるところではある。でも個人的には、いま読んでもまったく違和感はない。そしてそれ以外にもこの本の訳者あとがきは、たぶんクルーグマンの業績の全貌について、いちばん早い時期にいちばん網羅的な解説になっているのも自慢だ。さらにその後の日本――そしていまの世界――が陥る一大経済問題である、デフレ不況に関するかれの先駆的な論文をいちはやく収録できているという点で、この『経済入門』邦訳はいまなお驚くほどの現代性を維持していると思うのだ。

（「ちくま」二〇〇九年五月号Ｗｅｂ版）

コメント

勝手に全訳した『クルーグマン教授の経済入門』を適当に人に見せていたら、このまま出しましょうと言ってもらえて、出すことになった。それをふりかえっての話なので、厳密な意味では書評ではない。

でも最初の書評と比べて、中身はあまり変わっていない。

この本は、それまでSFやバロウズを中心とした現代小説の訳者として知られていた山形が、経済分野に進出するきっかけとなった感慨深い本ではある。同時に、翻訳権がらみの作業まで全部自分でやった点でも感慨深い。出版社が最初に頼んだエージェントがまったくの無能で、「先方にテレックスを送ったが返事がない」という時代錯誤な言い訳で何ヶ月も放置していたため（二〇世紀の末でもはやテレックスなんか見たことある人のほうが少ないくらいの時代）、業を煮やしてぼくが自分でMIT Pressにファックスと電話で連絡し（まだメールは普及していなかった）た。でもやがて日本語訳の権利だけはMIT Pressにはないことが判明して（MITに権利が移る前に、長谷川慶太郎による日本語訳が出たため、その部分だけは前の版元であるワシントンポストに移り、ワシントンポストはその後ニューヨークタイムズに買収され……）権利保有者を探して大いに苦労し、最後に価格交渉までやった。そうしたら、最初の無能な版権会社が最後になって登場して、書類作業だけはやらせろと言ってしっかり手数料だけは取っていったという……。

▼学問の力と遊び心

ポール・クルーグマン（著）三上義一（訳）『グローバル経済を動かす愚かな人々』（早川書房）

実は世の「経済評論家」と称する連中は、あまりわかってないのだ。「グローバル化」とか「規制緩和」

とか「リストラ」とか、週刊誌の吊り広告みたいなせりふをならべてる連中に振り回されて、ぼくらは余計に経済がわからなくなっている。

　実は経済ってそんなにグローバル化してない。規制が必要なこともある。リストラってのもほどほどだし、みんな不景気だ不景気だとわめくけれど、でもほとんどの連中は不景気って何なのか知りゃしない。

　事情はアメリカでも同じだったんだけれど、そこへ登場したのがポール・クルーグマンだった。この人はバリバリの経済学者なんだけれど、ぼくたち一般人に対してもちょっと嫌味の入った楽しい文で、最先端の経済学のエッセンスを現実世界にあてはめて、わかりやすく解説してくれる。そして「日本の景気回復にはインフレ期待を！」「アジアは外貨規制を！」なんていう一見むちゃくちゃな（でも正しい）議論を連発して、みんなを驚かせてくれる。

　この本は、そのクルーグマンの最新エッセイ集の邦訳だ。

グローバル経済で仕事がなくなるなんてウソだよ、所得が多いだけじゃ人は幸せになれない。民主主義ってだいじょうぶだろうか。時事的な問題や身近な話をネタに、経済学の真髄がおしげもなくたたき込まれて、通俗ヒョーロンカどもが次々に血祭りにあげられる。たのしい、軽快、爽快、おまけに勉強になる――これぞクルーグマンの真骨頂。

　ただし、かれの持ち味であるユーモラスな語り口が、生真面目でガチガチな訳のせいでかなり殺されちゃってる。特にジョークは全滅。無念。

多少は時事ネタを知らないとわかりにくい。でも、それさえあれば、本書を読んで「そ、そうだったのか！」と驚くことうけあい。同時に本当の学問の力ってものも、ひしひしと感じられるはず。

　どうしてもお金がなければ、最後の「２０９６年から過去を顧みる」（山形の改訳版はこちらhttps://cruel.org/krugman/lookbackj.html）という文章だけでも立ち読みしてみるといいよ。クルーグマンの語る、この先百年の世界！　通俗経済書の多くは、ここ一～二年とかのトレンドしか語らないけど、本当の知性と学問は、この先一世紀を見通せるんだ。

　だからって、この本はクソまじめなオベンキョー本なんかじゃない。生真面目なだけの連中が、いかに無様な大ポカをやらかすか、かれは何度も嬉々として指摘する。「バカなこと考えて遊ぶ余裕がなきゃ、なんにもわかんないよ」それがこの本の教えでもあるし、その遊び心は本書のいたるところに満ちている。

（「SPA!」一九九九年二月半ば）

コメント

　軽いおふざけ精神こそが重要であり、クルーグマンの理論的な成功にもそれが大きく貢献している、というのは、クルーグマンに肩書きから入った人——当時ならノーベル賞経済学賞候補とか——ではなかなか理解できないと思うし、この本の山岡洋一の訳も、ぼくはその重要なポイントをはずしていたとは思う。

　山形の書く文もまたしばしばふざけていると言われるけれど（本書の書評の多くも含め）、ぼく自身はそれは長所であり、書評（やそれ以外の文章）の持つ一歩引いた視点を確保するための手段だと思っているのだけれど……

▼クルーグマンのコラムがつきつける現代マスコミの問題など

ポール・クルーグマン（著）**三上義一**（訳）**『嘘つき大統領のデタラメ経済』**（早川書房）

　ここしばらく、世界最高の経済学者二人（そしておそらくは、最も口の悪い経済学者二人）、ジョセフ・スティグリッツとポール・クルーグマンが、相次いでアメリカの近年の政治経済政策についてきわめて批判的な本を出している。スティグリッツのほうはもうすぐに邦訳が出るらしい（この文をみなさんが目にする頃にはすでに出ているだろう）。だからスティグリッツはそれを待つことにして、今回はクルーグマンだけにしておこう。それに、クルーグマンのほうは、ちょっとおもしろい問題をはらんでいるのだし。

　というわけで、クルーグマン『The Great Unraveling』だ。これはかれがニューヨーク・タイムズ紙に掲載しているコラムを中心にまとめた本なのだった。かれが二〇〇〇年頃からＮＹＴに連載を始めたときには、同紙はなにやら利害対立を非常に気にするところだとかで、企業のアドバイザーをするとか、他のところに文章を書いたり、講演をしたりとか、とにかく彼が書くことに何か影響を与えるかもしれないその他のコミットメントをすべて切るように求められたそうな。おかげで、一時はクルーグマンが他のところに書く各種の文章が減ったうえに、コラムのほうもネタに明らかに苦労しているようすがはっきりわかり、これはちょっと失敗だったんじゃないか、と思ったりもした。ところが……ブッシュさんちのぼんぼんが、なんと大統領に当選。黒字だから減税、テロがあったから減税、戦争だから減税、と理屈も何もない減税を繰り返し、一方でテロに戦争を口実に、支出はやたらにふやしてそれまでの財政黒字を一気にとてつもない赤字にたたき込み、まともなテロ対策はしてないし、アフガンやイラクは爆弾だけ落としてろくに面倒見てないし、とひどい状況。エンロンやワールドコムのスキャンダルも、ろくに調査もせずにお茶を濁し、身内企業の権益ばかりを重視。クルーグマンのコラムはそれを次々に指摘していった。そして、他のマスコミが、ちょっとでも現政権に批判的なことを書くと非国民呼ばわりされるのを恐れて、追従的な記述に終始している中（そして一方のリベラル派のコラムニストなどが旧態然とした感情的な批判文に終始している中）、具体的な数字や証拠を挙げつつ、しかも言葉を濁さずに各種政策のまちがいやごまかしを指摘するクルーグマンは、いつの間にやらアメリカで最も重要なコラムニストと呼ばれる存在にまで躍り出てしまったのだった。

　本書はそのコラムのベスト版であると同時に、テーマ別にまとめて解説をつけた、現代アメリカ政治経済の課題別総覧みたいなものになっている。そしてそこに書かれている内容は、実に的確にいまのアメリカの各種政策が持っている問題点を指摘している。ただ、ここではその中身に細かく触れている余裕はない。むしろいちばんこの本でおもしろいのは、なぜクルーグマンにはここまできちんとした現政権批判ができて、いろんな問題点を発見することが可能で、なぜ他の人たちにはそれができなかったのか、ということだ。そして本書の序文でクルーグマンは、それは自分が“the gang”の一員ではなかったからだ、と書いている。

かれが言っているのは、ワシントンにいる政治部記者たちのことだ。この人たちにとっては、たとえば大統領やその側近のインタビューやコメント、あるいはその考え方についてのタレコミなんかが重要だ。結果として、そういうのが出そうなところ――記者会見やその手の人々のパーティーなんかに、みんなが顔を出すようになる。逆に、そうしたところに招かれなくなることは情報源の枯渇を意味するようになる。そして、それを維持するためには、その情報源――つまりは現政権――について批判的なことは報道しないほうがいい。むしろ現政権に好意的だと思われたら、小ネタも随時流してもらえるし、お互い持ちつ持たれつの「よい」関係が維持できる。

もちろん、そうなってしまったらそれは単なる御用メディアでしかなくなってしまう。でも、アメリカで起きていたのは、まさにそういうことだった。

そういう雰囲気は、たぶんどこにでもある。かつて本宮ひろしが国会議員に立候補する、と言ってマンガを書いたことがある（結局でなかったけれど）。そのときかれは、国会の様子をマンガにしたい、と言っていた。国会のトイレで、田中角栄が赤いハンカチで手をふいていた、その赤さに何かすごい真理が見えるかも、それをマンガにしたいんだ、と。かれがそう言いたい気持ちはわからなくもなかった。でも……そんなのが、何の意味もないことは、人は当然わかってしかるべきじゃないか。もちろん、ハンター・トンプソンがニクソンについてやったように、そういう些事の積み重ねが何かを迫力を持って語ることは、ないわけじゃなかろう。でも一方で有名コラムニストP・J・オロークが述べているように、それはえらい政治家なりなんなりが他の人にはだれも言わなかった秘密を自分にだけは打ち明けてくれる、という変な思い上がりでもある。何様だよ、そんなうまい話、あるわけないだろうに。記者なんて、そんなにえらくないんだもの。

クルーグマンは、そうしたサークルの中にいなかった。かれは、すべてのネタを公開情報から得ている。そのかれが、一番鋭いブッシュ批判を書き続けられているということは、一方で従来のマスコミがまともな批判機能を失うと同時に、何やら秘密情報ばかりに血道をあげるうちに、普通の公開情報をきちんと評価する能力すら失ってしまったということでもある。実はこの本がつきつける問題というのは、単なるブッシュ政権批判にとどまらない、いまのメディアのあり方そのものに対する疑問でもあるのだ。そしてそれはたぶん、いまの日本のマスコミにだってそっくりそのままあてはまる、大きな疑問でもある。

（「ＣＵＴ」二〇〇三年十二月）

コメント

ここで述べた問題は、その後さらに悪化して、いわゆるフェイクニュース問題にまで発展する。ネタやスクープをもらうためにジャーナリストが体制（あるいは反体制でもいい）べったりになってしまったら、まともなジャーナリズムは成立するのか？「スクープ」依存のあまり意味のない報道や、公平性と称して単に無責任なだけの両論併記に堕した報道ではなく、もっと事実に基づく深い報道ができないのか？

ポール・クルーグマン『嘘つき大統領のデタラメ経済』（早川書房）

ノーベル賞目前とまで言われる大経済学者ポール・クルーグマンが、この数年でアメリカを代表する名コラムニストになってしまったのにはみんな（当人も含め）驚いている。本書におさめられたコラム執筆をかれが始めた直後から、アメリカの政治経済情勢は一変した。同時多発テロ。エンロン等の会計問題。アフガン爆撃、イラク侵攻。強引な減税と巨額の財政赤字。これらの政治的な意味や、長期的な経済への影響をクルーグマンは次々に指摘し続けた。他の報道メディアが、テロ以降の愛国心至上的な雰囲気の中でブッシュ批判を避ける中で、その記述は突出していた。カリフォルニア電力問題での電力会社の価格操作など、クルーグマンの指摘が後になって検証された例も多い。いまでこそ、ブッシュ批判の本がだんだん登場しつつあるけれど、クルーグマンはリアルタイムでそれを行っていた数少ない人物の一人だった。だから本書の第一の意義は、ここ数年のアメリカの政治経済情勢をめぐるリアルタイムの批判的記録としてのものだ。

それにしても、なぜクルーグマンだけにそれができたのか？　特殊な情報源があるわけでもない、一介の大学教授に？　そこに本書のもう一つの意義がある。クルーグマンは、まさに自分が普通の公開情報しか使わなかったからこそまともな批判ができたんだ、と述べる。特ダネだのスクープだのに依存したジャーナリズムは、実はマスコミが大情報源——往々にしてチェックすべきまさにその相手——に依存せざるを得ない状況をつくりあげ、報道を偏向させる。本書は、そうした現代のジャーナリズムに対する警鐘ともなっている。クルーグマンはその経済理論においても、公開情報に基づく厳密な分析をもとに因習的な理論を次々にひっくり返してきた人だった。その歯に衣着せぬ「熱い」文体になじめない人もいるだろう。でもそれは、正しい分析による結論は甘い通念なんか蹴倒すのだという、かれの学者としての――そして一言論人としての――誠実さのあらわれなのだ。

（「朝日新聞」二〇〇四年一月三一日）

第5章

ファイナンス

ぼくのファイナンス系の知識は、ＭＩＴで教わったファイナンス入門講座の範疇をあまり超えるものではない。通常の効率的市場仮説に基づくお話だ。それを古くさいという人もいるだろう。そういうＭＢＡチックなファイナンスは、非現実的な仮定に基づくフィクションであり、それが世界金融危機を引き起こしたいま、そんなものは意義を失った、と。

でもぼくはそうは思わない。仮定をきちんと理解して、近似で成り立っていること、ミクロでしか成り立っていないことを、野放図に推し進めたり、マクロでも成立すると思ったりしてはいけないというだけだ。一般的な投資やファイナンスの理解においては、非常に有益な指針になるし、さらにそれ以外に何か汎用性のあるファイナンス系の体系があるのかというと、ない。それを盲信しろとは言わない。でも、一つの標準的な見方としては知っておくべきだ。

ここでの書評はすべて、そのＭＢＡチックなファイナンス入門を基準に、そこからその本がどのくらいずれているか、という視点で書かれている。あきらかに筋の通らないずれ方をしている本は駄本だし、そのずれ方に根拠があれば、きちんと理解しておくほうがいいのかもしれない。この基本を遵守することで、どの書評も比較的明解なものになっていると思うのだけれど、どうだろうか？

▼投資でよりよい人生を！

海外投資を楽しむ会（著）『ゴミ投資家のためのビッグバン入門——外貨預金・外債・海外ファンド・海外預金　外貨商品のカラクリ、すべて体験！』（メディアワークス）

（註：今回はお金の話なので、元ＭＩＴ同級生ピアス仲間で香港で不動産投資顧問業をしているジェニファー・キャラハン先生をお招きしております）

おっす、ゴミって、ガービッジのセカンドアルバム、期待過多のせいもあるけど、いまいちだったわねー。メリハリがなくてさ。え、そういう話じゃないって？

――まず「ゴミ投資家」の説明あたりから入ろうか。

そうだなあ。『農場の少年』（福音館）でアルマンゾのお父さんが言うけど、お金は労働なのよね。投資ってのも、寝ててお金が儲かる話じゃなくて、頭を使う労働なんだってことはおさえよう。ほかの人が働くお手伝いを提供する労働。

でさ、でかい仕事には、でかいお金の手伝いがいるんだけど、十万円いるとき、一万人に十円ずつ貸されたって、手伝いどころか面倒なだけでしょう。投資だって同じ。十円しか持ってない人なんて、かえって迷惑なの。だからホントの投資の世界では、億単位、最低でも一千万円の単位じゃないと話になんないのね。それ以下はゴミ。

これまでの素人向け投資本って、これをちゃんと言わないんだよね。素人さんをカモにしたいだけの本も結構あるし。『ゴミ投資家のためのビッグバン入門』（メディアワークス）は、その点で画期的だと思うな。そこらへんの認識から入ってるという一点で、すでに世の中のクズ本からドーンとぬきんでた感じ。

――しかしこの本だと貧乏人は外貨預金もだめ、外債もつらい、ファンドもだめ。ほとんどお先真っ暗……。

んなことないわよ。まず、これって全部ホントだもん。むなしい期待を抱かせるよりずっと良心的。それに、まず働けって書いてあるじゃん。よくぞ言ってくれましたって感じ。お金を増やす手段として、元手がない人は働くのがいちばんいいのよ。あなた自身が、この世で有数の高効率投資なのよ。複利になんないのが唯一の欠点だけど。くだらん利殖に手間暇かけるよりは、自分の健康に投資するほうがよっぽどいいわけ。

――ここで奨められてるオフショア口座ってどう思う？

うーん、大きな損もなさそうだけど、これだけ手間をかけるメリットがあるかな。しかもまともに英語で銀行と話せない人が？　それにこれって要は脱税の奨めじゃん。「見つかりゃしません！」。嫌いだな。税務署ってホントにこんなに甘いの？　アメリカでは結構補足されるよ。それに口座を開くだけじゃね。その口座で何するかが問題じゃん。それがまだない。でも、まちがったことは書いてない。これは事実。

――ファンドの扱いが甘いような……。

うん、そうかも。手数料と税金がガンってのは、この本の指摘どおりなんだ。でもヴァンガードあたりの、No-Load（手数料なし）ファンドなんかはダメなのかな。続刊では触れてほしいな。次は株を買うとか会社設立とか書いてあるけど、そんなのゴミ投資家のすることじゃないと思う。

――なんか大きなまちがいは？

ない。基本的にはよく書けてる。手数料や税金も考えてるし、外為の話とかも理屈の基本はおさえてるし。ただ、完全なプロが書いたんじゃないわね。細部は疑問符つき。ファンドを多種類買って分散化って話とか。ファンド自体が分散投資なのに。でも本質的なもんじゃない。

あとアドバイザーを探せという話が出てくるけど、ダメよ。アドバイザーなんて、それこそ百鬼夜行の世界なんだから。あいつら往々にして株屋の手先で、扱い手数料もらってたりすんの。日本でも商売に困った株屋が、かならず個人投資家向けアドバイザーサービスなんて始めるけど、眉にたっぷりツバつけてね。クズ株や推奨銘柄売れ残り処分のはきだめにされる可能性だって十分あるんだから。

――うんうん。あとゴミがいくらがんばっても大したことないってのはもっと強調すべきだと思わない？　外貨預金して朝から晩まで為替レートばっか見てるヤツっているけど。そもそも投資ってもんの意義が見失われてるとゆー……。

　いや、それはあまりにシニカルな見方だと思う。複利計算はそれなりに効くし、投資を考えるのは悪いことじゃない。0.5%のリターンの差にこだわるのは重要よ。

　でも、その外貨預金の例は確かに問題。そもそも儲かるわけがない（それはこの本にも書いてあるよね）のと、あとお金が自己目的化してる。よくある誤解ってさ、投資ってとにかくお金を増やせばいいんだっていうヤツ。ちがうんだよね。ファンドのマネージャがいくら運用実績あげても、高リスク株にばっか手を出してたらクビだよ。投資にはすべて目標があるんだ。それに応じて取るリスクも運用も決まるの。

　個人もいっしょよ。オフショア口座も結構だけどさ、まず自分の投資の目標を考えなきゃ。いくら貯めて、いつ使い始めるのか？　それは結局は自分の老後をどう考えるか、どういう人生設計するかって話なんだよね（あー情けない、このあたしがこんな分別くさい口をきくとは！）。

　いまの日本って、ビッグバンで投資機会が広がってすばらしいとかいう宣伝になってるんでしょ。まずこれ自体がこの本に書いてあるようにウソだし、しかもそこで目的意識がなければ、その外為の人みたいに数字に踊らされるだけに終わっちゃう。なんのためのお金？　それを考えてない貯金マニアって、醜悪なだけよ。あるいは住宅ローンをはやく完済したいばっかりに、月々の払いを無理する人がいるけど、でもローン返す以外何もできないんじゃ生きてる意味がないじゃん。それをどう考えるか？

　で、まとめ。この本は、ゴミ投資家の投資ガイドとしては必読。結論だけ読むんじゃなくて、いろんな計算もちゃんと自分でやって理解してね。投資はバックの算数がわかんなきゃ絶対に手を出すな！　これ、鉄則よ。

だけどそれ以上に、日本の一般人なんて、これまでまともに「投資」とか人生計画とか考えたことないんでしょ？　同じような生き方、同じくらいの停年で同じ金利で同じような年金で、みんなと同じにやってるしかなかったわけよね。でもいま、わずかとはいえ新しい可能性が出てきてんのよ。確かにこの本にあるとおり、貧乏人にはビッグバンなんかほとんど関係ないんだけど、でも自分なりの人生計画をたてるオプションがすこーし増えたのも事実ではあるのよ。ちょっとだけ人とはちがう生き方も、不可能ではない。この本には、そのオプションの糸口がかなり良心的な形で出てるのよ。

いつかそういうのをもっと総合的に説明した本が出るといいわね。そしてそれをきっかけに、自分は何のために働き生きてるのかってのをみんなが考える機会ができると、ホントに最高だろうねー。でもそれまではとりあえずこいつでなんとかしましょ。なんとかなるって！　じゃ、またね。

（「ＣＵＴ」一九九八年七月）

▼日本の夜明けは遠いかも――投機に堕したゴミ投資家たち

海外投資を楽しむ会（著）『ゴミ投資家のためのインターネット株式投資入門』（メディアワークス）

（また投資のお金がらみの話なので、例によって香港のジェニファー先生のお出ましを願っております）

おっす。まったく、香港の景気もアレで商売あがったりよ。で、なによ、こないだの本（『ゴミ投資家のためのビッグバン入門』）の続き？　『ゴミ投資家のためのインターネット株式投資入門』（メディアワークス）、だとぉ？　あたしの言ったこと読んでないのか！　株なんかゴミ投資家のやることじゃないと言っただろう！

――（そんなワタクシに言われましても）いや、一応読んではいるみたいで、ほめたところは広告に引用されてるけどね。

ふん、まあいいや。んでもって、ほうほう、まずは堅実に財務諸表から入って、理屈はちゃんとおさえようとしてるみたいね、ふんふん………

（沈黙）

なにこれ。ひどいわね。ＥＰＳより株価が高いのがＱ型企業でこれが「荒井拓也モデル」？　こんなのファイナンスの二回目の講義で習う、ただのＰＶＧＯじゃないの。こんなもんに自分の名前をつけるなんて、いいツラの皮だこと。ＥＶＡ革命？　ＥＢＩＴで企業評価するのの、どこが革命よ。いまのファイナンスの常識よ（あ、ごめんね、知らない人には意味不明かな。いずれ山形にまともな本書かせるからさ）。通俗本の受け売りしてるひまに、まともなファイナンスの教科書読めばいいのに。え、日本にはないの？　じゃあおまえが訳せよ。何してんだよまったく。

——（ごめん、やりたいんだけど……）で、後のほうではトンデモ入ってくるし。

波動（笑）。「世界の本質は波だ！ 超ひも理論でも、万物は波である。だから下がった株価もいずれ上がる！」ギャハハハハ。株価上下の波と、超ひも理論や素粒子物理学の波とをいっしょにするなっつーの。ぜんぜんちがう概念なんだから。バカ丸出し。で、だめ押しで「気功など東洋の世界観でもすべては波です」（失笑）。

まったく、これがシリーズ四作目？ 二作目『税金天国』は、多少いいことも書いてあるけど、まあそこそこ。次が『海外ファンド入門』か。これはあたしの言うこととちゃんと聞いたらしき、まともな本ね。前半のいろんなファンド分析なんか、正しいなあ。これが書けるのはすごい。これはいい本。これは是非とも買いなさい。でもこの『インターネット株式』はねぇ。

——まちがいはある？

経済学がらみの話は、気に入らないな。まちがってるとまでは言わんが。会社が総資本コストを上回る高リターン投資をすればいいのだ、というのもちがうなあ。そしたら高リスク投資をバンバンしろってこと？ んなわけねーだろ。それをやったバブルの末路をごらんなさいよ。

それとさあ、株のお値段が合理的に形成されるというのと、それが適正だってのはまったく別の話よ。

その説明なしに「正しい株価が合理的に求まる」なんて誤解のもとを書かないでほしいな。みんな合理的にまちがえることだってあるんだから。

　まあ実害はない、のかな。最初のほうの、荒井ナントカモデルだって、恥知らずだけれど、どんな教科書にも書いてあることでまちがっちゃいない。でもねぇ。

――じゃあやっぱ、オンライン株式投資なんかおすすめしないわけね。

　もちろん。絶対およし。特にアメリカ株の売買なんかすすめてるでしょう。あなたがアメリカ株のなにを知ってるの？　ファンドマネージャたちよりいい判断ができると思うの？　アメリカ企業の多くは、アメリカ国内を市場としてる。あなた、アメリカの市場がわかる？　わかんないでしょ。こんなＰＥＲだのＥＢＩＴだの、数字だけいじった「指標」なんかで株価が見切れると思いなさんな。

　ところがこの本は、たまにそれを言いつつも、すぐに指標のお遊びに入っていって、それでなにか株価が読みきれるかのような書き方になってる。でもその程度のことは、みんなやってるの。それで儲けられれば苦労しないわよ。

――じゃあ、いいところは？

　この税金がらみの話はなかなかいいんじゃない？　これは勉強になるな。こういう具体的な手続きと実践の話になると、このシリーズはすごく強い。問題は理論よ。それと、そもそもの志。

――志、ですか。

うん。結局、この人たちのしたいことってなんだったのかしら。最初の本では、ビッグバンの恩恵もない、金利も低くて運用機会も限られているというところで、苦肉の策でオフショア銀行が出てきた。それはわかる。もしこの人たちの究極の目的が、生活防衛ならね。税制がゆがんでるとか、国の景気策がとか言うのも、自分の将来の生活がなりたたないという怒りなら、よっくわかるのだ。

でも目的がちがうみたいね。この人たちは単に、手元の小金で機関投資家もどきのことをしていい気になりたいわけだ。チマチマ小金をためようとしてた連中が、株式投資で一儲けですって？　笑わせるんじゃないわよ。ま、なくしてもいいお金なら、こういう火遊びもいいんだけどね。

――そんなよけいな金を持ってないのがゴミ投資家、だったはずだよね。

そうそう。ゴミ投資家の初心を忘れたの？　しかも最後は「ゴミ投資家を卒業」ですと。バカね、はっきり言って。オンライン取り引きしたくらいで、懐具合は昔のままのくせに分不相応に気分とプライドだけ大きくなっちゃって。貧乏人が背伸びするとろくなことないわよ。志ってそういうことよ。タイトル変えたら？　ゴミ投資家じゃない、この本はすでに、ゴミ投機家の本になり下がってる。

——リスクの説明もあまりないよな。

うんうん。この本はずるくて「株にリスクはある」「投資リスクは自己負担」と書いて、それを免罪符にどんどんリスクの高いほうに話をふる。次はアメリカ株投資だってさ。ふん、その次は？　デリバティブ投資でもする？　先物？　「リスク」ってわかってるのかな。一個人はどのくらいリスクをとれるの？　どう考えればいいの？　それを説明しないで「リスクは自分で」と唱えて意味があるの？

だいたい株に手を出す前に、ゴミ投資家として望ましい投資って株なの？　その検討がない。具体的にはさ、株をやるのと家を買うのとどっちがいいの？　家は税制優遇もあるし、住めるし、マジにいいかもよ。『税金天国入門』で、基本的な生活インフラとして不動産と生命保険を考えたいって書いてるじゃない。これよこれ。これを追求しろよ。だからいま本当に必要なのは、『ゴミ投資家の生活設計入門』なんだけれど、でもこの人たちの指向では、永遠に書かれそうにないな。残念。日本の夜明けはやっぱ遠い、かもね。

（「ＣＵＴ」一九九九年七月）

▼完敗——『ゴミ投資家のための人生設計入門』はすごいです

海外投資を楽しむ会（著）『ゴミ投資家のための人生設計入門』（メディアワークス）

（シリーズ恒例、香港のジェニファー先生がＳＲＬの来日を期に東京にやってまいりましたので、またお話をうかがっております。）

おっす。いやぁ、ＳＲＬはサンフランシスコで見逃して、すっげえくやしかったんだ。まあ仕事は相変わらず不景気だから（そろそろ香港ひきはらおうかなぁ。最近は、こうして日本の不良債権あさりばっか）、こういう機会にでも景気つけないとね。

で、なに、またあの「海外投資なんとか」の連中が続きを出したの？　へぇ、まったく懲りない連中だなぁ。こんどは何買えって？

――いや、まあデイトレーダーがどうしたとかいうのはあったけど、今回は『ゴミ投資家のための人生設計入門』（メディアワークス）。

ほぅ。「人生設計」、なの？　なんかこのタイトル、微妙に聞き覚えが……。

――そりゃそうだ。このシリーズの前作を批評したときの、おまえのせりふそのまんまだもの。「本当に必要なのは『ゴミ投資家のための生活設計入門』だ」って言ったろう。いや、生活どころか人生だから、向こうが一枚上手だぁ。

ううっ。で、中身はなんなの？

——これもおまえの言ったとおり（というか、かれらが昔言ってたとおり）、不動産と生命保険。それにからんで、健保と年金と日本の財政に、さらには教育までやってる。いや、おれたちが言った以上の中身をクリアしてる。これはすごいよ。

……。

——前作が出てからほとんど間髪を入れずに出てるし、たぶんこないだのおれたちの書評が出た頃には、もうかなり書き上がってたんじゃないかなあ。前回の書評のラストは向こうの思うつぼにズッポリはまったって感じだろうね。前作の「波動」みたいなおまぬけもない（いや、あるな。この「はじめに」の、「英語の母語はヘブライ語」だの「すべてのことばの起源は祝詞」だの、日本語は主語がないから云々ってのはなんじゃい）。この『人生設計入門』はシリーズ空前の（そしておそらくは絶後の）最高傑作だと思う。

中身的にはどうなのよ。まともなこと書いてる？　不動産って、一応あんたも不動産が専門じゃないの。マクロな話しかできないけど。

——かなりまとも。相当まとも。というか、これくらいまともな本はなかった。借家法の問題（まあこないだ定期借家法が通ってこれも長期的には変わる可能性もあるけど）、中古住宅流通の問題、それに伴う上物の価値の問題。土建屋重視の新築優遇融資の問題。競売物件の落とし穴。はい、おっしゃる通り。立派。

ただ、借家のレベルが低いんなら（低いのです）、自分で不動産を購入して自分で建てる効用は、レベルの低い借家よりかなり高いはず。だから本書でやってる賃貸と所有の比較は、所有に不利すぎる気もするけど。ついでに、ほかの投資物件との比較でも、不動産以外で五倍のレバレッジがきかせられるものなんてないんだから、そういう比較はずるい。さらに、収益還元法は別にグローバルスタンダードじゃないよ。どこへ行ってもいろいろある鑑定法の一つにすぎないよ。でも、マイナーな点だな。さらにここでやってる、心理的な分析とか、笑っちゃうくらい言えてる。

不動産以外は？

——うーん、おれは保険はあんまりきちんと見ていないけど、たぶんこのとおりでしょう。海外保険の話は知らないからパスだけれど、こういう実地に調べる話では、このシリーズははずしたことない。さらに年金や財政の問題は、うん、ポイントうまくついてる。さらにえらいのは、そしてそれをちゃんと人生設計の中でどう考えるかまでおさえてること。完敗です。

……うーむ。いやわかった。たしかにそうね。オンライン株ばくちの話があまりに安易なので見くびってたけど、もともとこの人たちはそういうことをまともに考えられる人だったわね。はい、認めましょう。向こうの勝ち。こっちの負け。おそれいりました。

　ふむふむ、たしかに勉強になるな。え、海外の保険を買うって、こんな制限があるの？　たいへんねえ、日本は。それとこの教育の話はいいな。

――うんうん。しかし、こんだけ調べられて、なんでオンライン株式ばくちなんかに相変わらず手を出したがるかな、この人たち。さらにまたこの巻末で、変なヤツがオプションやれのなんのとあおってるし。はやくアメリカ株式市場がクラッシュして、こいつらみんな首くくんないかな。

　あとは、どうなんだろうね。この本の最後のほう（と最初）に出てくる自由、という話。パーマネントトラベラーになって、日本を半分捨てればたしかに自由度は高くなる。でも自分が社会とどう関わっていくのか、という話を一方ではどうしても考えざるを得ないでしょうね。多くの人は国（というか自分の社会）を捨てられないというのはこの巻末の部分にも書いてあるとおり。で、たまに日本に帰ってくるだけで、どこまで社会的なポジションは保てるのか。

　とはいえ、それはこのシリーズに期待すべき内容ではないわね。というか、それは各人が自分で自分の人生をどうしたいか考えなきゃならないことで、だれも（宗教団体でもない限り）それを教えることなんかできない。それができない人はそもそもこの本に書いてあるようなことを考えるだけ無駄だものね。ただ、ここまでできるんなら、『ゴミ投資家のための社会生活入門』とか……いや、まあそれはいくらなんでも無理だな。

でも正直いって、このシリーズをチンケな利殖目当ての貧乏人しか読まないというのは、とってももったいないと思わない？　ここに書いてあるようなことは、もっともっと日本人どもにいっぱい読ませて、考えさせないと。

――おれ、それやってるもん。もう七冊ほど買って、見込みのあるやつに配ってる（こうやって書評書いて宣伝したりもするし）。たしかにかれらのやってるＷｅｂの掲示板見ると、了見のせまいケチな連中が、自分で考えもせずに「何が儲かりますか」みたいな書き込みばっかしてて、このシリーズ（のなかのいいやつ）のメッセージってあんまりきちんと伝わってないもんね。

あと、もう一歩ファイナンスの知識があると、わかりやすいだろうな。これだけで現在価値とか還元価格を理解するのはつらいから、もうちときちんとした説明があると……。

それはテメーの仕事だろうが、バカ野郎。さっさとファイナンス本書いてやれよ。まあこの先このシリーズ続刊をふつうの人が読む必要はあまりないだろうけれど、この本だけはきちんと読んでみてほしいな。結論だけ見ようとしないで、中身まできちんと考えて、エクセルの収支もまわしてほしいな。その上で、この本で説明されているような人生をどう思うか、よーく考えてみてほしいなぁ。シリーズ最初の『ビッグバン入門』のときにも言ったけど、たぶんみんながそれをやれば、日本もかなり変わるはずじゃないかな（それにそうしたら、あたしの買いあさってる物件価格もあがってくれてうれしいし……）。

じゃ、またね（これから代々木でＳＲＬじゃ）！

（「ＣＵＴ」二〇〇〇年二月）

コメント

文中に登場するＳＲＬは、サバイバル・リサーチ・ラボ。スクラップの機械をごちゃごちゃに組み合わせて戦闘ロボに仕立ててバトルをさせるパフォーマンスで大人気の集団。日本でのパフォーマンスもすばらしかった。全然関係ないけれど。

このシリーズや「海外投資を楽しむ会」は、もともと怪しい投機に手を出しそうな人がむらがっていて、途中のタックスヘイブンにでかけて銀行口座を開いてみようといった具体的な活動はおもしろかったものの、だんだん手っ取り早い儲け話の自慢の会のようなものに堕していったのは非常に残念ではあった。

▼いまの日本で豊かさを求めるには？

橘玲『お金持ちになれる黄金の羽根の拾い方　知的人生設計入門』（幻冬舎文庫）

ベストセラーが必ずしもよい本、というわけではないのは、だれでも知っていることだろう。それどころか、むしろダメな本のほうが多いかもしれない。一過性の、ちょっとした気分に便乗しただけのバカなベストセラーはいくらでもある（このコラムはまさに、それを前提にして成立するはずのコラムだったりするのだ）。だからと言って、別にベストセラーだから必ずダメ、ということにはならない。しょっぱなからその例外にあたったのは、ぼくとしては嬉しいことだ（ぼくだって、茶化すためとはいえ敢えてダメな本を読みたいわけじゃないんだから）。

今回の本は橘玲『お金持ちになれる黄金の羽根の拾い方』（幻冬舎）だ。よくある、楽してウマウマ儲かりますとかいうバカな本のたぐいのように思える。「あなたも明日からオンライン株式投資！」とかいう類の本じゃないかという感じもするだろう。

でも、この本はそうじゃない。本書の帯で「金持ち父さん貧乏父さん」は日本人には役に立たない、と書いてあるように、これまでの金持ち系ベストセラー（特に翻訳もの）の多くの持っている問題点を理解したうえで、日本の事情を勘案したうえできちんと書かれている。すごくまともな本だ。とにかく、ぼくたちパンピーは無駄な支出を減らすことでしか資産形成はできないんだよ、ということを丹念に述べた本は、ありそうで実はなかなかない。

え、投資による資産形成はないのかって？　ない。いまの日本には、資産形成ができるような投資先がないから。不動産？　ダメー。地価は下がってばかりでしょ。株？　いまの株式市場を見てどう思う？　この本は、それをきちんと説明して、税金と年金と保険のところでとにかく支出を減らして、さらに住宅取得と子供というお金がかかるものは、よく考えろと教えてくれる。立派です。

実はこの本、いきなり湧いて出たわけじゃない。これまで何冊か出ていた「ゴミ投資家」シリーズというのがある。この本はその流れを汲むものだ。これも波のあるシリーズではあったけれど、巻を追うごとに少しずつ知恵がついているのはうかがえた。この『黄金の羽根』の著者はこのゴミ投資家軍団（「海外投資を楽しむ会」というのが正式な名称だけど）の創設メンバーで、だからこの本には同シリーズのエッセンスが詰まっている。さらに、税金の仕組みや年金の仕組みも手際よく解説してくれて、なぜそれが多くの人にとって損になるように作られているのかを示すことで、単なる目先の小銭稼ぎには（読み方によっては）終わらない、世の中のあり方を考えるきっかけにもなる本となっている。ここまでできたら文句はありませんな。

ただ不満があるとすれば、この本は日本の今後の経済成長の可能性をまったく認めないこと。ぼくはインフレ目標設定によって、いまから日本の景気が大きく上向くことは十分にあると思っている。もちろんそれが実際に実行に移されるまでの道筋はわからない。でも日銀が国債の買い入れをやってくれればかなり状況は変わるだろう。福井くん、ガンバレ！　それが起きたとき、本書を貫いているいまの日本に対するペシミズムはかなり変わってくる。不動産投資は損だという話や、株式市場の話も、あと税負担や年金の話も結構ちがってくるだろう。

あと、内容的に一つケチをつけるとすると、この本の中には、ＭＢＡ用ファイナンスの授業で習うモダンポートフォリオ理論について、とても簡単だけれどよくまとまった解説が出ているんだけれど、それをもとに「いまの」それは議論が乱暴すぎる。著者がもとにしている議論は、いくつかとても極端な仮定を置くことで初めて成立しているもので、現実社会はこの理論が想定しているほど完全には合理的じゃないので、多少はたちまわりの余地があるのだ。が、まあマイナーな点ではあるんだけれど。

だから併読すべき本をいくつか紹介しておこうか。まず、本書の本題と関わる、とにかく支出を抑えろという話についてはショア『浪費するアメリカ人』（岩波書店）。金がなくなればいやでも節約する、という説もあるけれど、そうなる前に、自分にとって本当に意味のある支出はどれかについて考えておくほうがいい。そのための参考として読んでおこう。さらにいま挙げたポートフォリオ理論の問題点みたいなことを考えたければ、セイラー『市場と感情の経済学』（日本経済新聞社）をおすすめしておく。必ずしも橘玲が言うほどは合理的にはなってないのだ。

あと、この手の本は一冊だけ読んでそれを鵜呑みにするようじゃいけない。類書を比較することで、長所や短所が見えてくる。比較対象を何にするかは迷うところだけれど、桝山寛『マネースマート――ほしいものが手に入る方法教えます』（角川書店）あたりがお気楽でいいかも。この本は『黄金の羽根』とある程度は似たようなことを述べている。ただしその中身はかなりお気楽で、『黄金の羽根』の持つシビアさはない。『マネースマート』に書かれていることのどこが甘いのか、その甘さは著者の能力のせいなのかそれとも本としての立場がちがうせいなのか――そこらへんを考えながら読み比べると、善し悪しが見えてくる。

それとこの手のお金儲け本全般に対して眉にツバがつけられるようになる本として、ベルスキー＆ギロヴィッチ『賢いはずのあなたが、なぜお金で失敗するのか』（日本経済新聞社）を薦めておこう。この本は読んで字のごとし。お金がからむと、人は目の色が変わる。ゲームセンターや、外国のカジノのスロットマシンで「あと一回」「負けを取り返すまで」「今度こそ」とか思ってついつい負けがかさんでしまう人は多い。この本はその心理について楽しく説明してくれる。自分だけはうまく立ち回って、黄金の羽根を真っ先に拾えると思ってあわてて行動してしまうような人は、こういう心理的な罠にはまりやすいかもしれないのですよ。

（「GQ」二〇〇三年）

コメント

途中で、インフレ目標政策が実施されるかもしれないと言わんばかりの部分があるけれど、この頃にはそんな気配は一切なかった。あまりバカだダメだと悪口を言うばかりだと日銀も態度を硬化させるだろうと思って、ポジティブに後押ししたほうがいいのかな、とくだらないことを考えて、あんな書き方になっております。それが予想外の展開で、ぼくもいま読むと感慨深いものがある。

▼オンライン株式なんかよりも確実なハイリターン本です

ゲーリー・ベルスキー、トーマス・ギロヴィッチ（著）鬼沢忍（訳）

『賢いはずのあなたがなぜお金で失敗するのか』（日本経済新聞社）

ぼくが素人のオンライン株取引にあんまりいい感情を持っていないのは周知の事実で、これまでこの欄でも、あるいはほかのいろんなところでも、それについてはさんざんバカにしてきた。いや、なにか自分の資産を増やそうと考えること自体は、別に悪くない。そのために株への投資を使うのだって、手だてとしては当然あり得る。

ぼくが嫌いなのは、それを勧める人々の使う、本当に古くさいペテンの手口なのだ。

だいたいよくあるストーリーを挙げてみようか。まず、低金利時代で資産が増えなくて、さらに将来が不安で云々、というような話で不安をあおる。それから、株がいかにもうかるか、という話をいろいろする。この株はこれだけあがった、とかなんとか。「あなたがこの株をあのとき買っていれば！」そして、自分の見識がこんな多額の儲けにつながったらなんとうれしいことか、さらに株をやることで社会経済に対する関心も高まり云々、というような話をする。笑顔の写真入り体験談なんかも満載。そして、そこでさりげなく、「でも損することもあるし、リスクは自己責任で」という、たぶん読んでいる人にはあまり意味がわからない逃げ口上があって、あとは「初心者でも絶対儲かるお奨め銘柄紹介」（そんなもんがあったら苦労しねーよ）だの、一見してインチキだとわかる代物と、各種の「株式投資のセオリー」だ。その「セオリー」と称するものはたとえば「手持ちの株の値段が20％上がったら、深追いせずに売って利ざやを確保！」なんて代物だったりするのだ。

……あなた、どう思う？　そもそも20％も上がる株をホイホイ見つけられたら苦労しないのよ。銘柄一つか二つでそういうことがあったら、あなたは本当にラッキーだったんだ。すぐに手持ちを売って、利益確定させて、それでやめとき！

でももちろん、その人はどんどんお金をつぎこんで、いずれどっかで後悔することになるだろう。

いや、ぼくだって自分がもしそういうことをはじめれば、判断がどう狂うかわからない。他人だからこうやって冷静に見られるんだけれど、人は自分のお金がからむと判断が狂うから。

ちなみに人はもう一つ、責任なしで他人の金を任されたときにも大きく判断を狂わせる。でも、これはまた別の話だ。別の話だけれど、たぶんプリンストン債にだまされた大企業の財務担当者は、この両方に影響されていたんだろうね。さて、人はなぜ自分のお金だと判断が狂うか？「なぜ」はともかく、どういうふうに狂うんだろうか。

というわけでこの本。ベルスキー&ギロヴィッチ『賢いはずのあなたが、なぜお金で失敗するのか』（日本経済新聞社）。中身は、題名そのままの本だ。

この本を読むと、みんな苦笑するはずだ。中に書いてある話は、たぶん株式投資じゃなくても、みんななんらかの形で身に覚えがあるはずのことばかりだから。欲が出ていると、ついつい短期のことに目がいっちゃう。最近の動きばかりに一喜一憂して、目先の変動であわくって右往左往してしまう。千円損するほうが、千円儲かるよりもずうっと精神的にはインパクトが強い。人はついつい、なくした金にこだわって、負けをとりかえそうとして事態を悪化させる。人はついつい自分のつごうのいいほうに何でも解釈して、自信過剰に陥る。人は、確信がなくなると（あるいはリスクが大きいと）付和雷同的な行動をしがちになる。

そして、こういうよくある行動原理の一つ一つが、まちがった投資行動を人にさせてしまう。

文章も平易だし、読みやすい。本当に軽い読み物として、通勤途中にだって読める。「行動経済学」なんて書いてあるけれど、数式は出てこない。それでいながら、書いてあることは単なる思いつきじゃない。ここで指摘されている各種の行動パターンは、ちゃんと心理学や実験経済学の世界で示されている、きちんとした裏づけのある話なんだ。そういう意味で、これはただの心構え指南書とも一線を画する。

いっぱいクイズみたいなのがあって、それに答えながら読んでいくと、自分のやった選択がいかによくある錯覚に基づくまちがいかがよくわかるようになっている。そして読んでいくうちに、たぶん自分の投資判断力みたいなものについて、読者はかなり距離をおいた見方ができるようになるだろう。自分の判断がいかにあてにならないか、はっきりわかるようになるだろう。それは、自信をなくすというのとはちがう。身の程をわきまえる、ということだ。自分もしょせん人並みだ、というのを知ることだ。そして、それができることが、投機じゃない投資にあってはとってもだいじなのだ。

　この本を読んでも、お金に関する判断ミスをすぐに根絶させることはできない。それを一発で予防する方法もあるわけじゃない。それはこの本に明記してある。ただ、自分がどのようなまちがいをしがちかはわかる。そしてそれがわかれば、ゆっくり自分のふるまいを変えていくことはできるはずだ。おちついて、自分の行動をふりかえってみよう。この本で指摘されているような行動パターンは見られないだろうか。

　あと、そういった行動分析の面だけでなく、そこから出てくる具体的な投資のセオリーについても、この本に書いてある忠告は本当だよ。アドバイスもなかなか適格。市場の平均よりも高い儲けを自分が手にできると思うな。日経平均とかに連動するようなファンドを、ずーっと持ってるのがいちばんいいんだよ。長期で、じっくり、落ちついて。要はそういうことだ。

　だからオンライン株式をやったっていい。あまり深入りしなければ、ちょっとやけどするのも社会勉強だ。でも、そういう痛いやけどをする前に、まずこの本をじっくり読もう。投資の世界では、リスクが低いのにリターンが高い投資ってのは、ないことになっている。でも、現実の世界には、そういう投資がいくつかある。友だちへの投資、家族への投資、そして自分自身への投資。たった千五百円のこの本と、これをじっくり読むためのほんの数時間は、どんな銘柄を買うよりもあなたにとってまちがいなく高いリターンをもたらしてくれる、本当の意味での優れた投資になるだろう。そしてちまたのくだらないオンライン株雑誌が、いかにゴミクズかもわかるようになるはず。がんばってね。

と書いていて、ふと思ったこと。素人の株式投資パターンがこうやってある程度把握できるとしよう。そして現在のオンライン株式取引というのは、そういう素人を大量に集める手段になっている。とするとだよ、たとえば素人を集めつつその逆張りをするような手で儲かる手段ってありえないかなあ。なんかありそうな気がする。各種の掲示板で、素人相手にいろいろ説法して市場を動かすようなヤツはすでにいるそうだけれど（ちなみにこれは違法だよ）、そこまでいかなくてもなんかできないかな。ふーむ。

（「CUT」二〇〇〇年十一月）

コメント

この最後の部分、実はルイス『フラッシュ・ボーイズ』に描かれた超高速取引がまさにこれだ。素人から注文が入ったら、数ミリ秒はやく自社取引をぶっこんで、さやをぬく！

やっぱりオレって頭いいよな、と思う一方で、思いつくだけでそれをまったく実行しないのがダメなところ。たぶん似たようなことを思いつく人はいくらでもいたんだろう。でも思いつきだけでは一山いくら、それを実装運用するやつがなんといっても偉いのだ。その意味で、これは山形のダメなところを示すものでもある。

▼企業価値の計測に関する標準的な教科書

マッキンゼー・アンド・カンパニー
『企業価値評価――バリュエーション：価値創造の理論と実践』（ダイヤモンド社）

企業価値を高めたいと経営者ならだれしも思ってはいる。が、いざ実践となるとむずかしい。雇用だ利益だ社会貢献だリストラだとあれこれノイズがあまりに多く、おかげで迷走しているとおぼしき企業も少なくない。本書はその常識を、とても理論的かつ実践的に説明した本だ。

企業の価値といっても、本書は株主価値、つまりは株価だけしか考えない。この点は、読者として留意が必要だ。その株主価値を核に、本書は明快な企業価値の考え方を通覧してくれる。第一部では、企業の戦略が企業価値にどう影響するか、その際の判断指標、さらに実際に企業価値を高めるための経営方針を述べた概論とケース群。第二部では、個別の指標の理論と実際の計算方法。そして第三部は、それを個別に適用する際の、細かい懸念事項（会計原則の国際的な差等）を扱う。

本書をまともに理解するには、それなりの予備知識が必要だ。ＤＣＦ法とＣＡＭＰ理論、財務諸表についての知識は必須。一応、ざっとは説明が載ってはいるけれど、あくまで復習用だな。そうした知識がなくても、第一部は企業戦略を考えるための読み物としておもしろいし、考え方や見方も漠然とは理解できる。でも本書のキモは、それを漠然とではなく、具体的に数字で詰められるようにしてくれる第二部以降の話ではある。他の本で勉強しつつ何度か読み返すといいだろう。実務レベルに達した人にも、必ず参考になる部分がある。評者の場合はリアルオプションについての説明が非常に簡潔で有益だった。

アメリカではすでに標準的な教科書だ。翻訳もすっきりと読みやすいし、日本企業の評価に関する章が追加されているのもありがたい。ただ日本企業は歴史的に、本書のような企業価値だけを目指してはこなかったのだけれど。今後それはどうあるべきなんだろうか？　今後の日本企業の「価値」とその位置づけを考える出発点としても、本書は有用だろう。

（朝日新聞二〇〇二年ボツ原稿）

コメント

この書評が朝日新聞でボツになったのは、何か怪しい陰謀があったわけではない。途中のＤＣＦとかＣＡＭＰとかが普通の人にはわからないし、それが必須なら一般向けの本としてはちょっと高度すぎるのでは、という見解のせいだ。とてもよい本なので、紹介できなかったのは少し残念ではあるけれど、まあ仕方ないですな。ただ、読者の理解力を低く見つもって、それにあわせた記事ばかりにすると、高度な読者は離れてしまい、レベルをますます下げるデススパイラルに陥るのでは？　いまのマスコミの苦境はそこに一つの原因があるとは思う。

▼数学者の大やけどで学ぶ、株式投資の標準セオリーの正しさ

ジョン・アレン・パウロス（著）　望月衛、林康史（訳）

『天才数学者、株にはまる　数字オンチのための投資の考え方』（ダイヤモンド社）

　ぐふふふ。人の失敗とは美味なものであることよ。著者はこれまで日常生活にまつわる数学上の勘違いを指摘する本をたくさん書いてきた。こんな簡単な数学もわからんのか、バカだねえ、ワタシはそんなまちがいは決してしないよフフン、というような本だ。ところが本書では、その数学者自身が株に手を出して（しかも当時話題のワールドコム！）、ちっとも理論通りに動けずに大損をこいてしまいました、という実になさけない本。わはは、ご愁傷さま！

　でも本書はただの失敗談じゃない。自分の失敗を例にひきつつ、著者は株にまつわる様々な考え方を解説する。有名なケインズの美人投票理論から、テクニカル分析、ファンダメンタルズ分析、リスクとリターン、効率的市場仮説とその限界、果てはカオス理論やゲーム理論の適用まで。高度な中身をおもしろおかしく説明する著者の才能は定評あるし、さらにその大やけど体験が迫力とお笑い風味を添えている。そして何より、理論と実践の差というのを、本書はトホホ感あふれる筆致で描き出す。

　はまる人がはまるのは、かれらがバカだからじゃない（こともある）のだ。著者だって、わかっちゃいるけど「もうちょっと我慢すれば」と思い、手持ちの株に有利な情報しか目につかなくなって、最後に大損をこいた。まして理論すらおぼつかない自分がそうそう儲かるものだろうか……と思い至った人は、本書の価値を十分引き出した人だ。

　一時流行ったデイトレーダー本にのせられて大損こいた人は、自分をなぐさめるためにどうぞ。そしていまちょっと好調な株式市場にのせられかけてる人は、まず本書を読んで頭を冷やしなさいな。もっともヤケドをする人は、そこで「自分だけは大丈夫」と思っちゃうのだ、というのも本書の教えなのだけれど。手を出す気はなくても株式投資の基礎をざっと知りたい人にも、本書はなかなかよい入門書だ。そしてもちろん、単に他人の失敗を嘲笑するのが趣味のイジワルなあなたにも、本書は十分なリスク織り込み済み収益をもたらしてくれますぞ。

（「朝日新聞」二〇〇四年三月二八日）

何か下劣で馬鹿な著者の『思いつきの名にも値しない投資と称するどぶに金を捨てるすすめ』

前二回（注：「GQ」の連載のこと）は、ある意味で苦渋の罵倒ではあったのだ。それなりに優れた人たちの不幸な凡作をつついた意地悪な文なうえ、能力的な差を考えればぼくが何か優れた論点を見落としている可能性もないわけじゃない。でも今回はもうお気楽極楽。だって読む前からろくなものじゃないのは予想がつくし、実際読んでみてもその通りだったんだもの。

基本的な主張は簡単で、日本はこれからダメになる、借金しすぎでそのうち国債が暴落する、年金もどうしようもない、移民も入ってくるし云々、そして円が暴落して日本経済はどうしようもない、だから世界経済はアメリカと中国に牛耳られるようになる、やがて国内でも円が通用しなくなり、ドルにつくか人民元につくかの選択を日本は迫られる、という話。そして素人はそのなかでうまいこと売り逃げたりすることもできないからダメ。

だけど目先は株があがってるし、日経平均も二万円を越える、そこで短期的に儲けることはできる、という。そして最後にはその推奨分野や銘柄がうだうだあがっている。そして、もっと詳しく知りたければオレんとこに連絡しろ、と連絡先が書いてある。やれやれ。

円よりドルが通用するようになるなんて、別に大した話じゃない。決済通貨なんて為替リスクの問題でしかないもの。スイスはユーロに加盟していないけれど、スイス国内の企業は主な取引相手がヨーロッパのユーロ圏にいるので、いろんな決済をユーロでやると為替レートの変動リスクがない。だからスイスの企業は、ユーロ建ての決済をしているし、給料もユーロだったりする。でもスイス経済はだめになんかなってないでしょ。国債が暴落したら他に心配することがあると思うけどな。

そして将来がそんなにだめなのに、なぜ目先に株が上がると思うのかも不明。さらにそこでねらうべき株ってのが新エネルギー関連株、ナノテク関連株——つまらん、どこのビジネス雑誌にも出てそうな、政府の重点産業育成ナンタラの中身そのまんま。さらにその中身についても、きちんと知ってるわけじゃなくて、伝聞ばかり。

こんなもん読むほどの株の素人なら、まず読むべきは山本一郎『美人投票入門』。一見おふざけだけど、こっちのほうがずっと投資に役立ついいこと書いてるよ。投資するんなら、投資する業界をしぼってまずそこについてきちんと勉強しなさい、とか（人から聞いた話を受け売ってるだけじゃだめだよ）。メディアでの発表だけに目を奪われちゃだめだよ、とか。そして（ぼくとの対談部分にも出てくるけど）中国がそんなにいいかどうかも、気をつけたほうがいいよ。

あともう一冊挙げるとすれば、株式投資の古典、マルキール『ウォール街のランダムウォーカー』。とにかく、自分一人が（他人が数ヶ月前におおっぴらに書いたようなネタで）市場を出し抜けるなんて思わないこと。自分が思いつくくらいのことはだれでも思いつくんだから。それが投資の心得の第一歩よ。

（「GQ」二〇〇四年）

▼オイシイ儲け話は教えてくれないけれど。——株価のフラクタル変動を家元自ら語ってくれます

Benoit Mandelbrot et al.『The (Mis)Behavior of Markets』

株式市場の予測は、語る人によって言うことがいろいろちがうのだが、基本的な流派はふたつある。ひとつは、テクニカル分析という人たち。株式市場は常にあるパターンにしたがって変動する、したがってそのパターンさえつきとめれば、株価の変動もだいたい予想できるにちがいない、という人。街の本屋さんにいくと、エリオット理論とかギャン理論とかいうのがたくさんある。この人たちは、たとえば株価はフィボナッチ数列にしたがって上下を繰り返すとか、黄金分割にしたがって変動を繰り返す等々と主張する。五日上がれば三日下がって、とかね。

もう一方の人たちは、そんなパターンはない、と主張する。だって、そんなパターンがあるなら絶対にこれまでの数世紀で見つかっているはずだもの。そして、それが何らかの経験則としてすでに確立しているはずだ。でも、もしそんなものができていたら、みんなそれの先回りをしようとするだろう。株

価が三日で下げ止まると思ったら、一部の人は少し早めにたくさん買っておく。そうなると、三日より手前の二日でたくさんの人が買うようになって、結局二日で下げ止まることになる。いや、三日後に確実に上がることがわかっているなら、みんなそもそもその株を手放そうとはするまい。すると株価はその時点で下がるのをやめる。だからそんなパターンは、すぐに崩壊するはずだ。

じゃあ株価は何で変わるのか？　ファイナンス理論によれば、あらゆる資産の価値は、それが将来生み出す収益で決まる。だから株価も、すべてその企業の将来の予想収益で決まってくるのだ、というのがその主張だ。企業の業績の根本のところで株価が決まるので、これはファンダメンタルズ分析と呼ばれる。

さて、企業の集積に影響するような事件というのは、何か規則性を持って起こると考えるべき理由は？　特にない。新製品の開発に成功したり、販売店が不祥事を起こしたり、新しい大口受注をしたり、そして突然オイルショックが起きたり――こんなのはすべて偶然だ。もちろん、一時的に悪いニュースが重なったりすることはある。また、三菱自動車みたいに、それが偶然でなく、一つダメなことが起きて調べるうちに次から次へと、ということもあるだろう。でも一年とか数年で見れば、まったくランダムなはずだ。それを少し早めにつきとめることならできるかもしれない。また、他人には気がつかない関連を見いだせる人もいるだろう。そういう人たちは証券アナリストと呼ばれる。でも、総体としてはパターンなんかない、完全にランダムな変動をするはずだ、という。

この人たちは、だから株価はランダムウォークなのだ、と言う。そして実際の動きを見てやると、確かにまあランダムだ。パターンみたいなものが出てきても、確かにすぐに崩壊している。もちろん、完全にランダムでないケースというのはいくつか指摘されていた。でも、総体としてランダムウォークが正しいんじゃないか、というのが、まあ業界の合意ではある。

本書は、この両方ともちがうんじゃないか、と主張する。テクニカル分析はもちろん完全なヨタだ。ランダムな事象にだって、短期的にはパターンらしきものはいくらでもあらわれるんだから。でも、完全なランダムウォークでもないんじゃないか？

この本を書いたベノワ・マンデルブロという人の名前に聞き覚えがある人もいるだろう。かつてフラクタル幾何学で一世を風靡したあのマンデルブロだ。かれは実は、このランダムウォークを前提にした合理的市場仮説を確立した人物だ。でも、実際の市場での価格変動を細かく分析しなおして、かれはそれがランダムウォークになっていない、と主張する。かれの言う、マルチフラクタルな変動になっているのだ、と。そしてそれは、現在の証券理論での想定とかなりちがう。現在の理論だと、株価の変動は正規分布にしたがうんだけれど、かれの分析だと、それはもっと裾野が浅く広い分布になる。つまり、現在の理論ほどは平均からずれない。でも、いったん平均からずれたら、そのズレ方はいま予想されているものよりかなり大幅になる、ということだ。

実は——確かにそれに近い現象はある。証券市場はしばしば、予想外の大変動にあう。たとえばブラック・マンデーとか。いま、株価分析をするときには、そういうのを入れると理論とまったくあわなくなるので、そういうのは異常値として除いてしまうことが多い。計算に入れないから理論には出てこない。でも、実際の世の中に大きな影響を当たるのは、そういう予想外の大変動なわけだ。

これは実は、結構すごい話だ。これが本当なら、現在の証券市場とかその予測とかは大幅な変動を余儀なくされる。そして、ランダムウォークと正規分布を前提に築いてきた各種理論は崩れ去る。これはすごい話なんだけど……。

この理論の弱さは、なぜ株価がそんなマルチフラクタルな変動をするのか、というのが説明できないことではある。だって、そうなってるんだもん、としか言えない。ついでに、自然界の変動というのはすべてそうなっているのだ、というわけ。でもそれを言うなら、現代のランダムウォーク説だって、なぜかは説明できない。パターンがあるわけないから正規分布だろ、と言ってるわけだ。

というわけで、いちはやく本書を読んでおくことは、株で一儲けしようというあなたにとっても大いに有益……ではない。それは本書にも明記されている。本書を読んでも金持ちにはなれない、と。できればこの本は、「株で儲ける方法」とかいう本の棚ではなくて、自然科学啓蒙書の棚においてくれ、というのが著者の願いだけれど、それはかないますまいよ。日本の翻訳権もすでに取られているそうだけれど、まあまちがいなく日経か東洋経済かその手の会社が取っているだろうし。ただ本書は、ホントにそういう株だけの本じゃない。ほとんどの部分はむしろ、確率理論の歴史とフラクタルの解説につながっている。それが最後にいきなり株価分析に直結するあたりの驚きを、翻訳がでたときでもいいから是非一読して味わって頂きたいなと思うのだ。

＊　２００８年に『禁断の市場　フラクタルでみるリスクとリターン』として東洋経済新報社より邦訳

（「CUT」二〇〇四年一〇月）

▼人間の合理性の限界を見きわめるための本

土方薫『やわらかく考える金融工学――ツキと後悔のリスク分析』（ＰＨＰエディターズグループ）

この本が金融工学という名目で売りに出されたのは、ちょっと不幸なことだったかもしれない。営業的にはそれなりによかったんだろう。金融工学といえば、勉強しようと思って買う人もいるだろうから。表紙やタイトルの感じとかだと、よく「女性のためのナンタラ」と称して売られている婦女子向けの人を馬鹿にしたたぐいの本じゃないか、という印象がしてしまうし。でもその一方で、この本がなかなか上手に説明している内容は、通常の金融工学――つまり合理性に基づくポートフォリオ理論やオプション理論の範囲をかなり超えて、それらがすでにあてはまらない人間の不合理な領域についてのものだからだ。多くの人が金融工学の本で学びたいのは、前者についてだ。その人たちが、それを超える、あるいはそうした理論の限界を示す内容の本を読んだとき、あてがはずれてがっかりしたか、あるいは予想外のところまで得られて喜んだかは、ちょっと興味のあるところだ。

どんなところが不合理か？　たとえば簡単な話でいえば、人間は同じ金額でも得をした場合より損をした場合のほうがずっと悔しく思う。ギャンブルで負けると、急に頭に血がのぼって、負けを取り返そうとしてどんどんドツボにはまる人がいる。これはこうした傾向が裏目に出たものだ。あるいは、よくあるベイズ統計の話。人は条件つき確率をきちんと判断するのが異様に下手なのだ。本書は金融工学の、割引率や確率分布の話を簡単にした後で、こうしたちょっと予想外のネタをどんどんふってくる。内容的には、以前この欄で紹介した小島寛之『確率的発想法』に近いところもかなりある。でも書き方は、かなり簡略化してはあるけれど、そこそこ要点を上手にとらえていて、初学者でもおおざっぱなところは理解できるようにしてある。

なかでも、このレベルの本で扱うのは珍しいな、と思ったのが、人はなぜ後悔するのか、あるいは目先のものの誘惑に負けやすいのか、という理屈だ。本書はこれを、デートのドタキャンを使って説明しようとしていて、完璧とはいえなくてもそこそこ成功しているんじゃないかな。人はダイエットするときには、デザートを食べるのと、将来デブらずにスタイルが保てるのとでてんびんにかけて、後者を選ぶわけだ。そうやって人は「今日からはおやつは食べるまい」と決意する。でも実際におやつが目の前に出てくると、「一日くらい」とか「今日は仕事をがんばったから自分へのごほうび」とか「あまり無理するダイエットは長続きしないから」とか自分に言い訳をつけて、あっさり食べてしまったりする。そして、後から後悔する。

後悔するってことは、おやつを食べたのは結局のところまちがってたってことだ。事前にもきちんと判断できて（つまりおやつを食べずにダイエットすることにして）、事後にもきちんと判断できるのに、人は目の前で起きていることを大きく見積もってしまうという変な習性を持っている。

本書は、人間はそうなってるんですよ、おもしろいですね、と紹介して終わるんだけれど、実はこれは人間だけじゃない。ハトを始め、いろんな動物がこうした傾向を示す。進化の過程で、動物は目先のこと（敵とかエサとか）に注目するのが生き残るためには有利だった。ハトや犬は、長期的な利益なんか考えられないので、とにかく目先のエサに大きく反応するヤツが生き残ったわけだ。でもそれが、いまの人々の後悔を生み出すメカニズムになっている。本書は、そういう深いところには踏み込まないけれど、でも各種参考文献を（こうした本には珍しく）明記することで、興味を抱いた人がさらに先へ進めるような配慮もなされている。すばらしい。

さて、人間の感覚には、不合理な部分があるのはわかった。本書はそれに対して、それをふまえて、それにあわせた投資なり保険なりの戦略を考えましょう、と言う。それがこの本の結論といっていい。確かに、そういう考え方はある。が……。

実は、もう一つやり方があるんだ。それは、人間のほうを改造することだ。人間の欲望や感覚のほうを、合理性にあわせて変えるやり方だ。こう書くと、なにやら恐ろしげに聞こえるかもしれない。でもそんなことはない。人間の不合理な判断にはいろいろある。たとえば錯覚や錯視というやつ。まっすぐな線が曲がって見えたり、同じ長さの線がちがって見えたり、という錯視の例はみんな知っている。でもだからといって、その錯覚が正しいとか、その錯覚に従うべきだとはだれも言わない。定規や物差しを使ってその不合理な印象を矯正する。だったら割引率やリスク計算の不合理性についても、同じように対応すべきじゃないか？

実は人間は、そういう対処をする手段を持っている。自分がおやつの時間になったらついお菓子に手を出す誘惑に弱い人間だと知っている人は、その事態に備えて、お菓子をあらかじめ隠したり鍵をかけたり捨てたりする。ある程度の合理性をもって判断できる状態のときに、将来の自分が裏切らないような対策を講じられる。自分の欲望や印象は変えられなくても、それに基づく行動を制限できるようにする、という手があるわけだ。金融工学でも、たぶんそれと同じような仕組みを作ることは可能なはずだ。
人間の不合理性と、それにどう対処すべきか——通常の金融工学の教科書では、こんな話はあまりやらない。ひょっとしたら本書は、すでに金融工学の標準的な理屈をある程度知ってる人が読んだほうが得るものが大きいんじゃないかな。そういう人なら、ここに描かれたような不合理性が正統理論にどう影響するかわかるから。でも、そこまでの知識がない人でも、ここで言われていることのエッセンスは十分にわかるはずだ。楽しいよ。そこに描かれてるのは、まさに読者一人一人が人間として持つ、自分自身の見慣れた限界でもあるんだから。

（「CUT」二〇〇五年六月）

▼読んでひがもう非モテたちよ！

フェルディナント・ヤマグチ『悪魔のモテ理論 恋愛の利回り』（扶桑社）

現代ファイナンス理論の最も基本的な考え方は、リスク／リターンの関係と、ポートフォリオ理論だ。投資するならだれしも儲けたい。だからなるべく大化けしそうな株を見つけて、そこに全財産つっこめばいい……というわけにはいかない。大化けする投資先は、暴落する可能性も高い。そんなものに全財産をかけたらヘタをすると破産だ。そうならないように分散して投資するのがいい。あっちが落ちても、こっちは逆に上がるかもしれない。それが平均化されて、すごい値上がりもないけれど、暴落の危険もそんなにない投資だ。

フェルディナント・ヤマグチ『悪魔のモテ理論』（扶桑社）は、こうした投資理論を女性に当てはめた一冊だ。女性を投資先と考えたとき、一穴主義は安定しているけれど刺激に欠けるか、スリリングだけれどライバルが多くて一寸先は闇。だがポートフォリオを組んで小分けにすれば（すなわち、二股、三つ股、果ては四つ股でもかければ）、低リスクでそれなりにリターンの高い恋愛関係の構築が可能ではないか――この発想に基づく著者の艶っぽい虚々実々の投資実践例をメインに、ちょっとだけ投資理論のお勉強にもなるようなならないような、そんな一風変わった本ではある。

この理論を活用できる者は幸いである。だが評者は、著者の理論にいささか苦言を呈さざるを得ない。分散投資はリスクを減らす一方で高リターンも平準化させる。この理論はリスクを恐れるあまり恋愛の醍醐味すら薄めてしまうものではないだろうか。だいたい現代ファイナンス理論の最も基本的な結論は、世の中、うまい話は転がっていない、ということだ。長期的には、市場平均を超える投資パフォーマンスは実現できない。ということは、いずれフェル山ポートフォリオも、市場並みパフォーマンス――いやそれ以下――に転落すること必定。いずれポートフォリオ理論と市場の神が、この不埒な著者に誅を下さずにはおくものか。その日、「ほら見たことか」と言えるように、本書を熟読してその理論的含意と欠陥を十分に理解しておくことが、ポートフォリオ以前に最初の投資先にも事欠く評者を含む読者諸賢の、せめてもの暗い楽しみであろう。

（「Esquire」二〇〇七年五月）

▼世界金融危機の顚末記：正しい者が勝つとは限らない

マイケル・ルイス（著）東江一紀（訳）『世紀の空売り』（文春文庫）

本誌の他の欄でレビューされている本を見ると、あまりに役立たずなサブカル&通俗衒学文化哲学めいた代物ばかりで、この人たち大丈夫かなあ、と思ってしまう。みんなもっと、まともな科学や経済活動や歴史その他の本を読まないと、まともな生産活動に従事できないごくつぶしばかりになってしまうと思うんだが。

そういうごくつぶしの人々でも、リーマンショックとかサブプライム問題とかいう用語は、いまやみんな当たり前のように使っている。だが断片的な話は誰もが何となく知ってはいるものの、その全体像はあやふやだ。聞きかじりをもとに、岡目八目の上から目線で、あいつが悪いとか資本主義の矛盾がとか、きいたふうなお説教をするんだけれど……。

本書を読むと、そういう人たちのピント外れぶりが、ちょっと哀れに思えるかもしれない。本書はサブプライム問題からリーマンショックに至る一連の過程を実にわかりやすく、しかも手に汗握る形でまとめあげた本だ。

むろん類書は他にもあるが、多くはあまりに後知恵だ。あんな仕組みは持続不可能だった、としたり顔で論じる人々の多くは、そのお見事な洞察を活かして儲けなかったの？　でも本書は、実際にこの経済危機で儲けた人々に焦点をあわせる。かれらはこの仕組みの崩壊を見越して逆張りをした。いったい、何に注目したのか？　そのかけひきの中から、今回の一連の動きが浮かび上がってくる。マクロな金融の動きを、そうした個人ドラマと絡めることで、本書は複雑なデリバティブの仕組みに関する説明を端折ることなく、魅力的な読み物性を維持できている。

　ちなみに、ぼくもクレジット・デフォルト・スワップの仕組みは、本書を読むまでよくわかっていなかったし、これまで読んだ各種の解説も、実はかなりいい加減なものだったということも今回わかった。勉強になります。

　だが……本書のオチというかラストは、むしろ悲しいものだ。主人公たちの読みは、住宅ローンを組む銀行も、それを証券化した投資銀行も、それを評価した格付け機関も、すべてまったく機能していないという、常識では普通考えがたい前提を必要とした。そこまで世間の空気に完全に刃向かえる人は、多くの意味できわめて特殊な人だった。

　そしてかれらは、その慧眼故に讃えられることもなかった。読みがあたりすぎたが故に金融市場そのものが崩壊に瀕し、儲けを手に入れ損ねかけた面すらあり、その成功の後もかれらは相変わらず孤独なままだった。これはマイケル・ルイスのこれまでの著作にも通じる、成功者の悲哀でもある。

　本書はかれの処女作『ライアーズ・ポーカー』の続編でもある。いまから十年後に、またこの続編が書かれそうな予感を残しつつ本書は終わる。ちなみに類書の多くに見られる、再発防止のための規制強化の訴えは、本書にはない。それを慎みと見るか、あるいは諦念と見るかは、あなたが人間の欲望をどう見るか次第なのかもしれない。

（「リバティーンズ」二〇一〇年十一月）

第6章

経営

経営に関する本は、この後に出てくるビジネス系の本とあまり境界がはっきりしない面もあって、文句も似たようなものになる。そもそもこの分野、まともな本自体がかなり少ない。きちんとした分析よりは、くだらないキャッチフレーズを優先し、特に日本のものは論理的な思考よりは、浪花節の属人的なエピソードや情緒的なスローガンに落とすだけで良しとしてしまう。なまじ対象者や企業を取材すると、すぐにそれにべったりになってしまうか、あるいはあらかじめ結論があって、それにあわせたネタを並べるだけ。

一方で、ちゃんとした経営学の本もあるし、また経済学的に経営を分析した本もある。さらに学問的な分析まではいかなくとも、それなりに論理的であり、思いつきの書き殴りではなく、「これは本当に言えることなのか、それをも単なる偶然のできごとだったのか」について真摯に考えたものも、稀とはいえ、皆無ではない。

だからこの部分はかなり罵倒書評が多くなる一方で、まともなものをなるべく拾い出そうとはしている。あまり報われない仕事ではあるけれど、それでも対象となった本を読んで「なんかピンとこない」と思っている多くの人にとって、その印象が必ずしもまちがっているわけではないことを納得させて、自信を持たせるには役立つようにも思うんだが……そうもいかないか。

▼日本型システムからの自由と解放

青木昌彦、ロナルド・ドーア（編）『国際・学際研究　システムとしての日本企業』（NTT出版）
青木昌彦『日本経済の制度分析――情報・インセンティブ・交渉ゲーム』（筑摩書房）

専門的な本ではある。「CUT」の平均的読者が日常的に立ち寄るたぐいの本じゃなかろう。でも、経済学や経営学の知識がゴリゴリになければ読めない本じゃない。多少の忍耐さえあればだれでも読めて、理解できる。そしてそれは、必ずや報われる忍耐であるはずだ。極端な話、この二冊を読むのは、一種の自由と解放の体験なのだから。

『システムとしての日本企業』（NTT出版）、『日本経済の制度分析』（筑摩書房）。いずれも日本企業／経済に関する研究書だ。日本的な経済システムや企業システムは、欧米、特にアメリカ型のものとはきわめて異質だと言われる。日本式経営とはつまり、個別契約より系列や取引関係を重視した企業経営システムと、それを支える各種の経済的な制度（終身雇用や職場ローテーションや官僚制など）と考えてもらえばよい。

たとえば終身雇用というのは、言い換えれば役にたたない無能な人間でも首をきらない、という無駄の多いシステムである。無駄が多ければ、競争力が低下して企業としては低迷するはずだ。しかし、そうした無駄なシステムを持つ日本企業が、いたるところで世界のトップにおどりでている。これはどういうことなのか。だからアメリカの経営学のコースでは、日本型経営を扱った講義というのが必ずあって、日本型経営は日本以外に適用できるものか、という議論が展開される。こんな具合だ。

「日本式経営は、数百年前のエド・ジダイから醸成されてきた企業理念と経営哲学に根ざしておるのであり、したがってそうした歴史文化的な背景を度外視して、おいそれとアメリカや諸外国に移植するわけにはいかんのであーる！」「あのさあ、おめー、江戸時代の封建社会に現代的な意味での企業や経営があったと思ってんの？　そんなのみんな、今世紀に入ってからの産物！　江戸時代からの伝統云々ってのは、年寄りが箔つけようとしてるだけで、何も実体のない話。移植しようと思えば絶対移植できる！」「いや、日本型システムは経済的合理性に必ずしも基づかないものであり、したがって移植は不可能！」「バカヤロー、そんな日本型システムが不合理なら、なんで日本があんな経済大国になれたと思ってやがんでぇ！」

　中で実際に生きているぼくにとって、日本的な企業システムや経済システムは必ずしも居心地のいい代物ではない。パフォーマンスの低い人間がいつまでもうろついているのはうっとうしいことおびただしいし、専門性の点からも、あんまり自分の縄張りと関係ない仕事をまわされたりして、欧米の同業者と話をしていて情けない思いをすることが多い。こいつらはホントに自分の領域に専念できていいなあ。それに引き替え……。

　そしてこの日本型システムの説明としてしばしば持ち出されるのが、国民性とか風土とか、ひどい時にはその背景としての天皇制だったりするのである。終身雇用は、日本のイエ社会の反映であり、それは天皇制にささえられてきたものであり云々。いやだなあ。もしこれが国民性や風土なら、それになじめないオレがただの非国民だってことになるじゃないか。日本にいる限り、このシステムの不合理さに耐えなくてはならないことになるじゃないか。それにオレ、天皇ってのも好きじゃないのよ。

　が、この二冊は、そうではないという。終身雇用制は、短期的には合理的でないかもしれない。業績が悪くなったら、さっさと人の首を切って人件費を下げたほうがいいもの。でも働くインセンティブや学習、改善へのインセンティブを考えると、いつクビを切られるかわからないよりは終身雇用のほうが、やる気が起きやすいこともある。たとえば同じ作業をもっと少ない人間でやる方法を思いついたとき、終身雇用でなければ、下手すると人員削減で自分のクビがとぶから黙っとこうという計算が働く。終身雇用なら、そういうコストダウン策を積極的に導入しようと考えるだろう。それに同じ人間が長くいるほうが、企業側も持ち逃げされる心配がないから、研修教育への投資をしやすい。長い目で見れば、すぐにクビを切るよりもそちらのほうが合理的な場合が十分に存在している。専門特化しないのも、不測の事態への柔軟な対応という面でメリットを持つ。日本型のシステムも、合理性に基づく選択なのだ。そしてそれを、この二冊は仮定としてではなく、哲学っぽいお題目にも、文学的レトリックにも頼らず、実証的に、一歩一歩示してくれる。

　それを一緒にたどってゆくのは、なんて爽快なこと！　いろんな選択があって、日本型のシステムもたかだかその中の一つにすぎないこと、そしてそれは日本的風土とかいう得体のしれない代物に帰着するのではなく、ある種の合理的な選択として選びとられてきたもの（あるいは生き残ってきたもの）であること、そして日本的風土といわれる世間の湿り気や重苦しさは、システムの原因というよりはむしろ結果であること。それを納得させられて本から目を上げたとき、さっきまで手足につけられていた重石がフッと軽くなったような、そんな気持ちにさえなる。自分のいるところは、さっきまで思っていたような、他にどうしようもないところではないのかもしれない、という可能性が感じられてくる。

山田詠美『アニマル・ロジック』は、涙が出るほど感動的な終わり方をしている。こんな具合だ。

「だってあの偉人の早すぎた墓碑銘を、もう一度、世界のはしっこに刻んでみたくはないか？　進化した動物のみが持ち得る真の墓碑銘のことだ。Free at last、フリー・アット・ラースト、ついに自由」

うん、刻んでみたいよね。問題は、どうやって、ということ。まだまだ、ついに自由、と言えるほど自由じゃない。「ついに」って、日々生きている身にとって、自由なんて決して「ついに」といえるような最終態に到達する性質のもんじゃないのだ。当の山田詠美だって、同じ小説の中で言っている。「完璧な自由なんてやって来ないんですよ」と。われわれに言えるのは、今日は昨日より自由かもしれない、ということだけ。明日はもっと自由になれるかもしれない、ということだけ。

それは好き放題なんでもできるってことじゃない。いまある自分が、そして自分の置かれた状況が、他にどうしようもなく宿命的に現在に至ったわけじゃなくて、何らかの選択の結果として到達されたものなのだという認識。そしてこの先も、別の選択の可能性は常にあるのだ、という認識。一般に自由ってどう理解されているのかは知らないけれど、ぼくにとっての自由というのは、まずそんな認識から始まる一種のプロセスのようなものだ。この二冊は、少なくともある分野について、ぼくにその最初の認識を固めさせてくれた。

そこで生まれた可能性をどう活かすか——それが自由への次のステップだ。が、焦ることはない。何をすればいいか、この二冊は、その糸口すら示唆している。風土や歴史なんて手のつけようがないけど、合理性なら何とかできそうじゃないか。偉大で真に実用的な本である。

（「CUT」一九九六年四月）

コメント

この書評、読んでいてちょっと違和感を感じないだろうか。最後になって、いきなり山田詠美『アニマル・ロジック』が登場するあたりが唐突に感じられないだろうか？

実はこの書評、もとはまさにその『アニマル・ロジック』を扱ったものだったのだ。が、ここにある通り、最後の自由希求の部分はかっこよかったものの、『アニマル・ロジック』はあまりよい小説とは思えなかった。己の欲望に忠実な女（山田詠美自身の投影）の体内に、なんか寄生虫が住んでいるのだけれど、それが人間まがいの意識を持って、女のやることなすことすべてを知り、それについてえらく道徳的な批評を下すばかりでなく、そのピンチのときには勝手にエネルギーを爆発させたりして女を救ったりする。瀬名秀明『パラサイト・イブ』や村上龍の作品にヒントを得た感じなんだが、この両者ほどそうした存在を具体的に詰められなかったため、都合のよい守護天使みたいな代物が、お説教を垂れて回りその女（＝山田）の生き方を肯定するだけ。結局はナルシズム大爆発でしかなかった。

それを提出したところ、ボツにされた。山田は非常にこうした評判にナーバスであり、以前に批判的な書評を載せた版元は呼びつけられて大変な目にあったそうで、そこまでのリスクを冒してまでこれを発表したいですか、という。そうねえ、そこまでやる必要があるかどうか——というところで急遽書いたのがこれだった。前に書いたのを完全に捨てるのも悔しかったので、ちょっといいところだけ生き残らせた次第。

で、この本題の本。日本企業の評価は、たぶん近年ますます低下しているけれど、それを陰湿な国民性ですませるのではなく、それがどういう適応なのかを考える必要性はあるだろう。ただかつては、日本企業は現場は優秀で、でも経営がダメなのだ、という神話があったけれど、いまや日本型経営は労働者を無理にただ働きさせて搾取した結果ではないか、という見方もだんだん大きくなってきたのではないかな。ただ、成長期にはそれがいずれ報われるという希望があるので、みんな文句も言わないけれど、でも成長が見込めないと、単なるやりがい詐欺に堕するわけだ。そこらへんも含め、日本型経営が持っていた優秀性というのが本当にあったのか、いまも見るべきものが残っているのかについて、もっときちんとした評価がないものだろうか？

▼おもしろいだけじゃだめなんだ

佐野眞一『カリスマ——中内功とダイエーの「戦後」』（日経ＢＰ↓ちくま文庫）

こんなにおもしろいのに、なぜぼくは不満なんだろう。だって最近読んだ本の中ではまれにみるおもしろさなのだ、この『カリスマ——中内功とダイエーの「戦後」』（日経ＢＰ社）という本は。六百ページ以上に及ぶこの本を、ぼくはほとんど一息に読んでしまった。中内功がフィリピンの戦場で死地をくぐりぬけ、戦後の闇市からダイエーをたちあげてからの半世紀。いくたびかのピンチをくぐりぬけつつも急成長を続けながら、一九九〇年代の後半にどうしようもない危機に直面したまま出口が見えない

——この本は、各種関係者へのたんねんなインタビューと取材を通じて、六十年以上にわたるその激動の歴史をつづる。手に汗握るし、人間ドラマもある。兄弟の確執、会社分裂の危機、資金繰りの行き詰まり、もちろんライバルはイトーヨーカドーで、スリルとサスペンスも盛りだくさん。読み物として不満を持つべきいわれはまったくない、はずなのに、このはぐらかされた感じはなんだろう。

二度目に読み返してみて、その理由がわかったような気がする。この本はおもしろい。でも、それだけなんだ。そしてそのおもしろさというのは、実はおもしろさよりもっと大事なものを切り捨てることで成り立っているおもしろさなんだ。

世の中には少なくとも二種類の本があって、それは暇つぶしと教科書だ。暇つぶしはもちろん、暇をつぶす以外には功利的な意味で役にたたない本。読んでも世間話のネタにするくらいしか役にたたない本だ。小説とか写真集とかマンガとか「エッセイ」とか。そして教科書というのは、もちろん人々が何か具体的な見返りを求めて読む本だ。そこから得た何かを、意識的にほかに応用できるという意味での見返りね。

もちろんこの二つはきれいにわかれるものじゃないし、ぼくも厳密な分類がしたいわけじゃない。でもなんとなくそういうちがいは察していただけると思う。さてその場合、世にあるビジネス書というのはどっちに入るだろうか。趣旨からいえば、教科書に入るべきものだろう。もちろん、現実にはその大半以上が愚にもつかない有害無益な紙の無駄なのはさておこう。少なくとも人は、大前某のクズ本を読むときですら、そこから何かを学ぼうとしているにちがいない（と思う）。

この本は、日経BP社が出しているし、もともとは日経ビジネスかなんかの連載だから、バリバリのビジネス書と言っていいだろう。人はみんな、なにかしらダイエーから学ぶべくこの本を手に取るだろう。さて、その人たちはいったい、なにか役にたつことを学べるだろうか。いや、ほとんど何も。

そしてそれは、著者が手抜きをしたせいでそうなったわけじゃない。むしろ著者がものすごくがんばって、それぞれの時代と中内功の個人史と企業としてのダイエーを密接にからめ、あらゆる面で具体性と実証性を貫徹したせいでそうなってしまっているのだ。ぼくたちが何かから学ぶとき、それはいつも何らかの抽象化を必要とする。そうでないと、別の時代の別の環境に生きる別人たるぼくたちには、中内功が昭和三七年の八月十九日にどこそこの店のオープニングにきた、なんて情報は使いようがない。

でも、著者はひたすら、その八月十九日の話をしたがる。本書のねらいは、「ダイエーの歴史を戦後の中に位置づける」ことなんだって。それはばっちり。でも、位置づけてどうする。位置づけることに何の意味がある。戦後は二度とこないんだもの。住友銀行をダイエーに紹介したのがだれであろうと、そんなことは大事じゃない。ゴシップとしてはおもしろいだろう。でも、それが何の役にたつんだろう。

そもそも、ダイエーほどの大企業のすべてが、たった一人の人間の行いに還元できるわけがないじゃないか。いやもちろん、ダイエーという企業が、異様なワンマン企業なのは承知している。中内功という個人の力が異様に大きく、現場レベルにまでそれが及んでいる——それはわかる。かれがつらい戦争体験を経て、人一倍人間不信で、人一倍がめつく、人一倍負けず嫌いで、人一倍独占欲が強く、だからこそいまのダイエーがある——そういう面は確かにあるんだろう。でも、がめついやつも、人間不信のやつも、いくらでもいる。戦争でひどい目にあった人も、それこそ腐るほどいるだろう。中内功がその中で特にぬきんでていたわけでもあるまい。だからそういうところに中内の、そしてダイエーの成長といまの危機の原因をみるのは、無理なんだ。でもこの本はそれをやろうとする。その過程で、いろんなものが切り捨てられている。ぼくはそれが読みたいのだ。本当にこの本が教科書として役にたつためには、その部分が是非とも必要なんだ。不動産担保の借り入れ依存体質の詳しい分析。出店戦略の綿密な調査。それが本書では、すべて中内功個人のコネと直感に還元されてしまう。

それがないものねだりなのは百も承知。著者は企業分析がしたいわけじゃない、中内個人に興味があったんだ、戦後史を描きたかったんだ、そういう視点では書いていないんだから、ぶつくさ言うなと言われればそれまで。でもこれほどの題材と取材から、できたのがありきたりなメロドラマでは、あまりに惜しいじゃないか。「中内功は戦争でつらい目にあったのでがんばりました」と、帯に仰々しく書かれた「驕れる者は久しからず」——これだけの代物から、そんなできあいのお題目しか引き出せないなんて、もったいなすぎるとは思わないだろうか。

もちろん、ぼくは知っている。世の中には、ヒロイズムとメロドラマにしか反応できない人たちも山ほどいることを。世の中のビジネス書だのビジネス雑誌だのをみれば、役にたつ分析なんてほとんどない。みんな、安手のヒロイズムとメロドラマを歴史上の人物だの経営者だのにあてはめて、そこから「顧客重視」だの「信頼関係の醸成」だの「情報武装」だの「国際化」だのと、どっかできいたようなお題目に落とす代物ばかり。世のビジネス書の読者の多くは、何かを学ぶつもりが、いつの間にかそのメロドラマにのせられて、戦国武将だのかつて成功した経営者だのに感情移入することで、自分が何かえらくなったような錯覚に陥って、何かわかったような気分にひたるだけ。そしてそういう人たちはこの本を読んで、「驕れる者は……」ときいたふうな遠い目をして悦に入ることだろう。何かわかったような気になるだろう。それはそれで、楽しくおもしろい読書体験だろう。ぼくもそのおもしろさはじゅうぶん堪能させてもらった。ありがとう。

でもぼくは、それだけじゃいやなんだ。もうそれだけじゃ足りないんだ。

（「CUT」一九九八年九月）

＊＊　二〇〇一年に新潮文庫にて上下巻で刊行

コメント

この本はおもしろかった一方で、その書きぶりにはかなりゲンナリさせられた。そのときの軽薄な流行言葉を使って何か受けを狙おうという志の卑しさ、さらに日本のルポにありがちな、ライターが自分をかっこよく見せるためのさりげないいろんな仕掛けね。あんたがインタビューに行ったときに雨が降ってようと知ったことかよ。たまたま出かけた先の人の住所がちがってて、別の人がいたとかいないとか、そんなことを思わせぶりに書いてどうすんだよ。

結局、ルポというのが何なのか、という話ではあるのだろう。佐野眞一の本をぼくはそんなに真面目に読んでいるわけではない（というより、この本以外に何か読んだっけ？）。ただここに書いたように、ぼくたちは本当はダイエーの話を知りたかったのに、それが結局は中内功個人の話になり、そしてそれがメタなレベルで佐野自身の手柄話に収束されておしまいになってしまうという欠点は、その後、橋下徹についてのルポを書こうとして、結局は出自をつつきまわすしかできなかったときにも露呈していたとは思う。

　佐野については、その後さらに盗作盗用疑惑が出たとき、実は自分では全然書いておらず、下請けの無名ライターを動員して書かせてそれをつないでいただけというのが明らかとなった。でもそれがもっと大きな問題になるかと思ったら、実は日本のノンフィクションルポ業界すべてがこの仕組みで成り立っており、この問題に関する各種座談会でも、中堅どころのルポライターたちが、自分もそうやって下積みやらされたしモゴモゴ、と口ごもり、佐野を批判できずにいたのがきわめて印象的だった。この『カリスマ』もどこまでが佐野自身で書かれ、どこまでが丸投げだったのか、というのは興味あるし、検証しがいもあると思うのだけれど、おそらく佐野問題をうやむやにした業界がそれをきちんと追跡することはないのだろうね。

▼経営者の失敗集、ひいてはビジネス書の存在意義

シドニー・フィンケルシュタイン（著）橋口寛（監訳）酒井泰介（訳）
『名経営者が、なぜ失敗するのか？』（日経BP）

各種企業の没落ぶりをまじめに調べて、何がいけなかったのかを抽出した本。世のビジネス雑誌を見

ると、なにやらエラい経営者がビジョンと信念に基づいてリーダーシップを発揮すると企業が成功し、ダメな経営者がそれをつぶす、と思われている。でも実際に見てみると、昨日まであれほど立派で名経営者ともてはやされていた人が、いきなり大失敗をこいている。そしてそういう場合の多くは、経営者が名経営者であるが故に、そうした事態を引き起こしてしまう。成功してマスコミに名前が出ると、本業そっちのけで本を書いたりテレビに出たり。一途な信念の持ち主は、それに反対する人をついつい切って、気がつくとまわりはイエスマンばかり。自分が市場をコントロールしていると思って変化についていけなくなる——そんな例が、実名入りでどんどん出てきて、いや実に痛快。

　そしてこれは、この手のビジネス書読者にも大きな疑問を投げかける。人はいっしょうけんめい『プレジデント』だの『ウェルチ自伝』だのを読んで、名経営者たちの秘密を探り、二匹目のドジョウを狙ってその成功にあやかろうとする。でも下手をすると、それはその名経営者故の失敗の、前車の轍を踏むことになりかねない。ということは「立派な経営とは」なんてことを目の色変えて考えるのは、無駄どころかかえって有害かもしれないよ。ただの思いつきじゃない、きちんとした研究成果であるが故に、独善的なところもなく、説得力たっぷり。いわゆる実録もののビジネス書の嫌いな人には痛快だけれど、むしろそういうのが好きな人こそ本書を是非読んで、これまであれこれ学んできたことの意味を考え直すべし。

（「ＧＱ」二〇〇四年）

▼あまりに常識的な経営者のお題目集

大沢武志『経営者の条件』（岩波新書）

絶賛じゃないな。だれでも知ってることをかっこつけてえらそうに言い直しただけの本。たとえばオーナー経営者とサラリーマン経営者の差についてあれこれ書いてあるけど、意外なことは何もない。前者はワンマン的でカリスマ性を持つが独善的なこともあり、後者は比較的ことなかれ主義に陥りやすいが、そつもない、といった話。言われるまでもない話でしょ。

また後半は、自分の会社の人事評価システムについて手前みそな宣伝が並ぶけど、これがなかなか笑える。経営者の資質をはかるためにいろんなテストをして相関を見ると、知的能力の高い人とか、社交性のある人とか、実行力のある人が経営者的資質（というか出世具合）と相関しているというんだけれど……そんなあたり前以前のことを言われましてもねえ。

ただし、この本がダメかというと、そうでもない。この手の堂々巡り議論や、後づけのアドホック議論のオンパレードは、あらゆる経営本に共通する特徴だからだ。経営は相当部分が運に左右される。成功すれば、頑固は「確固たる信念」とほめられ、優柔不断は「柔軟な対応」としてほめられる。本書は、一応いろんな議論を簡潔にまとめてあるという意味ではお手軽でいい本だったりはするのだ。日本の企業を中心とした各種の昔話は、まあ楽しいし、多少のうんちくも得られる。『プレジデント』流の、経営者を英雄にまつりあげる書き方もうっとうしいけれど、比較的穏健なほうだし。あと本書でほめられている経営者のうち、五年後に何人が無傷で残っているだろう。ダイエーの高木社長とか、早速苦しいようだけどね。そういう意地悪な楽しみ方もないわけじゃない。

（「GQ」二〇〇四年）

▼新聞の取材力が十分に発揮されたメガバンク統合ドキュメンタリー

日本経済新聞社（編）『UFJ三菱東京統合　スーパーメガバンク誕生の舞台裏』（日本経済新聞社）

見てのとおり、UFJと三菱東京の合併について書いた本。日経の取材編集だけあって、堅実。変な陰謀論に走ることもないし。UFJの懐具合、三菱東京の計算、住友信託や金融庁の腹づもりをそれなりの数値的な裏づけと業界内の相関図をもとに描き出していくのは立派。実はぼくもいま、これに多少からんだ仕事もしているので、UFJの内情話はとてもおもしろかった。へえ、やっぱきついんですねえ。だれも知らなかった新ネタがあるわけじゃない。この話に利害関係や関心を持っていた人なら、だいたい知ってるべき内容だ。でも、通勤途上で向かいの人が読んでる新聞の見出しで知ってる程度の知識しかない人が、ざっと復習するには十分すぎるくらい。「覇権」とかいう無意味なことばを使いすぎだとは思うけれど、そこはまあ新聞ですから。

欠点を言えば、的がしぼられすぎていて全体が見えにくい。メガバンク云々の話は、みずほ誕生時にも出てきた。で、そのときの話はうまく行ってるの？　そういう検討があまり見られないのは残念。でも一方で、提携先の細かい事情、ＵＦＪの人材流出問題、銀行以外の生損保や地域への影響についての記述等は、ふつうはあまり顧みない部分だしおもしろい。広さをとるか、あるいはつっこんだ細かさを取るか――これは採用する戦術の問題ではある。新聞は後者になりがちで（前者でやると、本が十ページで終わっちゃうし）、広い概論は自分でおさえておかないと、ゼロから本書を理解するのはつらいかもしれない。でも多少なりとも銀行業務について知っていれば波瀾万丈、そこらのドラマなんか問題にならないほど刺激的。

（「ＧＱ」二〇〇五年）

▼いまや常識となったドラッカーの原点

ドラッカー（著）上田惇生（訳）『企業とは何か』（ダイヤモンド社）

原著刊行当時（って第二次大戦中）は、ネタになっているＧＭで禁書扱いになるほど衝撃的だった内容も、いまはかなりの部分がほとんど常識どころか聞き飽きたお題目になってしまっている部分も多い。でも、本書を読むと、なぜそんな話がそもそも問題になるのか、それが改めて説得力をもって迫ってくるから。

組織の分権論や経営論を過度に理論化しすぎることへの警鐘（おまえが言うか、という観はあるけど）。

従業員が製品に誇りをもつことの重要性、そして広報の意義。これらは個別には知っているだろう。でも、本書はそれを社会全体の中に位置づける。企業と社会とが同じものを目指すべきだし、また従業員と企業だって同じ方向を向くべきじゃないか——この立場から、すべてを有機的に組み合わせた企業の全体像、そしてそこから描き出される社会の全体像まで本書は描き出す。

　そしてそれはいまなお重要なんだ。たとえばぼくはドラッカーが強調した企業の社会的役割というのが、どうも変な形ではびこりすぎてると思う。メセナ活動してますとか環境だのリサイクルに取り組んでます、とかその手のお題目。これって往々にして、ドラッカーの議論にのってるようで、実はかれが批判している、企業の利益を犠牲にしてまで貢献を求める笑止な議論の一歩手前じゃないの？　企業が利益をあげること自体に、社会貢献があるはずなのだ。

　そうした企業と社会の関係を考えるための大きな枠組みがここにはある。これをおさえておくと、ばかなビジネス雑誌の半チクなマネジメント談義に踊らされない視点ができるんだ。買って二回くらい読むべし。長期的に絶対お得よ。

（「GQ」二〇〇五年）

＊＊　二〇〇八年に『ドラッカー名著集11　企業とは何か』としてダイヤモンド社より復刊

▼告発の書か、優れた経営手法の実録か？

横田増生『ユニクロ帝国の光と影』（文藝春秋→文春文庫）

本書は奇妙な本だ。著者の執筆意図を完全に裏切る形で、見事な企業分析になってしまっているのだから。

ユニクロは短期間で国民的ブランドにのしあがった。著者の主な意図は、その急成長の裏にある影の描出だ。では、その恐るべき暗部とは？

なんとユニクロは、中国の工場に徹底した品質改善とコスト低下を要求して泣かせているぞ！　まあ、なんてひどい業者いじめ……かな？　その工場は見返りに、ユニクロからの大量発注の恩恵を得ているのに。顧客の無理難題に悩むのは、ぼくの勤務先を含む全企業の宿命だ。むしろこれは、優れた品質コスト管理では？

あとはなになに、店舗同士で競争させ、抜き打ち視察で監督するから従業員は気が休まらない！　光の影に残酷な労働者いじめ？　いや立派な店舗労務管理でしょ。

こんな具合。著者の言うユニクロの影はどれも、ぼくには経営の基本に忠実な、光に思えてしまう。これは著者の前著にもあった傾向だ。

また欧州アパレルの雄ＺＡＲＡとの対比による非正規雇用過多の指摘は、日欧の労働法制度の差もあるのでは？　それに企業の最適解は一つじゃない。さらにワンマン経営すぎて後継者不在という批判は、経営者像として示唆的だしゴシップ的には楽しいが、最終的にはご当人の勝手だ。

結局ユニクロの闇をえぐろうとする本書は、著者の価値観を共有しない人には、ひねりすぎた賞賛本にすら見えてしまう。批判的な視点ゆえに結論以外の記述は信用でき、取材も深い。結果として同社の戦略が鮮明に出た好著になったのは、皮肉ながらもありがたい収穫だ。

だからジューシーな醜聞を期待した人は失望必至。著者は不本意だろうが、ユニクロの長所を真摯に学びたい人（特に新入社員！）こそ手にとってほしい。嫌味ぬきで、勉強になります。

（「朝日新聞」二〇一一年五月一日）

コメント

ぼくは本当にこの通りだと思っている。少なくとも、この本を読んだだけでは、特にユニクロを積極的に論難すべき部分があるようには見えなかった。ここで挙げた欠点は、著者がアマゾンの倉庫の作業員になった潜入ルポでも同じ。半ば機械と化して黙々と完全管理されるアマゾンの配送作業は、非人間的に見える一方で、仕事に連帯だの団結だのふれあいだのを求めない人々（そういう人は必ずいる）にとっては、特に文句もない作業環境だ。でも潜入した著者は、あらゆる人が自分と同じように、そうした非人間的な職場環境に怒りを覚え、団結して立ち上がるべきだと考え、ルポの最後ではそうした作業員に対して失望してみせる。でも、それがその人の希望であるなら、あなたがとやかく言うことではない。

　著者はその後、ユニクロのサプライチェーンについてもう少し突っ込んだルポを行っていて、ようやくそこまできて、著者の主張も少しは説得力があるようなところも出てきたとは思う。でも本書の時点では、そこまでまったく到達できていなかった。

　が、その後にこの書評は非常に奇妙な運命をたどる。この本について、ユニクロが文藝春秋社を名誉毀損で訴えたのだった。そして文藝春秋社側は、この書評を証拠として提出し、名誉は毀損されていない、むしろその優れた経営手法を述べる本だという意見すらあるのだ、と主張したのだった。

　残念ながら、結局ユニクロの訴えが認められたんだっけ？　つまりぼくがこの書評で述べた見方は世間的にはあたらず、やっぱこの本はユニクロの暗部を暴いた本なのだ、という評価を裁判所は下した、ということになる。が、ぼくは裁判所の読解が特に鋭いとも思っていないし、本書に関しては、ここで書いたのが一番正当な読み方だといまでも思っているのだけれど、この書評ではそれを十分に伝えるパワーがなかったということになる。この点は己の力不足が悔やまれる。

▼驚異のプレゼンでもダメな中身は救えない

カーマイン・ガロ（著）井口耕二（訳）『スティーブ・ジョブズ驚異のプレゼン』（日経BP）

　いま、アップル社はぶいぶい言わせているし、出す製品がすべてものすごい注目を集める。そして各種イベントで、アップル社長スティーブ・ジョブズが行うプレゼンテーションは、大きな注目を集める。

本書は、そのプレゼンテーションのコツをまとめたと称する本だ。

さて、本書の指摘で重要な点はある。パワーポイントのスライドづくりにばかり手をかけずに、ストーリーとメッセージをよく考えろ、そしてリハーサルを十分にしろ。詰め込みすぎずに、中身を徹底的に絞れ。スライドに書いてあることを読むようなプレゼンはするな。これらはすべて、その通りだ。でも本書のような本――広告屋の書いた、プレゼンテーションの小手先の技に注力した解説書で、決してはっきり言われないことがある。

どんなプレゼンテーションも、腐った中身は救えないということだ。

そしてそれは、実は当のジョブスのプレゼンテーションを昔から見てきた人ならよく知っていることなのだ。

二〇〇一年にスティーブ・ジョブスは、当時マックで採用していたパワーPCのクロック周波数がなかなか上がらず、マシンの速度がウィンドウズ系に比べてかなり見劣りするという事態に直面していた。そして新機種でもその短所を克服できなかったので、ジョブスは「メガヘルツの神話」なるプレゼンテーションをやって、それをごまかそうとした。

要は、コンピュータの使い勝手はクロック周波数だけで決まるものじゃないから、つまらない数字にこだわらず、マックのすばらしさを総合的に判断しようじゃないか！　さて、そんな能書きで納得した人がいたと思う？　みんな当時のマックが総合的に見て遅いと感じていたからこそ文句を言っていたのだ。それはキャッチフレーズや、かっこいいプレゼンテーションなどではごまかせない。このプレゼンは失笑をかっただけだった。

ごく最近、iPhone4のアンテナ問題に関する言い訳記者会見でも、ジョブスはまったく同じ手法でプレゼンをした。アンテナ問題に入る前に、出荷台数だのアプリの数だの、ポジティブなメッセージのほうに無理矢理目を向けさせようとするプレゼンテーションは、むしろ言い訳がましいはぐらかしに見えた。

それでわかること：ジョブスのプレゼンは確かによく考えられている。でもそれがすばらしく思えるのは、製品自体の優秀さに負う部分が多い。クズ製品は救えないどころか、かえって印象を悪化させかねない。本書はそれをきちんと指摘できない。それは本書の著者のようなＰＲ屋の限界だ。

そんな本をわざわざ採り上げたのは、この手の勝ち組の尻馬に乗ったビジネス書のパターンとして実に典型的だからだ。本書は結構売れてるらしい。むろん、優れた製品がダメなプレゼンで台無しになることはある。でも多くの人が本書を読むのは、中身のなさをプレゼンで補う技術を求めてのことだと思う。それはたぶん、かなわぬ望みではあるのだ。

（「リバティーンズ」二〇一〇年九月）

▼労作ながら有名すぎる異才の伝記として新機軸を見いだせず

ウォルター・アイザックソン（著）井口耕二（訳）『スティーブ・ジョブズ』（講談社）

本書を手に取る人で、スティーブ・ジョブズを知らない人はいないはず。過去十年以上、彼の各種製品はコンピュータや音楽流通、携帯電話のあり方を一変させ、社会現象にまでなったのは周知のこと。それが本書のつらいところだ。基本線では目新しさの余地がないのだから。

評者のような古参パソコンマニアは、アップル草創期からジョブズの活動はリアルタイムで知っている。また近年のアップル製品のファンも、本書の記述に違和感はないはず。絞り込んだデザインへのこだわり、ハードからソフトまで一貫したユーザ体験の重視、ライフスタイルにまで踏み込むプレゼン――iナントカの利用者なら、改めて説明されるまでもない。

知っていることの反復と事前に決まった結論が好きな人は、それで満足だろう。嫌われても己の信念と美学を貫き通したジョブズはやっぱりすごかった、というわけだ。だが評者を含め不満を感じる人も多かろう。本書には細かなエピソードを除けば、新しい知識や発見はないのだ。

これは仕方ない。ジョブズは特に秘密の多い人物ではないのだし。だがそれでも何とか新規性を出すべく些末なエピソードを詰め込んだせいで、本書はえらく分厚い。それも時に裏目に出る。特に下巻、ジョブズがアップルに復帰してからは、既存のビジネス書と差別化しようとしたのか、やたらに無意味なセレブばかり登場して水増し気味だ。

しかもその細部に見えるジョブス像は、かなり常軌を逸している。彼は学習効果のない人物で、公私ともに何か思いつく↓関係者を怒らせる↓まわりを丸め込む↓無茶を連発して嫌われる↓実現か失敗↓あたり散らして愛想つかされる、という連続だ。だから細部というのは、ジョブスがだれにどんな罵詈雑言を浴びせ、どんなひどい仕打ちをしたかという話ばかり。信念を貫くといえば聞こえはいいが、むしろ思い込みが激しいだけ。ひたすらわがままで身勝手で他人の手柄やアイデアも平気で奪い、女の子をはらませてもほっぽって、正義も公正も誠意も身勝手なときにだけ発動させ、まあろくでもない。下巻で多少の落ち着きを見せるのがせめてもの救いだろうか。

そしてやはり本書で悲しいのは、その天才ゆえの思い込みが死期をはやめてしまったこと。ジョブスはガンの検査も適切な治療も拒み、インチキ食事療法や鍼や心霊療法にまで手を出し、そのために手遅れになった可能性が高いという。すぐ治療を受けていれば、あと十年は活躍できたはずなのだが。

だが、時に自滅的なほどの頑固さがなければ、アップルの各種製品は生まれなかったのも事実。天才とはそういうものなのかもしれない。その意味でちょっと残念なのは、多くの天才たちの伝記を執筆してきた著者が、本書でジョブス個人を越えた天才への普遍的な視点を出すことなく、巻末の語録など各種材料を読者の前に放り出すだけで終わっていることだ。そこにはまた読者側の事情もある。著者にもぼくたちにも、まだあまりにジョブスの記憶は新鮮すぎる。そこに提示できる最良のものは、本書のように必ずしも精査されない材料を羅列することなのかもしれない。

いずれ、もっとすべてを客観視できるほどの時間がたったところで、もう少し視点の効いた伝記を読んでみたいところ。それまでは読者一人一人が自分なりのジョブス像を描きだす材料を、本書はたっぷりと提示してくれる。

（「朝日新聞」二〇一一年十一月三日）

コメント

この伝記は、発売前にえらく話題になり――ちょうどジョブスが死んですぐに出たという葬式景気のおかげもある――この書評も出た瞬間に出すため、通常の朝日新聞の書評委員会のように、書きたい人が手を挙げて、読んでみて、でもやっぱり書かないこともある、というようなのはダメで、取ったら必ず千二百字の書評を書けという命令が下っていた。

この原稿は、たぶん各種の書評の中で最も厳しいものだったと思う。他のを見ると、ジョブスはすばらしい、天才、あのビジョンの全貌がここにある、その思想を理解するための必読書あーだこーだ、という恥も外聞もないヨイショ書評ばかりだったから。朝日新聞も、どうもそういう絶賛を期待していたらしく、この書評の掲載も「仕方ないですねー」という感じではあった。でもぼくとしては、この書評でも甘すぎると思っている。ジョブス翼賛になりすぎているからだ。

そう言うと、たぶん異論も出るだろう。確かに本書は、昔の身勝手な話、はらませた女の子に対する人情のかけらもない話、家族に対するつれない仕打ち、傍若無人なふるまい、そういうものも赤裸々に描かれている。だから翼賛ばかりではないどころか、悪いところを露骨に出しているじゃないか、というわけだ。でも……たぶんジョブス自身は、そういうのが悪いとはまったく思っていないのだ。彼にとって、それはどうでもいいか、むしろ自分のやったことが文句なしに正当だと思っているのだ。だからこれはジョブスにとって、赤裸々でもなんでもない。むしろその大半は、こだわりの多い信念の人としてのジョブスを描き出す、賞賛材料だと思う。その一方で、本当にダメな話、実際と食い違う話を、アイザックソンは指摘するだけの知見を持っていない。中でも印象に残っているのは、別の書評でも挙げている、ジョブスが内部糊づけの製品に怒ったというエピソード。アイザックソンは、アップル製品が本当にその「美学」を反映しているか確認もせず、ジョブスの我田引水エピソードをそのまま垂れ流すだけ。ジョブスが本書に全面協力し、内容には一切物言いをつけなかったというのがご自慢のこの伝記だ。それは一見すると、ジョブスのよくない部分も赤裸々に描きましたという意味だと解釈されるのだけれど、全然そんなことにはなっていない。単にジョブスがこのアイザックソンを、単なる提灯担ぎの御しやすいヤツと見抜いていただけなんだろうと思う。

▼あまりエピソードがなく、また怪物の怪物たる所以についての洞察が皆無で残念

スティーブ・ウォズニアック（著）井口耕二（訳）
『アップルを創った怪物——もうひとりの創業者、ウォズニアック自伝』（ダイヤモンド社）

いわゆる「もう一人のスティーブ」は伝説であり、かれの設計したアップルIIおよびその周辺機器に触れた人なら、その先進性、シンプルさ、エレガントさ、その他あらゆる面に感銘を覚えなかった人はいないといっていい。その天才ぶりは疑問の余地はない。

しかしウォズニアックは基本的にはひたすら部屋にこもって設計をしているのが好きな生粋のエンジニアであり、生涯に伝記として読んで楽しめるようなエピソードがあまりない。前半など小学校時代のあまりおもしろくない思い出ばなしが延々と続いており、それもことさら生彩があるわけでもない。

技術的な説明もほんのさわりだけで食い足りない。そして天才の常として、自分がなぜそういう非凡な着想ができるのかがわかっていない。このため、なんでも「見てたらできた」「考えたら思いついた」といった話ですべてがすんでしまう。

たとえば当時、大容量記憶装置として急激に脚光を浴びたフロッピーディスクは、当時のパソコンにとってはきわめてハードルの高い、機械駆動部分と電子部分の混在するまったく新しい世界で、制御用のインターフェース基板を見ても、既存のＤＯＳ製品向けのものでは各種ＬＳＩとディスクリート回路がてんこもりになっていた。ところがウォズの設計になるアップルⅡ用のインターフェース基板は、ＩＣがたった二つという信じがたい代物。こんなものでそもそもまともに制御できること自体が不思議だったが、それがアップルのシステムとシームレス（当時としては）に合体した環境を作り上げていたのはそれ以上の驚異。ソフトとハードの両方をすさまじい水準でこなす天才の作でしかありえず、どうしてこんなものが可能なのか、そのハードとソフトの切り分けの発想は——これだけでも聞きたいところ。

ところがそれについての本書での記述は「いらないものを削っていったらできた」というだけ。何をどういう考え方で「いらない」と判断したのかが知りたいんですけど……。どこにかれを天才／怪物たらしめている着想のちがいがあるのかを知りたい読者としては、肩すかし。たぶん、当人すらわかってはいないんだろう。でも、せっかくライターがついてるんだから、そこをつっこんでほしいんだけど……。

ところがこのライターはかなり水準が低くて、ＤＲＡＭって何、といった解説にページをやたらに使う。本当に技術的な素人読者を対象に置いているんだろうけれど、それはまちがいだと思うんだが。おかげで、本当におもしろいところがつっこみ不足になり、隔靴掻痒の感がまぬがれない。

かれの人生の転機になった飛行機事故の話も、記憶にないとのことであまり詳しくない。そしてアップルⅢをはじめ失敗についての記述も、分析に深みがない。さらにアップルをやめてからは、ほとんど何も起きないに等しい。コンサートとか新規プロジェクトとか、すべて持ち出しの手すさびにとどまっている。このため全体として伝記としてはおもしろみと生彩に欠ける。もちろん、それがウォズニアックらしいとはいえるし、また年寄りは読んでなつかしい部分もあるが、それだけで終わってしまっているのは残念。翻訳は、そうした部分をうまく活かせるものにはなっている。

（アマゾンレビュー／ブログ　二〇〇八年十二月二九日）

コメント

このレビュー、一部のウォズファンにはえらく不評で、かの中村正三郎までどこかで罵倒していたような記憶がある。ウォズニアックの悪口だ、ウォズの真価を知らないニワカめ、という感じの話だけれど、読んでもらえばわかる通り、ぼくはウォズニアックのすごさは十分以上に承知していて、でもそれがうまく出ていないというのがこの書評の論旨なわけです。いまやジョブスがいろいろ取り沙汰されるけれど、アップルの初期からの信者の多くは、ジョブスなんか人の手柄を横取りするだけの広告屋の手先の三百代言で、ウォズニアックこそが真の神、ではあった。それがあの飛行機事故の後、ウォズニアックはずっと鳴かず飛ばずで、つまらない客寄せパンダとしてしか表に出てこなくなり、かつての輝きを知る者としては悲しい限り。なんかあのすごさをドーンと実感させてくれるような伝記というのが、いつか出てもいいんじゃないかとは思うんだが。

▼企業アイデンティティ形成過程を分析した面白い本

日置弘一郎、中牧弘允編『会社神話の経営人類学』(東方出版)

最近ではスティーブ・ジョブスとアップルの話に顕著だけれど、会社は発展成長の過程でいろんな神話を紡ぎ出して(時には捏造して)、それをアイデンティティ構築に使いブランディングや企業のまとまりを生み出す。本書は、いろんな日本企業(または外資日本法人)についてそうした神話がいかに造り上げられたかを、神話学、民族学的に分析検討したもの。

とってもおもしろい。多くの人は、ジョブスの伝記とかを思いっきり真に受けて本気で感動するくらいバカで、そこに書かれている「製品哲学」が目の前の製品と露骨にちがっていることにすら気がつかない（たとえば、ジョブスがジョナサン・アイブと、一見かっこよさげな製品を見つけて喜んだが、それがネジ止めではなく糊付けされているのを見て許せんと怒った、とかいう話が伝記には書かれているが、iPodをはじめ最近のアップル製品の醜悪な糊付けぶりを知ってる人なら失笑するはず）。また、ぼくの勤め先を含め、ビジネス系のコンサルや雑誌はそんなフィクションを「企業ＤＮＡ」とか聞いた風なことを言ってみせてもっともらしげなことを言ったりする。でも実際には、それはいろいろな意図や思惑で造り上げられたものだ。本書はそれを三笠会館、近江兄弟社、サントリーなど具体的な会社、あるいは日紡バレー部（東洋の魔女）とかの分析を通じて示し、神話形成として神話学的な見地から分析する。

そして、フィクションだから悪い、というわけではない。ときに優れたフィクションは本当に人々をまとめあげ、本当の意味での神話として機能する。しかも既存の宗教とちがい、企業の神話はその形成過程までちゃんとわかる。本書をまとめたのは国立民族博物館の人々で、ふだんは人類学的に神話分析をしたりしているけれど、そうした知見が企業分析にも役立つことを示せたという点でとってもおもしろい。何がどう役立つかなんてわかりませんな。既存の経営学とかの分析は往々にして、出来合いの神話やフィクションをだらしなくなぞるばかりだったりして、また研究対象に変な遠慮をしてヨイショするばかりだったりするけれど、これはそういうのがなくて、距離を置いたよい分析になっていて見事。他との兼ね合いでとりあげる余裕はないけれど、試みとしてもおもしろくて、成功していると思う。どんどん続けてバカなビジネス書の鼻を明かし続けることを期待したいところ。

（アマゾンレビュー／ブログ　二〇一二年十一月二〇日）

コメント

会社神話となると、当然ながらこの頃に氾濫してうんざりしていたジョブス神格化の話は当然射程に入ってくる。本書は、それを行う材料として非常に有益だと思うし、またそれ以外のいろんな話——ダイエーの中内功でもいいし、松下幸之助でもいいし、ただの首切り魔のくせに名経営者ヅラしてるジャック・ウェルチとかもそうだ——について読む場合にも、どこらへんで眉にツバをつけるべきか、逆に自分が神話を創る側にまわったときに、どこにポイントを置くべきかを示す本として有益だと思うのだ。

第7章

ビジネス

ビジネス書と呼ばれるジャンルは、あまり書評に恵まれない分野ではある。というより、そもそもいまのビジネス書というのが、多くの人がご存じの通り、粗造濫造のろくでもないジャンルだ。流行に乗っかって、柳の下のドジョウ狙いで似たような題名や中身の本がうじゃうじゃ出てくる。読む側は、なんか流行に適当に合わせて単語を拾えればいいだけか、つまらない個人崇拝に堕しているだけ。別に中身をきちんと理解しようとか思っていないので、支離滅裂でも、途中のきちんとした説明なんかまったく不要で、下手な例え話を使って断言が並べばいいだけ。読む人の大半は「収益をあげる極意は、安く買って高く売ることだ！」「顧客が何より大事だ！」「誠意が大事です」とかいう、漠然とした一般論にだけ反応し、それをありがたがって「心に響きました」とか言うだけ。「時流を敏感にキャッチせよ」というのと「時流に流されず自分の信念を」というのはしばしば対立する。どっちがいいんだろうか？そういうことはこの手の本は考えない。

先日ぼくが訳した本でも、マーケティング4・0だか5・0だかの時代には、顧客を驚かせてその期待をはるかに上回るようなサービスをしないとダメ、なんてことが書いてあった。でもそれってお金がかかりますよねえ。コスト度外視でサービスしてたら、ビジネス成り立たないでしょう？でもそんな話は一切なし。そしてその本で優れた顧客サービスにより傑出した事例としてあがっていた企業は、翻訳開始前にすでに倒産したり縮小撤退したりしていた。ダメじゃん。

そういうジャンルだから、ビジネス書の書評というのはその一時的な流行にあわせて売るための提灯かつぎとしか位置づけられていない。まともに読んでその中身についてアレコレ言うなんてのは、ネタにマジレスのようなものだから、なのかもしれない。ただ、そうであっても、いやそれであればこそ、だれかがたまには突っ込みを入れる必要もあるとは思う。その一方で、ぼくは「ビジネス」というのはもう少しまともなものだと思っている。本当に役にたつ話もある。まさにいま述べた通俗ビジネス書のありがちな内容みたいな無内容なものがいかにダメかをきちんと述べ、それを超えた長期的な意味を持つビジネス的な考え方を示すことは、十分可能だと思っている。ビジネス書の中には、たとえば交渉術とか、プレゼンテーション術とかの話もある。その多くは、人をいかにだますか、みたいなろくでもない代物だ。でもそうでない、きちんとしたものも、わずかながらある。そういうのを拾える範囲で拾いつつ、世間的に何やら珍重されている中身のないものを指摘して、多少なりともみんなが目を覚ましてくれることを、ぼくは期待はしているのだ。

　そして、そういうことをしてくれる人はあまりに少ない。朝日新聞で書評委員をやっていた頃、立派な学者や評論家の書評委員は、ビジネス書なんか鼻にも引っ掛けず、読む手間すらかけない。結局、ぼくが拾うことになる。以下はそうした落ち穂拾いの中から出てきた、ヒョウタンから駒のような本もいくつか含まれてはいる。

　その一方で、ホントにろくでもない思いつきだけのぼったくりお題目ビジネス書の罵倒書評もある。どんな本からも学べることはある。ダメな本は、一読してどこがダメかを読み取る必要があるし、そしてそんな本がベストセラーになったりしたときには、そのダメさ加減が社会のある階層の問題でもあることがわかる。

▼ぼくの秘密を教えよう：コンサルタント業究極の暴露本

G・M・ワインバーグ（著）、木村 泉（訳）
『コンサルタントの秘密――技術アドバイスの人間学』（共立出版）

この仕事をはじめてぼくが最初に悟ったのは、自分がいかにものを知らないか、ということだった。こう書くと、あの傲慢不遜な山形にもそんなしおらしい悟りがあるのか、と驚く人もいるだろう。そういう人々は自分のせっかちさをよく反省する必要がある。というのも、自分の無知を悟った一週間後からぼくが徐々に気がつきはじめたのは、ほかの人だってぼくと比べてそうそうものを知ってるわけじゃない、ということだったからだ。さらに、知りすぎているがゆえにかえってものが見えないこともあるのだ、ということも、現場の人と話していると往々にして感じられてくる。こうして、最初の悟りからわずか一か月たらずで、ぼくはもとどおりの偉そうで傲慢不遜な人間に戻ったわけで、しかも変な開き直りの分だけ扱いにくくなってしまったのは我ながら困ったものだと思う。

ところで冒頭の「この仕事」というのを、「CUT」に自画自賛めいた駄文を書き連ねることだとか、あるいは日本にわずか数千人の読者しかいないポピュラリティのない小説だの歌詞だのを翻訳することだと思った人は、自分の注意力の散漫さをよく反省する必要がある。前々号のこのコラムの末尾に編集部が付記したコメントに明記されている通り、ぼくは某研究所の地域事業コンサルティング部というところに所属する勤め人であり、こういう名前の部に所属する以上、職能としてはコンサルタントの駆け出しなのである（論理的には）。

コンサルタントと聞いて人は何を思い浮かべるのだろう。「旅費向こう持ちでカッコいい場所に旅行するとか、熱心に耳を傾ける依頼主にきらきらしたアドバイスをすると、それがただちにつべこべ言わずに実行されるとか、ごくわずかな労働ですごい報酬をかき集めるとかいうこと」？　ぼくの一年ほど前のイメージは、何やら紛糾している（あるいは煮詰まって重苦しい雰囲気の漂う）会議室にぼくがふらりとやってきて、紙切れをペラッと広げると、それを見た瞬間、みんなの頭の上に電球だかアセチレンランプだかがともり、「なぜこんな簡単なことを！」と一同は髪の毛をかきむしりつつそれまでの方針を百八十度転換させて、すべての問題にケリがつき、大いに感謝される、といったようなものだった。

もちろんまともな現実感覚を持った社会人であれば、そんなことは絶対に起きないくらいのことは当然知っている。まず、百八十度の方針転換なんて革命が起きたって不可能な変化である。「たいていのとき、世界のたいていの部分では、人がどれほどがんばろうとも意味のあることは何も起こらない」（ワインバーグのふたごの法則）のであり、しかも「第一番目の問題を取り除くと、第二番が昇進する」（ルウディーのルタバガ法則）のである以上、すべての問題にケリがつくなんてありえない。それに外部からちょっとつつかれたくらいで百八十度も変わってしまうような組織は、自己修復能力がないという意味でほとんど絶望的である。さらに、「どんな処方にも二つの部分がある。その一つは薬、もう一つはそれが正しく使われることを保証するための方法だ」（大秘密第三番）という話からもわかるように、百八十度の方針転換の後にはそれを実施するためのつらいプロセスが待っているのだ。が、大学院出たての青二才には、その程度の現実認識すらもないわけで、これを克服するには数ケ月もかかっただろうか。

あの頃この『コンサルタントの秘密』を読んでいればなあ、といまにして思う。そうすればこんな妄想にふりまわされる期間も、多少は短くてすんだのではないかな。この本はおおむね健全な常識主義の立場に立っているのだけれど、コンサルタントの仕事の大きな要素というのは、顧客に対してある種の常識を提示することなのだから、この立場は圧倒的に正しい。「こんな当たり前のことをわざわざ専門家の集団に向かって解説する必要があるんだろうか」という日頃の悩みに対して「世の中、コンサルタントを呼んでくるような事態というのは、往々にして過去のしがらみや情報過多などのために常識が見えなくなっていることから生じるのだ」という本書の主張は大いに説得力がある（もちろんそのほうが、ぼくとしても仕事が楽だし。人間はなにかにつけて安きに流れたがるものである）。

本の中身は、上に挙げたようなバカな名前の法則と、その由来となったバカなエピソード集。そのすべてにこの稼業と、それにとどまらず「問題解決のために人に相談する／される」という行為一般に対するしごくまっとうな認識がある。それは結局、「変化」に対する考え方に帰着する。変化は避けがたいものだ。「変化を食い止めたり和らげたりしようとして幻想を作り出すと、変化はますます起こりやすく、また受け入れにくくなるものだ」（ロンダの悟り）。コンサルタントに、そして変わりたい／変わらせたいと思う人にとって、最大の問題とはその幻想を取り除くことなのだ。この本のおかげで、自分の職能に対するぼくの幻想はかなりの部分取り除かれた。その意味で、これはぼくにとって真の意味での実用書である。

昨年十二月に出た本書は、三ケ月ではやくも九刷に達している。いい本が売れるのは喜ばしいことなのだが、これはたぶんそのタイトルと内容とともに、その説明のたとえ話に充満するばかばかしいユーモアのおかげだ。（理系らしからぬポカはあるものの）それを十二分に生かした翻訳を得て、本書は八〇−九〇年代の『パーキンソンの法則』に匹敵する快著となりおおせている。前々回の『rootから／へのメッセージ』同様にコンピュータ方面の棚にあるケースが多いので、がんばって探し出すように。それだけの価値のある本だから。

と書いたところで不安になって知り合いに聞いてみると、案の定誰も『パーキンソンの法則』を知らないではないか。ほら、言わんこっちゃない。世の中の連中なんて、まるっきりものを知らねえんだから。数十年前は、サラリーマンの必読書だったんだぜ。いずれこういう過去の名著にも再び日の光をあてなおしてやる必要があるとは思うが、今回は残念ながら紙幅がつきた。それに、「ネタは出し惜しみするように」というのもコンサルタントの重要な処世術の一つである。これを「山形の第一原理」と呼ぶことにしよう。

（「CUT」一九九一年九月）

▼本誌の読者たる最高の知識人諸子必読——パーキンソンの法則』と組織の病理

C・N・パーキンソン（著）森永晴彦（訳）『パーキンソンの法則』（至誠堂）

本誌の読者たる最高の知識人諸子は、疑いもなく『パーキンソンの法則』（至誠堂）について熟知されていることであろう。熟知せざる諸賢は、残念ながら最高の知識人階級に所属されてはおらぬというだけのこと。さりとてこれが気に病むべきことだというわけでもない。人には器があり、属する階級というものがある。東洋の釈迦も、悟りはやみくもに伝えるべきものではなく、相手の器量を見定めた上でなければ害をなすことすらあると看過している（世に言う「知らぬが仏」とはこのことである）。パーキンソンの法則もまたしかりであり、この英知を過小なる器に敢えて盛ることは百害あって一利なしの愚行といわざるを得まい。盛る側にとっても、盛られる側にとっても。

　かように書いたところで、読者諸賢の旺盛なる好奇心はいやが上にも刺激されたことであろう。本書に盛り込まれた英知とは何であろうか。

　それは組織というものへの洞察である。余を含めあらゆる人間は孤高のうちに生きることを望んではいても、どこかの時点で税務署や企業やバニーガールクラブ等何らかの組織と関わりをもたざるを得ないことは、異論のないところであろう。本書はその組織の生態について、きわめて鋭い洞察を加えた書物である。

　組織への洞察と言っても、「チーム重視」だの「リーダーシップ」だの甘い惹き句で読者を慰撫籠絡せんとする凡百のビジネス書とは、本書はそもそもの出発点となる認識がまったく異なっている。本書は現実に立脚しているのであり、それは以下のごとき記述を見れば明らかである。曰く。

> 　学校の生徒や教師らにとっては、世界は物事がいちおう合理的に行われるところであろう。すなわち国民はおのおのの自由意志によって国会議員を選出し、その中のもっとも有能で聡明な人物が大

臣になり、また民間にあっては株主が重役を選び、その重役は、社内の持ち場で頭角をあらわしたものたちにポストを割りふって行くというがごときである。（中略）しかし、多少とも世の荒波にもまれた人間たちにとって、かかる考え方はまさに笑止の限りである（まえがきより）。

むろんこれが笑止であることすら理解できぬ御仁はいくらもおいでだが、そのような人々は本書（および本稿）の相手にするところではない。そして本書の偉大なる所以は、かかる怜悧な現実認識に基づき、組織一般に適用されるべき法則を抽出しおおせたという一事につきる。

一例を。本書の出だしの一文は「仕事は与えられた時間をすべて埋めるように拡大する」というものである（翻訳は若干ちがっているが）。この何気ない一文にこめられた洞察の意義は自明であろう。仕事「量」というのは一定ではなく、いかようにも変動するものであり、したがって業務効率化などというのがいかに空疎な世迷いごとであるかを、この一文は簡潔に示しているわけである。そしてこれに基づき、かれは組織成長について次のような法則をうちたてる。

役所（あるいは企業）が拡大するのは、業務量の増大（あるいは職員の怠惰）のためではない。むしろ、組織が拡大するがゆえに業務も増大するのである。

すなわち組織が拡大すれば、組織内での調整作業が幾何級数的に増大する、ということである。かれらは怠けているのではない。必要不可欠な「仕事」のため、残業と休日出勤に心身をすり減らしたりしている。仕事はいくらでもつくりだせるのだから。そして「部下は多い方がいい」「ライバルは少ないほうがいい」という組織内力学により、組織は常に（年率6％前後で）拡大を続ける！

組織そのものに関する分析もさることながら、その要素たる会議、パーティー、予算、建物などの検討においても、パーキンソンの分析はさえ渡る。「議題の一項目の審議に要する時間は、その項目についての支出額に反比例する」「立派な建物の完成は、その組織が瀕死であることを告げる」（新宿の某庁舎や関西の某駅舎などが即座に連想される。ところでロッキングオン社もずいぶん立派なビルに移転したが……）

そして本書の大きな長所はそのパッケージングである。上述の組織論と似た内容は、マックス・ウェーバーの官僚論にもある（ただしパーティーや会議の分析はない）が、正気の読者であれば、ウェーバーの鹿爪らしい文章よりはパーキンソンの諧謔的なユーモアあふれる文体のほうに必ずや軍配を挙げるであろう。さらにこの文体は、ユーモアと真剣な洞察が両立することが理解できぬ愚かな堅物に対する効果的な目くらましとしても機能している。したがってもし読者諸賢が、万が一にも本書から得られるがごとき英知の恩恵に浴せるだけの地位ないし知性を持ち合わせぬにしても、せめてこのイギリス式嫌味全開の文体（そしてそれを見事なまでに再現した名訳。これを概して文才と明晰さに欠ける人文系の人間ではなく、物理学者に訳させた当時の至誠堂編集者の眼力にはまったくもって敬服させられる）から多少の笑いくらいは得られるはずで、それだけでも本書の定価八百八十円（なんとお安い！）の価値は十分にある。

そしてもちろんその洞察を理解しうる人々にとって、本書はまたその実用性や現実の政策示唆という面でも、きわめて有益であることはまちがいない。余が本書においてこよなく愛する章は、「第8章劣嫉症——組織病理学」であり、組織が末期症状へと突入する様を精緻に分析した見事な論となっている。まずは「目標低下」そして「独善」、最後には「無頓着」へ——わが国においても、こうした症状にどっぷりと冒されきった組織は、ちょっと考えるだけで枚挙にいとまがない。かかる組織に対してパーキンソンが勧める療法とは以下の通り：

> 一人のスタッフも、一つの設備も、一つの伝統もその場を動かしてはならない。厳格な隔離ののち完全な消毒を行うべきである。病気をうけた職員は、彼等が特に敵意をいだいていた競争相手の機関に引き取られるべきである。すべての設備および書類は、ちゅうちょなく破壊されなければならない。建物に関する最良の方法は、十分の保険をかけしかる後やきはらうことである。敷地が真っ黒な廃墟になったとき、はじめて我々は、病菌が完全に死に絶えたことを知って安堵しうるのである。

心洗われるような一文ではないか。これほどまでに見事かつ実効性ある処方箋を、余は寡聞にして他に知らない。このためだけにでも、三十年前にはあらゆるインテリの常識だった名著『パーキンソンの法則』再評価の機運を高めなくてはならない（同時に続編『かねは入っただけ出る』も、財政再建の処方箋として速やかに復刊されなくてはならない）。本稿がそのきっかけの一端にでもなれば幸いであり、その結果として上記のごとき抜本的な療法が霞ヶ関周辺の相当数の組織に対して適用されるようなことになれば、余の喜びこれにしくはない。

（「CUT」一九九八年五月）

▼現場で足で稼げ！　知識は現場から生まれる

関満博『現場主義の知的生産法』（ちくま新書）

ぼくの本業は、実は開発コンサルタントなのだ。国内外の産業政策の立案を助けたり、開発計画を作ったりしている。期間は実質一年以下。その間に、役所の話をきいて現場を見て、これまでの経緯を調べ、アンケートをかけ数値モデルを作り、そして整合性ある計画をたてて調整したり。やることは山ほどあって、地元の現場をもっと見なきゃとは思いつつも、数人の人に何時間か話をきいて終わりになるのが常道だ。そしてその結果がどこまで役にたつか、ときかれると、必ずしも胸を張れる成果ばかりじゃない。

この本は、そのぼくにとってえらく耳の痛い本だ。各地の町工場集積が日本の製造業の世界的優位性にとって持つ意義を解明し、その後も日本各地やアジアの工場集積をすさまじいフィールド調査で調べつくしている関満博の、研究調査ノウハウを簡潔にまとめたすごい本。といっても、誰も知らない秘訣なんかありゃしない。とにかく現場に足を運べ。何年も通え。一生つきあう覚悟を決めろ。手軽なアンケートに頼った、コンサルどもの安易な「現場」調査なんか無意味だ——うーん。いや、われわれも努力はしておるのです、といいつつ、内心忸怩たるものが。さらに、現場調査のメンバー編成、成果のまとめ方、論文はどう書くべきか、それを出版してどう世に問うか、出版をいかに自分の研究の節目として使い、同時に後進の育成に役立てるか、さらにはその出版をどう商業的に成立させ、次につなぐか——関はここまで意識的に戦略化してやっていたのか！　すごい。従来の「知的生産ナントカ」の定石の、カード式整理法なんかは無駄だとあっさり一蹴されていて、とにかく泥臭い地道な作業の意識的積み重ねが強調される。

研究者は必読。一回じゃなくて、毎月読んで襟を正せ。高校生や大学生も早めに読んで、覚悟を決めろ。ぼくも来月、マラウィのフィールド調査に持参して、もっとがんばって無電化村を回るようにしなきゃ。現場での楽しいエピソードも満載で、手軽な読み物としてもおすすめ。（「朝日新聞」二〇〇二年六月二日）

▼具体性に富んだニューヨーク市長の各種施策

ルドルフ・ジュリアーニ（著）楡井浩一（訳）『リーダーシップ』（講談社）

「ジュリアーニは裏切り者だ！」と知り合いのニューヨーカーは叫んだのだった。「ここは昔、きたなくて、殺伐として危険で、いつ殺しあいが始まってもおかしくない緊張感に満ちていた。それが一瞬で、きれいで安全でフレンドリーな街になってしまった！　あいつはニューヨークを観光客に売り渡しやがった！」

　というわけで、ひねくれニューヨーカーの敵、ジュリアーニ前市長の自伝である。確かにかれの手腕は見事で、ニューヨークは本当に見違えるほど変わった。9・11テロの事後処理でも、非常に優れたリスク対応手腕を発揮したのはまちがいない。かれがそうした各種の改革をいかに実現したかを細かく説明したのがこの本だ。

全体として、変な精神論に頼ることなく、各種の施策とその成果が非常に具体的に挙げられていて、説得力も高い（この具体性も、成功条件の一つだそうな）。とはいえこの手のリーダーシップ本は、どれも当たり前の条件（それも時に矛盾する）の羅列になってしまう。本書も例外ではない。他人に謙虚に耳を傾けました／他人に耳を貸さず信念を貫きました、権限委譲を進めました／権限を集中して責任所在を明確にしました、規則を厳格に運用しました／規則を曲げて柔軟に運用しました。たぶん、実際のリーダーシップの優劣というのは、こういう相反する方針を、どういうときに使い分けるか、という点にあって、その勘所は本を読むだけでは絶対に身につかないのだろう。が、早朝会議、直接的なＰＲの活用、成果の発表方針など個別の戦術は、いろいろ応用もきくんじゃないか。

また本書が類書とちがうのは、これが企業経営ではなく、自治体経営に関する本だという点だ。なるべく外部の人間を使い、ビジネス的な考えを導入する各種の手法と考え方は、今後我が国でも有効性を持つのではないか。アメリカ人の自伝にありがちな、鼻につく自画自賛ぶりも抑えめだし、実際に挙げた成果は文句のつけようがないよう数字できっちり示されている。だれもが（まあ冒頭のひねくれ者は除くが）認める、サクセスストーリーとして示唆に富む一冊だ。

（「朝日新聞」二〇〇三年六月二九日）

▼みんなが知ってるつもりの財界のすべて

菊池信輝『財界とは何か』（平凡社）

財界と言われて具体的なイメージが浮かぶ人はいない。みんなが思い浮かべるのはどこぞの料亭の奥まった部屋で、Ａ社社長とＢ社会長が「ＸＸ法は困りますな」「はい、その件は自民党のＭくんによく言っておきましょう、フォフォフォフォ」てな会話が交わされる様子だったりする。

でも実際には、財界はちゃんとした顔を持ち、非常に明確な意見表明を行う存在だ。そして何よりも、かれらの意向こそが戦後の日本経済・社会を動かすにあたっては最大の力を持ってきた。

それなのに、ぼくたちはその実態について何も知らない。

本書は、この驚くべき盲点を縦横に論じる。焦点となるのは、経団連と経済同友会。かれらは日本の経済社会の転換点要所要所で、己の意見を様々な形で訴え、そして実現してきている。それも一部の人が考えるような、政府との癒着を通じてではない。財界は、政府と癒着すれば介入されるのを知っており、それを避けている。またかれらは、自分の利益最優先の収益マシーンでもない。かれらは自分の社会的立場や責任に自覚的であり、極端に走る危険性も理解して自己調整機能を持っているのだ。近年の構造改革談義や民主党の台頭もその一端にすぎない！

いやまいった。政府、財界、そしていまや力を失った労働組合とのかけひきとして本書で描き直される戦後日本は、従来の戦後日本経済・社会論とはまったく別の姿を持って立ち現れてくる。軽薄な陰謀論とも無縁、くだらない企業ゴシップ本とも一線を画した、現代日本の真の支配者を指摘する、コロンブスの卵のような快著だ。

（「GQ」二〇〇五年）

▼モジュール化による効率性向上

キム・クラーク、カーリス・ボールドウィン（著）**安藤晴彦**（訳）
『デザイン・ルール――モジュール化パワー』（東洋経済新報社）

仕事の切り分けをうまくやると能率は抜群にあがる。これは常識だけれど、独立して評価するのはむずかしい。分業の多くは誰かが思いついてしまえば当然に思えてしまう。理念としてはわかるが、その部分だけの価値なんてはかりようがない、と思いがちだ。

本書は、その切り分け方法自体に焦点をあてたおもしろい本だ。

その最たる例として、著者たちはコンピュータを取りあげる。そのハードやソフトからシステム全体、開発方式、企業のビジネス手法、はては産業全体の構造まで、独立性の高い部分に切り分けるモジュール化の徹底と浸透が、いかに競争力と生産性を高めたか。技術から制度分析まで異分野を横断して原理をえぐりだす幅の広さは感動だし、モジュール化というデザイン原理が持つ価値をモデル的に定量化までした徹底ぶりには脱帽。漠然とした常識が目の前で堅牢な概念として組み上げられる刺激的な一冊だ。

（「朝日新聞」二〇〇四年六月二〇日）

▼お気楽なリーダーシップなんかありません

だれか『リーダーシップの何とか』

　昔から、長のつく役職についたり「センセイ」と呼ばれたりして喜んでるやつにろくなやつはいない。単にいばりたいだけの人、能力もないのにたまたま年功序列の順番や天下りでそういう長になってしまった人。だがそういう人たちの行状を見て顔をしかめているうちに、ふと気がつくと自分も立場上、なにやら後進の指導にあたらなきゃならない立場になっている。「そろそろきみも、若手を喰わせるようになってくれなきゃ困るよ」とか言われて。やべー。

　人が各種のリーダーシップ本を手に取るのはそんなときなのかもしれない。そしてその手の本はたくさん出ている。えらい人の回想本も、マニュアル本も。最近ではもとニューヨーク市長ジュリアーニ『リーダーシップ』、あるいはマッケナ＆マイスター『初めてリーダーとなる人のコーチング』なんかだ。

　さて、たぶんこういう本に書いてあることは、まちがっちゃいないのだ。ただ、困ったことに書いてあることがどれも同じなのだ。組織は目標をはっきりと、みんなで共有、成果はきちんと確認しよう。会議は効率的に。若手育成なら、権限と責任を積極的に任せましょう、それに対する評価を明確にしましょう、とか。

　それはわかる。そしてそれを実現する小細工——早朝会議とか、ナントカチャートとか——は、真似すれば目先が変わっていい。でも、いちばん肝心のことは書きようがない。これが困ったところ。よく読むと、実は各種のポイントは、しばしば矛盾している。他人の言うことに耳を傾けましょう、というのと、他人に言われても動じずに信念をつらぬきましょう、という話は、どっちも事実だけれど両立はしない。状況にあわせてすばやく動きを変えるのがいいか、ヘタにおたつかずにどっしり構えるのがいいのか？　リーダーシップ本にはどっちも書いてある。ぼくたちが知りたいのは、それをどう使い分けるか、なのだけれど――それはたぶんだれにも教えることはできない。そしてそのためには、もっと広い視野からリーダーシップを考えたほうがいいかも。

そもそも、リーダーシップを考える前に理解すべきことがあって、それはそもそもリーダーの存在する組織の力学、なのね。それを理解するにはC・N・パーキンソン『パーキンソンの法則』（至誠堂）を挙げておこう。意地悪な目で、組織が硬直・疲弊化するプロセスを冗談めかして描き出した傑作。読みなさい。そしてそこではっきり描かれるのが、組織内政治という発想だ。多くのリーダーシップ本は、それを明示的に書かず、机上の空論となる。実は同じ著書が書いたホントのリーダーシップ本があるんだけれど、それが無法につまらないのは興味深い。真剣な考察より、立派なジョークのほうが洞察に富んでいるというのは、結構ありがち。

さらにリーダーシップ全般について、理詰めできちんと考え直すための本。G・M・ワインバーグ『スーパーエンジニアへの道』（共立出版）。これは技術屋だけの本じゃない。プロジェクトをうまく動かすためのコツと同時に、むしろ失敗につながる各種の法則をはっきり示して実に参考になる。リーダーの持つべき謙虚さについて明確に指摘するし、組織内政治の視点も強力。

　そして最後に、ロバート・ペルトン・ヤング『危機察知の鉄則 生き残る人・ダメな人』（講談社）。厳密には、これはサバイバル本だ。でも戦争地帯にいったら、山で遭難したら――このときある集団をどう動かすかが生死を分け、そしてその集団の中のリーダーシップがその鍵となる。そういうとき、自信たっぷりにみんなを導きたがる「リーダー」は事態をなおさら悪化させる。最良のリーダーとは、まめな雑用係であり、グチ聴き係なのだ、と。これはワインバーグの指摘とも同じ、重要なポイントだ。リーダーって、めんどくさいんだよ。さて、あなたはそういうリーダーシップに耐えられるかな？

（「GQ」二〇〇三年）

▼無内容きわまる駄本

大前研一『ドットコム仕事術』（小学館→小学館文庫）

　なんなの、これ。この欄はベストセラーをけなしてダシにしつつ、もっといい本を薦めるという趣旨なんだけれど、これまでダシにされたほうの本であっても決定的にダメというのはなかった。どれも、それなりに見所はあったし、読まないよりは読んだほうがいい本ばかりだった。が……これは初めての例外だ。だって、中身ないんだもん。思いつきを適当に並べただけなんだもん。

　まずこのご時世にドットコムとタイトルに冠するセンスのなさにはあきれるけれど、それよりも驚くこと――本の中身が、ドットコムとは何の関係もない。ネットがらみの話はほとんどなし。散漫な自慢話が並んでいるだけ。週刊誌連載を集めただけの本だから、しょうがないといえばしょうがないんだけれど。アイデアはいつも用意しておけとか、貯金を減らせば生活は潤うとか、書いてあるのも言うまでもないことばっか。巻末には大前がらみの会社の広告が載っているという、大前研一のただの営業本ですな。

　また連載時には成立していたかもしれない自慢話のフォローもない。世界の料金格差のおかげで、日本の国内郵便を使うより、アメリカや香港から国際便で送ったほうが切手代が安いことがある。で、香港にＤＭ印刷の会社を作ることを提案した――という自慢話が載っている。でも実は、郵便局はそういうのを追っかけて、不適正な利用だということで差額を要求したり、やめるようにお願いしたりしているのだ。だから最近こうしたＤＭのリメーラーはあまり流行らなくなっている。さて、これで大前の提案したという会社はどうなったろうね。

　またこの人のアドバイスも眉唾。英語に慣れるにはフィナンシャルタイムズを読むと、英語が格調高いからいい、とか書いてあるけれど、お堅くて読んでもつまんないし新聞は断片しか追えないから記述にまとまりがないんだよね。同じ読むなら、The Economistを読んだほうがいいよ。週刊で持ち歩きもしやすいし、冗談記事もいっぱい載っていて、一週間単位のまとまった起承転結のある話が読めるから。

　発想術だの仕事術だの勉強術だの、あたりまえか安易な思いつきか眉唾かのいずれかを、いま流行の「ＸＸ力」とか称してまとめる、実に安易な本だな。だれがこんなのを読むんだろうか。でも結構売れているみたいだね。やれやれ。週刊誌のおまけで読むならいいだろう。でもわざわざ金を払って読む本とはとても思えない。

こんな本を読むくらいなら――いっそ何も読まずに映画でも見に行ったほうがいいんだが、うーん、発想術とかものの考え方という点で、ぼくはワインバーグ『ライト、ついてますか』と『コンサルタントの秘密』をお薦めしておこう。大前の発言は経営コンサルタントとしてのものなんだけれど、表面的な物言いだけがあってその考え方の背景がない。ワインバーグは、根本の哲学を非常に重視している。大前の言う発想の転換だってなんだって、もっと明確な形でこっちに書かれている。

また大前が途中で、昼飯を抜くのはだめで、生活を抜本的に見直すことで豊かな生活を、というひどい話を得意げにしている。そりゃ貯金を取り崩せば生活は豊かになるだろうよ。そりゃ家を売れば生活は豊かになるだろうよ。でもそのくらいのトレードオフはみんなわかってるのだ。もっときちんと生活を考えるために、海外投資を楽しむ会『ゴミ投資家のための人生設計入門』は読むように進める。この人たちも、最近は小富豪を自称したりして墜ちたもんだけれど、これは掛け値なしにいい本。自分の生活設計ってのは、大前みたいな小手先のことじゃなくて、こういうことをきちんと考えるんだ、というのが明確に出ている。お薦め。と書いたところで、ぼくはこの『ドットコム仕事術』なる駄本をゴミ箱にたたき込むのである。あー時間を無駄にした。なめんじゃねーぞ、まったく。

（「ＧＱ」二〇〇三年）

▼働くというのはどういうことなのか？

村上龍『13歳のハローワーク』（幻冬舎）

会社に入ってぼくが（そして同期の同僚たちの多くが）感じたのは、自分の勉強してきたことがいかに役にたたないか、ということと同時に、自分たちがさぼってきた勉強が実は役にたつものだった、ということだった。ああ、あのときあの地味な統計学をもっときちんとやっておれば。法学とはこういうときに役立つのか。その体験もあって、ぼくは子供にはやいうちに仕事に触れさせるべきだと思う。少なくとも、仕事のことを考えさせるべきだと思っている。

その意味で、この村上龍『13歳のハローワーク』は決して悪い本じゃない。いろんな嗜好に応じて、こんな仕事が世の中にはありますよ、というのを紹介した本だ。正直言って、十三歳ではたぶん理解できない本だとは思う。書き方もかたくて難しいし。でも、こういう形で世の中の仕事というもののことを考えてもらうのは、悪いことじゃないのだ。高校生くらいが積極的にこういう本を読んでほしいと思う。もちろん不満はある。たとえば、アート関係とか出版関係は妙に職業の切り方が細かいけれど（幼児リトミック指導員なんていう得体の知れないものまで紹介されている）、エンジニアは「エンジニア」で一括りにされてしまっている。そしてたぶん、一番大きいポイントとして、ここに描かれた職業を実践する場の会社ってなんだとか、サラリーマンってどういうものなのか、という話があまりに弱い。正直いって、それなしに起業だＮＰＯだなんて話は無意味だと思う。それを説明しないと、結局こういう本も、小学生の頃の「電車の運転手になりたい」とか「野球選手になりたい」レベルの話で終わってしまうから。

実は、サラリーマンの仕事をきちんと説明する本ってあまりないのだ。サラリーマンが一日中「資料作成」をしているのはなぜか、とか。会社というものの存在意義とあわせて説明する必要があると思うんだけれど、ないなら仕方ない。とりあえず、会社については岩井克人『会社はこれからどうなるのか』を挙げておこう。これは象牙の塔の人が書いた、日本の会社ってものに関するとてもおもしろい本。読んで損はないと思う。一部の見通しには疑問なところもあるけれど。

それともう一つ、網羅的に紹介するのも大事だけれど、何か一分野をおもしろそうと思わせる本を読むことも重要。これはいろいろあるけれど、関満博『現場主義の知的生産法』を挙げておこう。これは研究者としてのあり方と、そして中小工場の生産現場で働く、ということの興奮を両方味あわせてくれる良い本。

最後に、『十三歳のハローワーク』関連の余談をちょっと。この本は単なる職業解説以外に、ところどころ村上の見解がストレートに出ている。「評論家」の項に見られる村上の（かなりクールな）文学認識なんかは実におもしろい。そういうところを探して読むのも、この本の楽しい読み方ではある。

（「GQ」二〇〇四年）

▼口で言ってることとは裏腹にお金に縛られた不自由な本

本田健『スイス人銀行家の教え』（大和書房）

　卑しい本を読んでしまった。お金に縛られてはイケナイとか言いつつ、実は心底縛られきっていて、お金のことしか考えられなくなった人の書いた本。豊かさとか幸福とか言いつつ、生きることの本当の喜びを知らない人のこざかしいお説教集だ。お金は自分や人の幸せのために使えとか、お金の奴隷にならずに豊かな人生を送れとか。それ自体はまあいい。でも問題は、この人の描く「幸せ」とか「豊か」さとかのとてつもない貧相ぶりなんだ。

　たとえば本書の数少ない具体的なアドバイスで、著者は預金口座を五種類にわけろ、という。ミリオネア口座と、日常口座と、本やセミナー用の講座と、プレゼント口座と、投資講座と。つまりこの人にとって、本を買うというのは非日常的なことなのね。人にプレゼントをするというのも、別口座で用意しておく必要があるほど特別なことなんだ。情けない。本くらい日常的に買って読まないの？　著者の金持ちというのは、そういう無教養な成金でしかない。プレゼントだって自然に出てこないの？　けちくさいやつだ。そして、とても象徴的なのが最後の一文。「窓の外を見ると、まだそこには、真っ暗な空に、きれいな朝日が輝いていた」

　こいつ、まともに日の出を見て感動したことがないな。空が白んできて、明るくなった中に日が昇ってくる——そんな基本的なことも知らずに、なんか黒い中にぬっと太陽が出てくると思ってる。それのどこが好奇心に満ちた充実した人生かね。

　これ以外にも著者の生の貧相ぶりは、本書には充満している。著者自身がモデルのフィクション仕立てだけれど、低級な願望充足全開。スイス人銀行家になぜか気に入られ、天才的ビジネスセンスを発揮し、英語のスピーチばりばりで、ジョークのセンスも超一流、金髪青い目の女の子にも一目惚れされ、大金をポンと提供され――バーカ。すべてが頭痛がするほどの貧困なステロタイプ。こんな想像力のかけらもないのが豊かさか。ちなみに本書の大きな主張は、金持ちのライフスタイルをまねすれば金持ちになれる、という話だ。でもね、収入が伴わずにライフスタイルだけまねすると、普通は破産するから注意してね。

　こんな本に比べたらフランス書院のエロ小説のほうがずっと精神衛生上もいいんだけれど、まあ類似テーマってことで、ここではソースティン・ヴェブレン『有閑階級の理論』でもおすすめしておこう。金と暇のある金持ちは、見栄を張るためだけに無駄な消費をする。ヴェブレンはそれが経済の中で特異な役割を果たしていることを見事に示す。本書なんかよりずっと金持ちの実像をえぐってくれる。でもそんなことよりも、読者のみなさん、時々空を見上げてその青さに感動してね。ふと見上げた夕暮れの空の、異様な赤さに見ほれてね。そういう基本的な感動のない人間は、金があろうとなかろうと、充実した生なんか送れっこないんだから。

（「ＧＱ」二〇〇四年）

▼堅実なプレゼンテーション手法紹介

ジーン・ゼラズニー（著）数江良一、菅野誠二、大崎朋子（訳）『マッキンゼー流図解の技術』（東洋経済新報社）

タイトルを見て、中身のないプレゼンをいかに派手な図でごまかすかという手法解説かと思ったら（失礼、でもこの手のコンサルたちのプレゼンを聞きつけていると、どうしてもそう思うのは人情ってもんだ）、きわめてまともな図の使い方の説明で驚いた。何を主張したいか考えて、それをいちばんよく引き出すように図を作れ、というだけの話なんだけれど、これができてない人があまりに多すぎるのだ。ごく単純な心がけですぐに改善できるのに。学界や各種国際会議で、日本人のプレゼンが全体にしょぼいのは、その心がけを知らないからだ。

別に気がつかなかった目新しいことが書いてあるわけじゃない。棒グラフと円グラフの使い分け、プレゼンテーションに使う字の文字の大きさ、といったごく当たり前の話がほとんど。紙の論文のグラフをそのままコピペしただけじゃまったくダメよ、とか。聞き手や読み手の身になって考えれば、教わらなくても自分で気がつく程度の話ではあるんだけれどね。その意味で、本書の「マッキンゼー流」というタイトルは気にくわないのだけれど、でも社会人の多くがこれを読んで、きちんと情報を伝えることについて考え、留意点をわかってくれれば、いろんなことがずっとスムーズになるだろう。

それを超えたあたり、本書の最後のほうでは、よくある雰囲気を出すための図の使い方まで説明されている。ここらへんはある意味で中身のなさをごまかすための技法ではあるので、あまり使わないでいただきたいとは思うのだけれど、でもうまくできているのは事実。また一方でそれを使う連中の手口を見破るためにも読んでおいて損はない。

（「GQ」二〇〇四年）

▼マーケティングの基礎の基礎

フィリップ・コトラー（著）木村達也、有賀裕子（訳）『コトラーのマーケティング講義』（ダイヤモンド社）

ぼくはもともと工学畑出身の技術屋なので、マーケティングが嫌いだ。技術屋にしてみれば、あれはインチキな品物を口先で売りつけられるつもりでいる三百代言のペテン師集団だ。そしてえらそうなことを言う割には、何も実はできやしない。マーケットセグメンテーションとか後知恵であれこれ言うけど、それがまぐれ以上にあたったためしがないし、新しいものをきちんと評価するとか、本当に何かを必要としているものを見いだすことなんかできやしない、と思っている。そして、それは往々にしてその通りなのだ。

一方で、実際に作ったものを売るとなると、技術屋はド下手だ。技術的にどうすごいかは言えても、それをきちんと販売に結びつけることができない。結果として、マーケティング屋に技術屋はバカにされる。技術屋は技術オナニー製品ばっか作りやがる、と言って。それもまたその通りであることが多い。

結局はどっちも相手なしではやっていけない。じゃあうまく折り合いをつけるにはどうしたらいいだろうか？　うん、一つには技術屋がこんな本でも読むことかもしれない。この本はマーケティングの神様に世界中からよせられたQ＆A集だ。これを読んでも、マーケティングの細かい中身はわからない。でもまあ、そこでの考え方とか物言いとかが、ある程度は見当がつく。確かにひってえ代物なんだけれど、でも思ってたほどじゃない。多少は技術屋の望む方向と妥協できる余地はあるかもしれない。そう思える片鱗はあちこちにある本だ。生産的な関係への第一歩くらいにはなれるんじゃないか。がちっとした教科書じゃないので、通勤電車の中で読み飛ばすにも好都合だよ。

（「ＧＱ」二〇〇四年）

▼顧客の顔色をうかがっても売れない！

スティーブン・ブラウン（著）ルディー和子（訳）
『ポストモダン・マーケティング：「顧客志向」は捨ててしまえ！』（ダイヤモンド社）

ビジネス書というと、たいがいはバカの一つ覚えみたいに顧客志向の連呼になる。それはまちがっちゃいない。お客がつかなきゃ商売はなりたたない。でも、顧客志向って何なのか、というのはよく理解されていない。普通は、お客の顔色をうかがって、その気まぐれの一つ一つにヘイコラするのが顧客志向だと思われている。でもそれをやるうちに、いつの間にか歯磨き粉が五〇〇種類も並んでたりして、多くのお客はかえってとまどうことになる。往々にして顧客志向というのは、自分の優柔不断を潜在顧客にしょいこませるための口実になっていたりもするんだ。

そんな顧客志向なんかやめちゃえ。世の中には、客を無視してじらし、期待を裏切ることでかえって訴求力を持つ商品やブランドだってあるんだ、というのがこの本の主張だ。ファストフード屋の媚びた営業スマイルより、ラーメン屋の頑固オヤジの仏頂面のほうが客がつくぞ、というわけ。なるほどね。確かにそれはある。

もちろん、すべての店がこれをやることはできない。多くのところが「お客様は神さま」とやるからこそ、その逆を行くブランドや商品の稀少価値も出て、マーケティング的なポイントにもなる。本書の欠点は、その境目をきちんと教えてくれないことではある。このマーケティングが使えるのはどういう商品なの？　本書はそれを書かない。挙がっている例を見れば見当はつくんだけどね。どれもいろんな意味でクセのある商品やブランドばかりだから。ただそこまで行かなくても、顧客志向の連呼に飽き飽きした人には、ちょいと目先が変わっていいだろうし、各種エピソードも読み物として楽しい。

（「ＧＱ」二〇〇五年）

▼悪者扱いされがちな看板側からの魅力誘発手法

小山雅明『看板の魅力で集客力がアップする　地域一番店になる！　そのコツ、プロが教えます』（かんき出版）

ぼくは都市計画畑の出身なので、看板には複雑な思いがある。都市景観の人は看板（と電柱）を目の敵にするからだ。ＣＧで町並み写真から看板や電柱を消すのがぼくの学生当時の流行で、できあがったのっぺりした町並みを「すっきりした、落ち着いてる」とほめそやすのが常だったんだけれど、ぼくはそれが嫌だったのだ。香港をごらんよ！　派手な看板がないとつまんないよ！　だから、看板側の言い分をきちんと書いた本書は非常におもしろかった。

看板も広告宣伝ツールなので、そこにはマーケティングの視点が重要だ。この本は意外にも（失礼）基本的なマーケティング理論をきちんと押さえて説明してくれる。また看板という具体的な落としどころがあるので（事例写真も豊富）、ありがちな大風呂敷精神論にならず、地に足がついている。成果も直接的でわかりやすい。マーケティングなんて細かい緻密な話をいくら読んでも、どうせ実践するときには精度は出ない。本書くらい大ざっぱでも（いやむしろそのほうが）十分役にたつ。そして指摘されているポイントも、各種パンフやウェブの設計にも応用が効く能書きだ。

インターネット云々と騒ぐ前に、こういう基本的なところは見ておく必要があるな、と本書を読んであらためて思う。そういえば分譲住宅屋も、どんなメディアより投げ込み広告と立て看が強いのだ、と言っていたっけ。あと町並み談義でも、看板との共存を考えるべきじゃないか。本書で述べられている効果的な看板は、町並みの美観と十分共存できそうだ。逆に都市景観を看板側から考える発想もあるんじゃないか。本書にはそういう広がりの萌芽もある。

（「ＧＱ」二〇〇五年）

▼失敗を前提にシステム設計をするには？

畑村洋太郎『失敗学のすすめ』（講談社文庫）

でかい事故があると、なぜそれが起きたのか、それを繰り返さないためにはどうすればいいのか、という追求がはじまる。本書がそれに対して出す答は、失敗体験の活用だ。失敗を隠さず、原因追及と共有化をすることで、再発防止と新しい発展につなげよう、という話。

だめなところから言っておくと、本書の日本はダメでアメリカはすばらしい的な物言いは鼻白む部分が多い。アメリカだって失敗は隠すし、ヘマだって山ほどやってらぁね。そこから学ぶ姿勢だって、日本がそう劣るわけでもないと思うぞ。それと、バランスシートの負債側に失敗リスクをのせろとかいう主張は真に受けないこと。バランスシートやそこでの「負債」ってのを誤解しているようなので。さらにもっと本質的な話として、本書で頻出する「容易に予測できたはず」という各種の失敗がホントに容易に予測できたとは思わない。何でも後知恵では容易に見えるんだから。ただ、予測できたはずだから次からは予測しよう、という健全な発想につながるのであれば、まあいいのかな。各種の失敗の分類や、それが共有されない原因の整理は参考になるし、本全体としてはかなり納得のいく話ではある。個人レベルでもある程度は実践可能な失敗への対応についての提案もある。

最終的には、社会としてどのくらい失敗を許容するか、という話になるんだろう。脱線事故で言うなら、ちょっとの遅れくらいは客もうるさいことを言わない、とかね。そして失敗を見込んで、多少の失敗も致命傷にならないシステム設計のあり方を考えることが社会全体としてできればいいんだろうね。本書には、その第一歩のヒントがある。

（「GQ」二〇〇五年）

▼施設経営再生の実録

深田智之『ハコモノ再生請け負います!――実録・ベンチャー社長奮戦記』（彩流社）

著者は金融系コンサルとして、紙の上で能書きをたれるのが仕事だったが、何の因果かかつて経営改善策を提案した年金福祉事業団のグリーンピアを、自分で運営することになった！　赤字垂れ流し、無責任ことなかれ体質のお役所系リゾート施設を著者がどう再生させるか？　いや、ぼくも似たような開発系コンサルで、いろんな施設を調べて「原価率はここまで落とせる」なんて報告は書くけれど、じゃあおまえがやってみろと言われたら泣きが入る。それを実際にやりとげた著者は、それだけで後光がさして見える。一年ちょっとで、閑古鳥のなく浪費施設だったグリーンピア土佐横浪は、黒字施設にまで再生するのだ。

もちろん、経営改善に魔法があるはずもない。メリハリのある投資と細かいコストのきりつめ、ちょっとしたきっかけから新しいサービスメニューを考案し……そうした地道な努力の積み重ねで、少しずつ状況を変える。それだけではある。ただそのためには、各部門での顧客の反応や関係者の声をきき、そしてことなかれ主義が染みついた古い財団職員や役所をなだめながら新しい試みを展開する忍耐が必要となる。本書を読むとそれは痛いほどわかる。

最終的にグリーンピア土佐横浪は、黒字になったにもかかわらず閉鎖をよぎなくされる。でも本書には希望がある。全国に無数にあるこの手の赤字施設にヒアリングに行くと、「しかたない、しょうがない、不況ですから、予算がありませんから」という責任転嫁の投げやりなコメントが多くきかれるけれど、そうじゃないことがよくわかるのだ。そしてそれは、そうした施設が存在する地域にとっての希望でもある。

（「GQ」二〇〇五年）

▼日本各地にひそむすごい中小企業

関満博『ニッポンのモノづくり学　全国優秀中小企業から学べ！』（日経BP）

関満博の本は、いつも読むだけで元気がわいてくる。本書もそうだ。日本全国のおもしろい世界最先端の中小企業を選んで、実際に訪問して紹介するという『日経ビジネス』連載、待望の単行本化。この手の本は、しばしば技術オンチの文系先生が一知半解の浅いつっこみでお茶を濁し、つまらん精神論や人生訓に落とすだけの生ぬるい代物になっていたりするけれど、本書ではその心配は無用。技術も経営も熟知した著者が、技術的な説明に歴史的な経緯と経営的な視点も加え、絶妙なバランスですごい企業のすごさの所以を解説してくれる、言わばプロジェクトXが四十七連発ともいうべき一冊だ。

それにしてもこれだけ並ぶと壮観な一方で、読者（ぼくを含め）は自分の蒙を恥じることだろう。魚に鍼を打って鮮度を保つ！　プレス加工パイプ！　こんな変な／すごい企業がこんなにあちこちにあるなんて！　本書を読んで「こんな職場で働いてみたい」と紹介企業の半分以上について思わない人、「あたしもがんばろう」と思わない人、月給泥棒とはあなたのことよ。大学生や高校生は就職活動前に本書を必須課題図書にすべきだ。みんな大企業志向なのは、こんなおもしろい企業があるのを知らないから、というのが大きいんだもの。そして本誌読者の皆様も、是非ご一読を。一部上場大企業信仰がてきめんに治ります。一方でこの本の後では、本誌なんかのファッション談義が急に色あせて見えるのでご注意を。そして『日経ビジネス』（でも他の雑誌でもいいけど）ははやく著者の希望通り次の機会を与えて、シリーズ化していただきたい。日本の産業発展と地方活性化のためにも是非！

（「ＧＱ」二〇〇五年）

▼理屈とかけ声だけのＭＢＡなんかいらない

ヘンリー・ミンツバーグ（著）池村千秋（訳）
『ＭＢＡが会社を滅ぼす――マネジャーの正しい育て方』（日経ＢＰ）

海外留学でＭＢＡを、というと、いまでもキャリアアップのエリートコースだ。でも、本当に役にたつのか？　まったくたたない、とアメリカ経営学の重鎮の一人ミンツバーグが叩きまくった、ＭＢＡタコ殴りの本が出た。

ＭＢＡというのは、経営学修士の略だ。いわば社長さんに必要な技能集で、ＭＢＡの技能を身につければあなたも明日からカルロス・ゴーン、瀕死の企業もたちまちグローバル企業……なんてことあるわけないでしょ、とミンツバーグは指摘する。経営なんて人間相手の泥臭い仕事で、実際にやるしか学ぶ方法はない。教科書を読むだけで、何がわかるというのだ。組織も企業も、理屈やかけ声だけじゃ動かない。でもＭＢＡなんて、理屈とかけ声しか教えられないんだよ、と。路上教習のない自動車教習所みたいなものだ。そんなやつにハンドルを握らせるか？

いや、もっとひどい、と本書は述べる。いまのＭＢＡ教育は、とにかくでしゃばりで攻撃的なヤツを優遇する。従来のプロセスが正しい場合ですら、目新しく派手な大改革を持ち出すほうが「革新的だ」と評価が高くなる。だからこそ、ＭＢＡが多い企業ほどダメになる。何が機能するかを知らず、機能しているものを壊して悦にいる。だからＭＢＡなんかおよしなさい、もっと本当の経営者養成の手段を考えないと未来はないぞ、と本書は述べる。

ここに書かれたＭＢＡ批判は、連中と仕事をした人ならどれも激しくうなずくことばかり。でも当の経営学関係者もやっぱ感じていたのね。ミンツバーグはこれまでも徹底した現場主義を掲げ、無意味な「戦略」をはじめ、各種ＭＢＡ的な手法を批判してきたが、ついに本丸に切り込んだ感がある。

で、どうだろう。そこのＭＢＡにあこがれている人、こんな肩書きがほしい？　そして安易に社費留学でＭＢＡをとらせようとしているそこの人事担当者！　本書を読んだあとでもそいつを行かせますか？　直接ＭＢＡと関係ない人も、一読して損はない。結局、経営って何だろう。そこに必要なものってなに？　本書はそれをきちんと見直すことで、ビジネス教育のあり方を考えるとともに、経営の本質をも（少し）伝えてくれるのだ。

（「ＡＥＲＡ」二〇〇六年九月十一日）

▼起業にあまり幻想を抱いてはいけないことを実証分析

スコット・シェーン（著）谷口功一、中野剛志、柴山桂太（訳）
『〈起業〉という幻想――アメリカン・ドリームの現実』（白水社）

近年のアップル社の成功で、日本版ジョブス待望論や、景気回復には起業による創造的破壊が必須、といった物言いをあちこちで目にする。そしてアメリカは起業に有利な環境だから、日本ももっと政策的に起業家支援を、という話も多い。が、それは本当か？　本書は、アメリカの起業についての実証データを元に、そうした物言いに冷や水を浴びせる。

そもそも、アメリカはさほど起業が多くはない。またみんなのイメージするハイテクベンチャーなんかごく少数。実際にはほとんどがカフェやお店を持ったという程度。

また起業家というと、若者が革新的なアイデアで業界に殴り込みをかけるイメージだが、実際は中年で犯罪歴が多く、起業の理由も協調性がないだけ。独創性もなくてすぐにつぶれるところ多数。
だから本書は、安易な起業信仰はダメだ、と指摘する。むしろ起業しにくくして、安易に勤め先を辞めさせないほうが社会的には有益なのだ！　成功するのは、学歴と所得の高い白人男性による、高成長分野の会社で、投資家が行列しているところだという。だから支援するなら、そうした起業家を選別教育すべきだという指摘は、政策立案者にとっても重要な示唆を与えてくれる。くれるのだが……。

本書にうなずきながらも、ぼくは少し首をかしげてしまう。著者の言うような有望起業は、それだけ有利なら改めて政策的に支援する必要はないのでは？　そして本書の提言——資本金豊富、株式会社、大きなビジネスだけを支援——にしたがったら、ジョブスもアップル社も芽が出なかったのでは？　平均で見れば著者の言う通りだが、ベンチャーの醍醐味は平均を突破するところにあるのでは——だがそれこそまさに「起業という幻想」そのものなのかもしれない。起業させたい人は是非ご一読を。そして安易な起業を夢見るそこのあなたも！

（「朝日新聞」二〇一一年十月二三日）

＊　二〇一七年に白水社より「新版」が刊行

▼だらしなくてもだいじょうぶ

エリック・エイブラハムソン、デイヴィッド・H・フリードマン（著）田村義進、青木千鶴（訳）
『だらしない人ほどうまくいく』（文藝春秋）

　読者のみなさん！　多少のだらしなさについて不当な弾圧を行わんとする悪しき風潮が近年あまりにひどいと思いませんか！　少々部屋や机が散らかっているだけで、ほとんど人格否定されんばかりにいじめられる。多少帳簿にまちがいがあっただけで、追求だ辞職だ問題だと騒ぐバカな政治家。杓子定規に賞味期限を守ってないとかで、一家お取りつぶしの大騒ぎ。それを避けようと何でもマニュアル計画。どれも「まあこんどから気をつけろよ」くらいですませるくらいのことを、鬼の首でも取ったかのようにぎゃあすかぴーすか。

　現場の連中は、世の中もっといい加減なのを知っている。片づけなんて、必要なだけやればいいのであって、あまりこだわるのは神経症の部類に属する。帳簿なんて、「正確に」つけるより、基準にあわせて現場で数字作りこむのが常識なの！　賞味期限なんて自分の舌で品質判断できない人用の単なる補助の数字なの！　計画マニュアルなんて、現場がそれに沿うようお手盛りしてやるから機能するだけなの！　そんなのを金科玉条のごとくふりかざして、バカねえ。と思いつつも、そう広言するのはいささか肩身がせまい今日この頃。

　本書はそんなあなたのための一冊。乱雑さにこそ人生と人間の豊かさがある！（そうだそうだ！）　そこにこそ新しい創造の源泉がある！（イェーイ！）自己目的化した、整理のための整理、どうせ実現しない計画のための計画——それは余計なコストをかけ、状況変化への臨機応変さを減らし、百害あって一理な〜し！　むしろいかに適度なだらしなさを人生、社会、企業に導入するかということこそ、検討されねばならない！

すばらしい。本書はそれを豊富な実例（だらしな屋の成功例も、整頓計画屋のぶざまな失敗例も）で教えてくれる、まこと溜飲のさがる一冊。日本版は原著から多少削られているのが残念だが、その分コンパクトで読みやすくもなっている。だらしない皆さんはもとより、整理整頓計画ファシズムに毒されたそこのあなた！　是非是非どうぞ。そして少しは身近な乱雑屋に優しくしてやってくださいな。あなたも知らず知らずかれらに救われてるのかもしれないんだし。

（「AERA」二〇〇七年十一月二六日）

▼メッセージぶれてません？

アンドリュー・スマート（著）月沢李歌子（訳）
『できる人はダラダラ上手：アイデアを生む脳のオートパイロット機能』（草思社）

現代人はとにかく、忙しくしすぎている。時間マネジメントとかがんばっちゃって、少しでも無駄な時間なしに活動しようとしてる。でもそれはかえって逆効果で、もっとダラダラしたほうがいいよ、という本。

はい、その主張には大賛成。おっしゃる通り。でも、本にするにはそこで、なぜダラダラしたほうがいいんですか、というのを書く必要があるよね。さらに、ダラダラしていても大丈夫なんだよ、害はないんだよ、というのも言いたいところ。

著者がまず言うのは、ダラダラして無為に何もしないときのほうがいい発想が生まれる、というもの。いろんなえらい人が、何もしていないときに「ピーン！」とひらめいた話がいろいろ出てくる。なるほど。そういうことはあるかもしれない。これはつまり、ダラダラする時間があったほうが生産性がかえってあがる、ということだ。

でも、挙がってる事例を見ると、たぶんそのひらめいた人はそのあと、かなりシャコシャコがんばって仕事をしてそのアイデアをまとめたと思うんだよねー。それと、がんばっていろいろやった中での思いつきというのもいっぱいあると思う。どっちが多いんだろうねえ。

細切れの時間を有効に使おうとすると、かえってその切り替えのために効率が下がる、と著者は言う。これはその通り。メールとか電話とかで考えが中断されると、生産性は40％も下がる、という研究があるそうな。だから、細切れ時間の有効活用なんてこと自体がダメ、そんなことを考えるタイムマネジメントなんて要らない、とのこと。これはその通りだと思う。

次に、ダラダラして平気だ、というののために出してくるのが、脳のオートパイロット機能。脳は勝手にいろいろやってくれるので、意識的にがんばらなくてもいい、というもの。そしてその裏づけとして出てくるのは、自己組織化とか創発性とか。ここらへんの（かなり付け焼き刃的な）記述がものすごく長い。要するに、脳は自己組織的にいろいろ仕事をしてくれるから、意識的にがんばらず寝ているだけでいろいろ片づく、というもの。それはありがたい。そういう部分もある。しばらく頭の中で寝かしておくと考えが整理される、というのはよくあること。

でもその一方で、ダラダラしていても出張精算は片づかない、という厳然たる事実もあるんだよねー。頭の中では片づいても、何か形にするのはオートパイロットでは無理。無心の境地で小人さんがいろいろやってくれるのは……著者の言っていることとはちがうと思う。

そして最後のほうでは、シックスシグマとか生産性向上のがんばりとかは、脳の平常オートパイロット状態を乱すアッパーなくすりづけみたいな状態で不健全である、という。だから生産性向上とか経済成長とか求めず、あるがままの脳にまかせろ……。

でも、最初のほうであなたは、ダラダラするのはいいアイデア浮かぶ生産性向上の手法だ、みたいなこと言ってましたよね。それが最後ではそういうんじゃないという話になってますよね。なんかこう、主張がぶれてませんか？

いや、ぼく怠けるの大好きだし、多少ダラダラするほうがいいとは思ってる。なんか意味のなさそうなことをやっているうちに、変なものにぶちあたるのがぼくの強みだし。でも、こういう本って、なんかダラダラするのを頑張ってやってしまう人を生むような、そういう変な自己矛盾というか、シンガポール人みたいに真面目にガリ勉して遊びをやってしまうみたいな、そんな感じがあるのよねー。決してきらいな本ではない。ただそこらへん、ちょっとわだかまりが残るんだ。

（ブログ　二〇一四年八月十六日）

▼好奇心を引き出し自由に変わり者であることを恐れず……つまらん

『未来のイノベーターはどう育つのか——子供の可能性を伸ばすもの・つぶすもの』（英治出版）
トニー・ワグナー（著）藤原朝子（訳）

今後アメリカ、いや世界経済の発展は、いかにイノベーターを養成できるかにかかっている、とのこと。そうかもしれませんねえ。で、どうやったらイノベーターを養成できるのか？

著者は、いろんなイノベーターや学者にインタビューしてその秘訣を抽出しました、というんだけれど、基本的にはいい学校に入れてなんとかメソッドで型にはまった教育をさせるのではなく、自由に自分の可能性を追求させ、好奇心を引き出すような環境をつくり、努力を支援して権威主義的ではない教育を行い、あれこれ口を出したりせず詰め込みや押しつけは避け、いくらでも失敗していいことをわからせ、変わり者であることを恐れず……。

つまらん。

著者が何をしたかといえば、あちこちまわって、このやり方で成功したイノベーターとか傑出した学生とかの話をきいて「ほら、やっぱりそうでしょう」と言う。でも、これやるとみんなすごいイノベーターになるの？　もしそうでないなら、これやって成功できなかった人はどうなるの？

ここに挙がっている事例の子供たちはＭＩＴのなんとか養成講座で入賞した人とか、どこぞの若者イノベーター発掘プログラムに出てきた人とかが多いんだけれど、見ているとむしろ、そういうプログラムの好みとか選考基準にあわせて自分を型にはめてきた、「世間的にイノベーターと思われる人」のパターンにはまっただけの、すっごく貧相な子供たちに思える。この子たちやその親は、この手の本を書く人や選考委員がどういうことを言えば喜ぶか承知していて、その通りのことを言っている。この著者をはじめ、イノベーターは型にはまらない人だと思っている人たちに向けて、自分がいかに型にはまらず、世界の貧困とか公害とかの重要な問題に早期から目をつけ、それにまっしぐらで、というのをアピールしようとしている。読んでいて、ぼくはそれがたまらなく鼻についたし、そしてそれを見抜けず額面通りに受け取ってしまっている著者（いやもうほとんど共犯関係なんだけど）とか、耐えがたい感じ。

だいたい、戦後期の生産性がバシバシ上がって世界的にイノベーションが広まっていた時期って、みんなこんな教育だったんですか？　また親って実はそんなに影響力ないというのが実情らしいけれど、それとの整合性は？　親が効くにしても、親が何をするかよりは、何者であるかが重要らしいけれど、それはどうよ？

そういうの無視して、都合のいいとこだけつなぎあわせた、アメリカ系のビジネス書やマネジメント系本にありがちな代物。読んで何かわかったような顔をするのはいいけど（アマゾンのレビューはそんなのばっかかね）、実用性があるかどうかは疑問。ある程度の型にはめて、自由闊達がものにならなかったときのバックアップ体制も用意したほうが、とゴチエイがどっかに書いていたけど、その通りだと思う。

（ブログ　二〇一四年八月十六日）

▼経済学のプロにビジネスのセンスがあるとは限らないのだ

伊藤元重『ビジネス・エコノミクス』（日本経済新聞社）

まずはっきりさせておくけれど、伊藤元重はかなりえらい経済学者だ。そこらのバカなエコノミストとは格がちがう。それは認識しといてほしい。

が……同時に認識しといてほしいこと。それは、ビジネスと経済「学」というものとの関係は、一般に思われているほど親密でも密接でもない、ということだ。

一時、ビジネスマンが国の経済政策にあれこれ言うのがはやったことがある。多くの経済学者はあざ笑った。国は企業とはちがう。国はリストラできないし倒産しない。経済とビジネスはちがうんだし、優れたビジネスマンに国の経済運営ができるとは限らんのよ。

そして経済学者のビジネスセンスのなさ、というのも昔から無数の冗談のネタだ。道ばたに一万円が落ちているのに経済学者は「そんな収益機会はとっくのむかしに使い果たされているはずだ」と言ってそれを拾おうとしなかった、というジョークが有名だ。よい理論家がよい実践家とは限らない。相場に手を出してやけどした経済学者は数知れず。

本書もそれが悪い形で出ている。伊藤元重は最近、なぜか通俗エコノミストとして売り出そうとしているけど、えらい経済学者らしくビジネスセンスはあまりないのだ。どこかの雑誌の企画で、いろんな経営者と対談していたけれど、結局単にお話をうかがって感心してみせるだけ。本書『ビジネス・エコノミクス』でもしかり。

たとえば本書の一番最後で伊藤は、ＩＴについて「顧客の顕在・潜在ニーズにソリューションを提供できる対応が必要」「顧客にソリューションを提供することでそこに大きな付加価値が生まれる」という。さて、この言い方ってあたりまえすぎて無意味だ。いまも昔もあらゆる買い物は、何らかの意味ではソリューションだ。おにぎりを買うのは、空腹に対するソリューションでしょ。何がちがうの？

いま偉そうに言われるソリューションってのは、プロダクト（製品）と対比させないと意味がない。製品と同時にその使い方の相談やらもあわせて売れ、ということだ。そしてそれは、ＩＴが単体じゃあまり役にたたない特殊な製品だという背景がある。ところが、伊藤はそれを十分に説明もせずに「ソリューション」という安易なキャッチフレーズの請け売りをしているだけ。

また本書はいろんなビジネス動向を経済学用語で言い換えたりはしている。でも、それはビジネスにあまり役にたたないだろう。経済学の多くは、ビジネスの後づけ説明でしかない。現場に使うにはもう一段いるんだけれど、伊藤の本にはそれが常に欠けていて、どこを読んでもまちがっちゃいないけどあたりさわりなく「それで？」としか言いようがない。

じゃあ何を？　まずビジネスと経済学との差については、クルーグマン『良い経済学、悪い経済学』を見てほしい。それと、実際に使う話では、最近出たミラー『仕事に使えるゲーム理論』（阪急コミュニケーションズ）なんてあたりのほうがいいかも。経済学的に説明できるだけじゃ、ビジネスには役にたたない。それに自覚的でないと、なかなか使い物にはならないのだ。

（「ＧＱ」二〇〇四年）

▼現実ばなれした会社論の問題の根っこはどこにあるのか。

岩井克人『会社はだれのものか』(平凡社)

ちょっと前だが、ライブドア対フジテレビのけんかが話題になったのをご記憶だろう。さて本題に入る前に、この両者についてちょっとクイズを——

・設備や機械に頼らない事業展開をしてるのはどっち?
・新しい試みに積極的に取り組んでいるのは、相対的にはどっち?
・同じことだけど、新しいアイデアを持った人が集まりそうなのはどっち?
・企業の形として新しいのはどっち?

もちろん好き嫌いはあるだろう。でも上のクイズすべてについて、あくまでフジテレビとの比較では、たぶん答はライブドアになると思う。古い放送設備に頼ってるフジテレビに対し、ライブドアの設備といえばちょっとしたサーバくらいか。目新しいことを次々にやっているのは、明らかにライブドアだ。片や前近代的な同族経営のフジに対して、ライブドアはいまをときめくネット企業。これはたぶんあまり異論がないはずだ。

さてここで今回とりあげる岩井克人『会社はだれのものか』(平凡社)だ。この本は、いまや会社というものの概念が変わっていると主張する。これまでの会社は産業資本主義だ。でかい機械設備をそろえ、大量生産で儲けるのが基本だから、どれだけ設備を買う金を持っているかが重要だった、と岩井は主張する。でもこれからは設備ではなく、新しいアイデアをどう集めるかで会社の価値が決まるポスト産業時代なのだ！

　この議論自体かなり怪しい。これまでは機械さえ買えば儲かったなんて、そんなわけないでしょ。でもそれはおいとこう。で、かれはライブドア対フジテレビをどう評価するか？　驚いたことに、かれはフジテレビがポスト産業資本主義の新しい企業で、ライブドアは金で何でも買おうとする古い産業資本主義時代の企業なんだ、と主張する！

　でも会社としての実態を見ると、明らかに逆なんですけど。そもそもなぜライブドアがお金を持つようになったと思うの？

　さらに、人は設備とちがってお金じゃ買えないから、これからは金に頼った経営はできなくなるのだ、と岩井は議論する。会社としての魅力とか、仕事のおもしろさを提供できるかどうかが会社の運命を分けるのだ、と。

　はい、確かに。でも人はお金でかなり集められるし、それが魅力にもなる。それは単なる給料だけじゃない。福利厚生とか、同じ給料でも勤務時間が短いとかでもいい。お金がある会社のほうが、おもしろい仕事もしやすいよ。アイデアが重視されるからって、人が重要だからって、別にお金の役割が下がるなんてことはないでしょうに。そして実際の会社としてのあり方を見ても、岩井の言ってることは完全に逆でしょう。

だから本書は現実をちゃんと分析できていない現実離れしたダメな本です、と言って終わらせることもできるんだけれど、本書はある種の経済学者にありがちな、症例の典型でもあるんだ。

著者の岩井克人は、そこそこえらい経済学者ではある。でも経済学、特に近代経済学というのは、ある意味でしょっぱなからすでに結論が出ている学問だったりするのだ。基本的には経済は、自由な市場に任せとけばいい。これを近代経済学の始祖アダム・スミスが看破してしまったので、その後の経済学はほぼすべて、それが当てはまらない例外的な状況を分析する学問と言っても（あまり）過言ではない。

でも一部の経済学者は、例外的な状況を一生懸命研究するうちに、それが例外的な滅多に起こらない状況だというのを忘れてしまいがちだ。岩井克人は、非常に特殊な状況だとお金に対する信用が失われてものすごいインフレが起き、市場が成立しなくなるという理論を研究していた。理論的にはおもしろい。でも岩井の指摘するような事態は最近はほとんど起きたことがない。むしろ世界でデフレが問題になっているときに岩井はハイパーインフレの心配をし、ドルがそこそこ安定していた時代にドルの暴落を心配し……岩井の議論はいつも、理論的には意味があってもその時代の現実にとってはピントはずれなものばかり。この本もその典型だ。特殊な状況の過度の一般化、現実への適用に際してのピントはずれぶり。

そして市場の失敗をあれこれ研究しているうちに、一部の経済学者はそれがどれほど珍しいことかを忘れて、市場は信用できないと思いはじめ、複雑系とか社会主義なんかに走ってしまう。岩井のこの本もそうだ。お金の価値がなくなる、というのはかれの（現実離れした）ハイパーインフレの議論そのものだ。そしてそれをもとに岩井は会社が国営企業化し、社会主義化すべきだという。会社は自分の利潤を追求してはいけない、利益を度外視して社会貢献に精を出さなくてはいけない、とのこと。

さて、それをやったのが社会主義だ。あるいは各種の国営企業や日本の公共事業は、収益性がなくても公共サービスの使命を果たすとか地域経済への貢献とかいうお題目で、赤字を垂れ流し続けている。岩井はそれでいいんだ、という。

でも、国営企業の垂れ流す赤字やお手盛り経営のツケは、結局は国民の税金を使った補助金という形で社会の負担になるんだよ。それが長期的には社会そのものをつぶしてしまう、というのが社会主義の教訓だったでしょうに。岩井は経済学者でありながら、それさえ忘れてしまっている。本書の問いかけは重要なものではあるんだ。でも本書から価値を引き出すには、なぜ岩井がそれに対する答をことごとくまちがえているのか、というのを考えなきゃいけない。会社は絶対に社会のものなんかじゃないし（でも社会の一部ではある）、利潤の追求はほとんどの場合はよいことだ。それをきちんと書いた会社の解説書ってのがあってもいいと思うし、この本を反面教師としてそれが書かれることになればいいな、とは思うんだけどね。

（「CUT」二〇〇五年九月）

▼インチキ外人の無知垂れ流し本。いまだにだまされている人がいるとは！

サミュエル・ライダー（著）葉夏生（訳）『ライオンは眠れない』（実業之日本社）

昔のレビューのバックアップが出てきたので、今更ながらにポストしときましょう。本書は表紙に

「The Lion Cannot Get To Sleep」と書いてある。こんなセンスのない英語をそのままタイトルにするガイジンなんかいないぞー。イザヤ・ベンダサン流のインチキガイジンだな。

まず日本は構造改革して、さらにその途中でデノミと大量の資産課税と預金封鎖をやって財政赤字を解消します、そうすれば日本は立ち直ります、という中身の本。が、このインチキ外人、デノミってわかってるんですかね。「交換比率を下げて資産を吸い上げる」なんて書いてます。交換比率を下げると、どうして資産が吸い上げられるの？

さらに新通貨切り替え時に預金封鎖して30％課税するんだって。何のために？　日本の政府の借金と銀行の不良債権を一気に返済するため、なんだって。あのさあ、無理なく返済できるなら借金は悪いことじゃないのよ。そして国債と銀行の不良債権をいっしょくたに合計してみせるって、何を考えてるんでしょうか。支離滅裂。

というわけでかなりひどい本。前半の構造改革談義は、田中まきこの外務省での茶番が構造改革の本題だと思ってるようであきれ果てます。しかも結局の結論は、なんだかしらんが国民はこれから政府がむちゃくちゃやるけれど、何やられてもそのうちよくなるから我慢しろ、というだけ。ふざけんな！

本書が発表された二〇〇二年以降、本書に書かれたことは何一つ起きなかった。そしてその後、本書の続編のバカな本で著者は、新札切り替え時に預金封鎖で云々と柳の下のドジョウをやってましたが、これも何もなし。これだけ見当はずれな本なのに、いまだにだまされている人がいるのにはあきれる。

（アマゾンレビュー／ブログ　二〇〇五年十二月七日）

▼主張がすべてはずれていた駄本の、柳の下のドジョウを狙ったさらなる駄本

サミュエル・ライダー（著）夏生一暁（訳）『トラ・トラ・ライオン！』（マガジンハウス）

ああ、またこいつか。前著『ライオンは眠れない』は、政府が財政赤字解消のために預金封鎖して新円に切り替え、そのとき財産税を何割かピンハネする、と煽って、それが二〇〇二年のゴールデンウィーク明けに起きる、と述べていたんだけど……何も起きませんでしたな。

さて、煽りがはずれて引っ込んだかと思ったら、二匹目のドジョウ狙い本が出ました。しかもおバカ度さらに強化。同じネタで、それが来年の新札切り替えにあわせて起きる、とのたまうのだよ。おい、去年のＧＷはどうした？

そもそも日本の財政赤字は確かに高い。でも、まだ世界にいくらも例のある水準だ。だからそんなすさまじい政策がとられる可能性はないに等しい。だいたいそんな強権発動できるんなら、ほかにやることはいくらでもあるでしょ。それでも、一応こういう財産税的な考え方は、経済学的な理屈としてはあり得ないわけじゃなかった。

ところが今回は、まず経済学的な無知が全開。日本の不況の原因は買いたい商品がないせいなんだと。やれやれ。クルーグマンやスティグリッツの日本に対する提言の解説も、とんちんかんもいいところ。それに加えて景気回復について各種のバカな思いつきが垂れ流される。住宅建て替え市場で景気回復とか、コンブの海中養殖で景気回復？？！！　いままでそんなおいしい市場がなぜ放置されていたわけ？

トヨタの奥田会長はこの思いつきを帯でほめているけれど、そんならトヨタが住宅や農業に進出しろよ。

　ちなみに、この著者は明らかに（英語のできない）日本人で、前著の原題と称するものもひどいし、今回もレスター・ブラウンをＲ・ブラウンと表記するまぬけぶり。Ｌだよ。そしてそのブラウンを引いて、環境危機だ、食料危機だなんだと煽り、栄養の高い野菜を生産して需要開拓といいつつ、遺伝子組み換えはダメという理屈の不整合ぶり。いろんな人の議論を聞きかじってつぎはぎしてあるような本だけれど、どの議論もきちんとは押さえられていない。さらに著者は説教したがりのじいさんみたいね。最後の、もっと読書を奨励しようという情けない提言にその気が出ている。そういうあんたが、まずきちんと本を読めといふのだ。

　では、かわりに何を読むべきか？　まずいまの不況や経済学についてきちんと理解しようよ。この本の主張のまぬけさは、たとえば原田泰『奇妙な経済学を語る人々』（日本経済新聞社）を読むとよくわかるし、日本の不況についてなら、こんど出る拙訳のポール・クルーグマン『クルーグマン教授の〈ニッポン〉経済入門』（春秋社）を読もうぜ。あと、本書で生半可に言及されている環境問題についてはロンボルグ『環境危機をあおってはいけない』（文藝春秋）を読もう。

　それにしても、今度二〇〇四年七月に何もなければ、こいつはなんと言いわけするのかね。いまから注目しておこうね。では。


（「ＧＱ」二〇〇三年）

コメント

この頃には、『チーズはどこへいった』という動物寓話じたてのビジネス書が大ヒットし、その二匹目のドジョウを狙ってこんな本も出たけれど、まあひどかった。それなのにこれも大売れし、そして書かれたことは何一つとして実現せず、そのインチキぶりは明らかになったはずなのに、その頃にはこんな本のことはだれも覚えておらず、でもそこに書かれたことは部分的に勝手なときに蒸し返され……

そういう意味で無責任な本ではある。いま、アマゾンで本書についたレビューを見ると、笑えるというか笑えないというか。だからぼくの言ったとおりじゃないですか。

第8章

政治

政治、といっても、ぼくは具体的な派閥の力関係だの、細かいレベルでの権謀術策については何も知らない——知らなすぎて呆れられることも多い。だって、そんなことを知ったところで、ぼくにはどうしようもないのだもの。

そんなわけで、ぼくが書評するような政治に関する本となると、もう少し大局的な話か、あるいは何か細かい具体的な課題に的を絞ったもののどちらかとなる。ぼくは基本的に、下部構造が上部構造を規定する、つまりは経済的な状況が政治を決める、という考え方を支持する人間なので、なんか「思想」とか「勢力」とかいうものが所与で、それがぶつかりあうのが政治です、というような見方はあまり採らないし、各種の本についても、なるべくは表面的なくくりよりは深いところに入っているかどうかが、評価のポイントではある。もちろんその深さとか、その説得性の評価については、どうしてもぼく自身のそのときの考え方に流される面はあるけれど、こうして見ると、前世紀からあまり変わっていないようには思える。それが成長していないということなのか、それともすでに二十代にして悟りに到達していたということなのかは、まあ常識的に考えて前者だよなー。

ということで、以下はまず政治というもの全体と、その根底にある戦争／平和をめぐる本、続いて現代の政治状況を考える上で無視できない、アメリカに関する一連の本、さらに書いた当時は好事家の小ネタ以上とは思っていなかったイスラムに関する話、そして小ネタをいくつか経て、最後にいまのネット社会との関わりの中で民主主義とか権利とかについて扱った書評を挙げよう。

▼理念と現実のせめぎあい

マイケル・ウォルツァー（著）萩原能久（訳）、齋藤純一（訳）
『政治的に考える――マイケル・ウォルツァー論集』（風行社）

いま、現実の政治に希望を抱くのはむずかしい。目先の出来事におたつき、世間の顔色をうかがうばかりの人々が、己の地位と利権だけにしがみついて、その場限りの言い逃れを連発。一方でそれを批判する識者たちも、時に形骸化したスローガンの連呼や現実から乖離した抽象論に堕す。だがそもそもこの現実世界の政治とは何をするものなのか？

それを考え続けてきた政治哲学者マイケル・ウォルツァーの論文をまとめたのが本書だ。邦訳も多いとはいえ（いやそれ故に）多岐にわたる彼の議論を包括的に見渡すのはなかなか面倒だ。本書はそれを可能にしつつ、現実世界の政治の全体像にも一定の見取り図を与えてくれる便利な本となっている。

とはいえ、簡単な本ではない。高度な議論に加え、例示される各種の事件などについてかなりの予備知識は要る。そして話がすっぱり割り切れることもない。どの論文も、「ああいう立場もあるがこうした点も考慮せねばならず」という具合に、実にうだうだしているし、それをたどるだけでも一苦労だ。だが、それがまさに著者の立場でもある。何か普遍的な原理を勝手に想定して、それを安易にあてはめて事足れりとしてはならない、と。

たとえば多くの人は、人権や民主主義が普遍的だと考え、A国は人権蹂躙国家だ、などと言って批判する。でも人権は「ある」ものではない。社会的なお約束ごととして、それぞれの社会が自分で「つくる」ものだ。部外者はそれをとやかく言えないし、民主主義を強要するようなこともすべきではない！

その意味で彼は、いま流行のマイケル・サンデルと同じく、社会の独自性を重視するコミュニタリアンなのだが……本書で彼は、それがリベラリズムの進展に対する反動だとも指摘する。そして普遍的原理を疑問視する一方で、自国民を殺したり奴隷化したりするのはダメ、といった、どこの誰でも賛成する普遍原理はあると述べる。その原理を破る国に対しては、外国の軍事介入は正当化される、いや場合によっては戦争で介入する義務すらあるかもしれないと述べる。しかも、必要ならのろまな国連など無視して！

中庸を保ちつつも時に予想外の結論に到達し、きわめて理念的な議論がいきなり現実の政治評価につながる議論展開はスリリングだ。そして編者による序文と著者インタビューも理解には実に有用。そして著者の語る市民社会論は、ぼくたちがいかに政治に関与するかについても、困難ながら明るい見通しを提示している。それは現実の政治の可能性についても、多少の希望を蘇らせてくれるようにも思うのだ。

（「朝日新聞」二〇一二年六月十日）

▼だれも考えたことのない「平和」について

レナード・C・リュイン（著）山形浩生（訳）
『アイアンマウンテン報告——平和の実現可能性とその望ましさに関する調査』（ダイヤモンド社）

クラウゼヴィッツは、「戦争とは政治の一種であり、その現れ方がちがうだけだ」と言っている。また一層透徹した軍事理論家である毛沢東は、これをさらにすすめて「政治は血を流さない戦争であり、戦争は血を流す政治である」と述べている。

だが本書『鉄山報告：平和の実現可能性とその望ましさに関する調査』(Lewin, Leonard C., Report from Iron Mountain: On the Possibility & Desirability of Peace, 1996, The Free Press, NY) は、毛沢東すら及びのつかない地平に到達した、戦争／平和論の極北である。

本報告はいかなる代物か。これは六〇年代にアメリカ政府が極秘裏に行った調査であり、その衝撃的な結論のため、闇に葬られかけていたのを、委員の一人が公表に踏み切ったものである。ジョンソン大統領は一読して仰天、永久封印を命じたものの、すでに時遅し。また刊行後三十年を経た今日、本報告はアメリカ極右団体のバイブル的存在となっている。

なぜ本報告は衝撃的なのか。それはその方法論の広がりのためであり、背景となる哲学のためである。毛沢東らの議論が、しょせんは軍事政治家としての立場から、政治目的達成手段としての戦争論にとどまるのに対し、本報告は戦争の持つ社会的、経済的、政治的、文化的な意義を包括的に考察し、社会装置としての戦争を分析したうえで、その不在としての平和の可能性を検討している。戦争を「必要悪」として捕らえるような、従来の弛緩した視野の狭い議論を一蹴し、善悪の常識的価値判断を完全にぬぐい去ったところで本報告の検討は行われているのだ。それが本書の恐ろしさであり、危険性である。

本報告の結論は、以下の通り。

永続的な平和は、理論的には可能だが、現実的には実現不可能であり、またかりに実現したとしても、それが安定社会の最大利益と一致しないのは確実である。（序文）

従来の平和論は、戦争は社会に従属するという誤った仮定のために非現実的なものとなっている。（中略）しかし実際は戦争こそが根元的な社会システムであり、他の社会機構はそれに従属するものでしかない。（中略）社会的対立や衝突が戦争を生むのではない。正しくは、戦争を行う社会がそうした衝突を必要とし、それを創り出すのである。（第4章）

曰く：戦争は、軍需産業を成立させ、経済を安定化させる。戦争は、軍事費の形で無駄な消費を喚起し、生産力の余剰を吸収する。戦争は技術革新を促進し、技術の発展に寄与する。戦争は国家の内外に対する強制力を顕示して規範力の根拠となり、国家の存在基盤をつくる。戦争は明確な敵の設定により、社会に目標と秩序をもたらす。戦争は過剰な人口を刈り取って、地球生態系の安定に寄与する。軍隊は社会的落伍者の居場所を提供して社会の安定に寄与する。戦争は充足して退屈した社会の欲求不満のはけ口を提供する。そして共通の「敵」を通じて社会に共通の価値観をもたらすことで、それに基づく文化の発展をうながす。

これほど多くの有益な機能を果たす戦争を廃止するには、何らかの代替システムが要求される。が、現時点では、戦争の全機能を代替し得るシステムは存在しない。性急な平和体制への移行は危険である。現実的な代替システムの見通しがたつまで、責任をもって移行を勧めることはできない。（第7章要約）

荒唐無稽、ふざけていると立腹する人は多かろう。やむを得まい。日本人に限らず世界の多くの人は、平和について真摯な思考を展開する想像力や論理性を持ち合わせていないのだから。戦後の「平和」教育を受けた多くの人々にとって、平和とは宗教であり、無条件でよいものであり、そこにたどりつけば思考停止が許される、一種のゴールである。それ故みんな、「平和って何？」といった基本的な質問にすら答えられない。そもそもそのような思考をしようという発想がないのである。

断言するが、その程度の思考水準で本書に反論することは不可能である。今回出た再版には、初版刊行後の書評や騒動が「顚末記」として収録されているが、本書の内容に対する反論は一切ない。あのガルブレイスですらこう述べている。「本書の結論の正しさは保証しよう。唯一の心配は、これを無垢な一般大衆に読ませるのが賢明か、という点である」。一方、本書を支持する事例なら、いくらもある。

一例だけ。ブッシュ大統領が麻薬撲滅キャンペーンで使った標語が「War against Drugs」だった（ちなみにこれを皮肉ったＫＭＦＤＭの「Drug against War」は名曲である）。同じノリで銃器所持や家庭内暴力に対しWar against violenceなどという代物まで出た。サローが日米貿易摩擦について書いた本が、

『Coming War with Japan』（邦訳あり）（注：ちがいました。Head to Headです）。あらゆる社会問題を戦争になぞらえないと語れない——社会の戦争化は、この一事からも見てとれる。

我が国は五十年ほど前に、「軍備放棄の平和国家」を旗印に掲げた。だがその際に、平和に関する考察と検討が行われたか。それが本当に実現可能なのか、真摯に問うたか。答えはもちろんＮＯ。その後日本は、朝鮮戦争に寄生して経済復興をとげ、ベトナム戦争にたかってさらに繁栄、自衛隊や機動隊という形で軍事力を整備した。前回紹介した『システムとしての日本企業』（ＮＴＴ出版）でも、現在の日本を支える企業系列システムが戦中の軍部の指導で成立したという調査が紹介されている。要するに日本は、戦時経済システムを温存しつつ、アメリカ戦時経済に寄生して現在に至った国なのである。

本報告が再刊されるにあたり、一応の「著者」が名乗りを挙げ、本書はでっちあげだった、と告白している。本書は「シンクタンク文書のパロディであり、個々には正しい論の積み重ねが、いかに珍妙で非現実的な結論にたどりつくかを示すものだった」と。

これを聞いて安心できる人は、思考能力を欠いている。個別の正論を積み重ねて到達した結論が、従来の常識と整合しない場合、それは理論展開に穴があったか、あるいは常識が間違っているかのどちらかだ。「著者」は、途中の理論展開が間違っていたとは述べていない。だとすれば、間違っているのはやはりわれわれの「平和」に関する常識かもしれない。それを認めたくない真の平和主義者なら、本書の議論の間違いを真剣に見つけなくてはならないのだ。

メリルは名著『ＳＦに何ができるか』（晶文社）で本書に触れ、「ここにはあらゆる人間の神経を逆撫でするなにものかがある」と述べた。さよう。その「なにものか」を白日のもとにさらして息の根を止めない限り、戦争は終わることはなく、人が真に平和を生きること——その実現可能性はさておき——もできない。本誌が店頭に並ぶ直前には、終戦記念日だの「平和」式典だの、死人をダシにした愚劣な儀式がいくらも行われる。だが、それ以前にやることがあるだろう。本書はそう語る。第二次世界大戦から半世紀以上の時間がたってなお、人は「平和」に関する基礎の基礎の議論すら始めていないのだ。

（「CUT」一九九六年九月）

▼「国際」人諸君、これを読んで「リスク」を学びたまえ——およびクレア・デーンズ in「My So-Called Life」

Robert Young Pelton（著）『Fielding's The World's Most Dangerous Places』(Fielding Worldwide)

クレア・デーンズの話から始めようか。前号の本誌にも出ていたが、映画『ロメオとジュリエット』でレオナルド・ディカプリオと共演してる子。オバハン映画感想文屋どもが「ディカプリオくんのほうがずっときれい」とかくだんねーこと書いてんの。どこ見てるんだよ。クレア・デーンズって、きれいで売ってる子じゃないのよ。超正当実力派。すごく抑えたいい演技するんだ。全米にそれを知らしめたクレア・デーンズの最大の出世作が、大傑作テレビドラマ「My So-Called Life」。これはすごかった。何か言うなら、これ見てからにしてくれって感じ。

クレア・デーンズは主人公の、美人でもブスでもない、ホントに普通の（ドラマにありがちな、わざとらしい「普通」とはちがう）、敏感さと繊細さと鈍感さが平気で同居する高校生の女の子を演じていた。彼女に限らず、失業中の父親、家業をついだ母親、おさななじみの優等生、親友の母子家庭でデッドヘッドの若年アル中娘、友達のゲイの黒人同級生、みんな名優ぞろい。とまどい、ためらい、なんと言っていいかわからないときのうろたえなど、間の演じ方が絶妙でねー。テーマも、恋愛からストリートチルドレンから、ドラッグから失業と重いけれど、暗くならずに、しかも安易に解決させず、長々と説明くさいモノローグやギョロ目の絶叫でごまかさずに、真摯に取り組んでいて最高だった。一発でファンになったね。この子は大物だよ。日本でもやらないかな。

さて、ペルーの人質事件（注：ペルーの日本大使公邸がテロリストに占拠された、一九九六〜一九九七の事件）はもう三カ月がたった。こんな事件が起こったのも驚きだが、日本政府はおろおろする以外能がないのか、というのも世界共通の認識だろう。まともに交渉してるのって、フジモリ大統領とあの司教さんだけじゃん！　で、この一件の前後から「リスク管理が云々」という議論をあちこちで目にするようになった。でも、どうもみんな付け焼き刃。一口にリスクと言っても自然科学系と事故災害系とファイナンスとでは、意味が全然ちがうのに、往々にしてそれがごっちゃにされて、阪神地震の話とペルーの話と住友の銅先物の話がいっしょくたに出てくる。そしてその「リスク管理」の舌の根も乾かないうちに、同じ雑誌でミャンマー投資の勧めなんてやってる。「イギリス式の法制度が整ってるから云々」って、バカじゃないの？　法制度がどうだろうと、あれだけ政治的に不安要因抱えている軍事国家に投資をする／奨めるヤツは、あらゆる意味で「リスク」なんかわかっちゃいないのだ。

リマがやばいところなのは、行けばすぐわかる。ペルーでは個人旅行者が三人よればリマの罵倒が始まる。すりだの追い剝ぎだのいう話はざら。排気ガスで建物は薄汚れ、空はいつもどんよりくもって陰気だ。街角に自動小銃を持って立ち並ぶ兵士。空港付近の、ゴミの山の上にできた絶望的なスラム。何もしないでこっちを見ている無数の人々。こわい。リスク云々って、このこわさを触知できるかという一点にかかっている。頭で感じるものじゃない。みぞおちで感じるのだ。

ペルトン『世界の危険・紛争地帯体験ガイド』はこのみぞおちの感覚を十分すぎるくらいおさえた、比類のない名著だ。かろうじて近いのが恵谷治の『世界紛争危険地帯マップ』（小学館）で、これもすごい本だが（マクロな動きと北朝鮮関連は無敵）、現場での有用性では、本書が圧倒的なリードを保つ。

対象地域がすごい。ルワンダ。ボスニア＝ヘルツェゴビナ。レバノン南部。アンゴラ。カンボジア。イラク。リビア。アメリカ合州国。それぞれ、各国への行き方、入り方、現地でのめぼしい危険物や危険地域、そして一部は、逃げ方まで書いてある（フィリピンでやばくなったら、シタンカイからマレーシアまで密航できる。ただし海賊がうようよ）。リベリアの武闘団は、襲撃の際にカツラなんかで仮装するそうな。魔除け／弾よけのおまじないなんだって。だから、リベリアで仮装行列を見たら「一目散に逃げろ」！

この本で、ペルーは一つ星。ボリビア、エチオピア、アゼルバイジャン、グルジアあたりと同格。その中でもリマは「危険な場所」としてしっかりマークされている。爆弾事件やテロの統計データで「リスク」の客観的な裏づけも行われ、さらにその歴史的背景も簡潔に説明。あの日、官邸に集まった人々は、こういう話を理解していたのかしら。とてもそうは思えないのだ。

本書にはイデオロギーがない。どう生き延びるか、危険をどう避けるか。それが唯一の尺度である。そこから生まれる冷徹な認識とは：「一番安全なのは専制国家、次が確立した民主主義国、一番危険なのは新興民主主義国」。民主主義ほど多数の人命を奪い、紛争とトラブルを引き起こしたイデオロギーはない。ミャンマーも、いずれ軍事政権が倒れて、スー・チーかその後継者が「民主主義」政権を樹立した瞬間に、血みどろの内戦に突入するだろう。第三世界の紛争は超大国の代理戦争だという議論に説得力があったのは遥か昔だ。本当にくだらない理由――遺恨や何の資源もない不毛の土地、国民が屠殺され尽くした無価値な国の権力の座やどうでもいい見解の相違――が民主主義でいっちょ前の顔をして自己主張するに至り、それをめぐって、人々はいとも簡単に殺しあう。それを、本書はあっさり片づける。「くだらない理由で延々と流血を続けるキXXイ集団」と。

だから本書初版に取りあげられた多くの国の政府は怒り狂ったという。いま出ている第二版には、その経緯も載っていて笑える。笑えるといえば、本書はすべて、ブラックユーモアというにはあまりに真面目で明るい、冗談めかした文で書かれている。大量虐殺の描写を読みながら笑えてしまうというのは、なかなかない体験だ。

読者のみなさんには、特殊な地域情報より一般情報のほうが役に立つだろう。病気はもちろん、誘拐されたときの心得や、地雷や銃の扱い（戦場では絶対に銃を手にするな！）、そして賄賂の正しい使い方！誘拐保険（救出部隊の費用も出ます）のかけかたと相場。リマの状況をごらん。いつ何時、どういう事態にあうかわからない（そして国なんか何の頼りにもならない）ことを理解すること。なるべくあらゆる場合の想定をしておくこと。これがリスク管理の第一歩だ。その役にたつ文献は、こいつくらいしかない。

本書には「今後の有望地域」と称する項があって、中国と香港と北朝鮮、それに台湾も挙がっている。北朝鮮は、イカれてはいるけど、荒っぽい内戦に、難民の大量流出くらいが関の山だ。一方の台湾は、第三次世界大戦の潜在的火種。日本にも波及は必至だ。どう思う。あなたはこのリスクをどう評価して何をする？　本書を読んで考えてみるといい。この一冊への投資が、あなたの命を救うことだってあるかもしれない。気取りじゃない本当の「国際」人は必読。

（「CUT」一九九七年五月）

コメント

前世紀、二十年以上前の文ながら、まったく意義を失っていない本だと思う。その後、邦訳『世界の危険・紛争地帯体験ガイド』も出たけれど、確かに普通の海外旅行客の読む本ではないし、なかなか読者を選ぶ。でも、危険なところに出かけるときの心構えとしてポイントを十分に抑えてあったと思う。

著者はこの本が売れたので、この路線でいくつか本を出しているけれど、だんだん「オレはこんなヤバいところに行ったぜ」という、バックパッカーにありがちな風呂敷を広げすぎたマッチョ武勇伝集に堕して、本書以上の価値を出せずにいる印象はある。でも、この本はちょっとでもリスクのあるところに出かける人は、面白半分にでも目を通しておいて損はないと未だに思う。

▼小さな本にこめられた、現代のイスラム談義への大きな批判

池内恵『書物の運命』（文藝春秋）

この小さな本は基本的には書評を中心とした雑文集だから、とても軽く読める。雑文といってもまったく雑然としているわけじゃない。とりあげられた本やテーマは、おおむね中東イスラームの状況をめぐるものだ。それがある程度のまとまりを与えている。そして軽く読める一方で、ざっと通読すると本書が一見したほどはお手軽な本でないことがだんだん浮かび上がってくるのだ。

中東やイスラームというのは、一般の日本人にはなじみがない分、扱いにくいテーマだ。宗教としてもあまりとっかかりがないし、ニュース等から入ってくる通俗的なイメージは、現在ではもっぱらテロがらみだし、ちょっとした風刺漫画や小説で暴動を起こして焼きうち殺人までやらかすおっかない連中、ついでに女性蔑視の変な宗教だ。一方で、特に反米だの反グローバリズムだのといった主張をしたい人々はイスラームを妙にありがたがり、常軌を逸したとしか思えない各種のできごとに対して「いやそれは欧米的価値の押しつけだ、多元的な価値の許容が云々、昔のイスラーム文化はえらかった」といったまるっきり的外れなコメントをしたりする。

本書の著者の池内恵は、中東研究者としてこうした状況をとても冷めた目で見ている。本書におさめられたカイロでの日々をつづるエッセイ群は、エジプトのちょっとかわった日常習俗紹介とともに、イスラームといえば何か特別な変わったものがあるという変な期待をはたき落とす、楽しいが有益な読み

物となっている。かれはイスラーム研究業界が、イスラームを何やら特別視するような誇大宣伝をしていることを苦々しく思っており、このエッセイ群でも多少なりともそうした印象を和らげようとしている。

本書の書評も、多様な本を扱いつつ漠然とそうした方向性を目指している。中東やイスラームへの認識として本当にフェアで有益なものは何か？　八百字かそこらの書評でそれをやる苦労は、ぼくはそれなりに知っているつもりだ。本の選び方と書き方の両方でかろうじてその片鱗をうかがわせるのが関の山だけれど、でも池内はそれをかなり上手にやっている。

そして本書の特に白眉ともいえるのが、ルイス『イスラム世界はなぜ没落したか』への書評に端を発した、各種書評の書評、それに付随するエドワード・サイード批判、さらにはそれに伴う日本の中東イスラーム業界批判の長い文だ。

このルイスの本は、かつて世界文化の頂点にあったイスラーム世界が、なぜ停滞して第三世界になってしまったかを述べている。そして邦訳は不思議なことに、このルイスの議論をまっこうから否定する「解説」がついていた。

池内は、この訳書を取り上げた国内の書評を検討したうえで、まずルイスの本を評価する。そして、ルイス批判の一つの源流としてのサイードを挙げている。かれはオリエンタリズム――西洋が自分を規定するために東洋に押しつけた身勝手な思いこみ――という概念を普及させた、パレスチナ出身の人物として名高い。そしてかれはあちこちでルイス批判をしているのだ。

サイードは現代思想業界では人気がある。オリエンタリズムというのはある意味で根源的な西洋文明批判だし、その議論を現代における欧米の中東無理解にひきつけて語ったりするので、チョムスキーなどと同じくアメリカ批判をする知識人として重宝されている。だがかれの経歴詐称疑惑が取りざたされたことがある。かれはパレスチナ出身であることをネタに故郷喪失だなんだと騒いでアメリカやイスラエル国家批判を展開するが、実際にはカイロの英語租界育ちで、パレスチナなんか関係ないじゃないか、という批判だ。これに対しては、パレスチナにあった叔母さんの家によく遊びにいっていたから詐称じゃない、という反論（になってないが）が出ている。

池内はこれには言及していないけれど、サイードがイメージほどはアラブ世界ともパレスチナとも関係なく、アラビア語も大してできず、アラブ世界ではまったく相手にされておらず、アラブ中東をネタに欧米で英語でしか書かない人物だと指摘したうえで、サイードの議論の問題点を挙げ、むしろルイスのほうがきちんとした学問的な基盤に基づいて発言をしていることを明確に示してくれる。そして、日本にも多いサイード信者、さらには中東に反近代的な幻想を投影してしまう傾向について、穏やかな口調ながらもきわめて手厳しい批判を展開している。アラブ世界は近代化しないという批判に対し、近代化のかわりにイスラーム化という変ななんでもありの概念が持ち出されている、と（あ、ちなみにこの「イスラーム」という書き方も、その過程で生じた言葉狩りの結果だそうな。知らなかった。ぼくは確か板垣雄三に影響されような記憶がある）。

そこからイスラーム（いや、もうふつうにイスラムと書こう）へのあるべき見方を述べる池内の議論は大変に考えさせられるものだ。ビン・ラディンをどう捉えるか？　あんなのは例外的な異端テロリストです、と答えるのがありがちなパターンだ。でも池内は（エスポズィートも述べているように）必ずしもそうではなく、イスラムの通常の政治思想内に十分おさまるものだ、と指摘する。じゃあどうすれば？　池内の議論を敷衍すれば、問題はこちら側がイスラムにどうあわせるかではなく、イスラム側が現代世界に適応してどのように変わるか、ということになりそうだが、本書はそこまでは踏み込んでいない。

　たぶんこの部分を読んでから前半のエッセイ等を読み返すと、印象はだいぶ変わってくるんじゃないか。なぜかれが、イスラム的サッカーなんかない、などという文を書いているのか、というのも見えやすくなる。そしてそれは、ぼくたち一般の読者が今後どのように中東やイスラムを見るかという視点をも、多様なレベルで少し変えてくれるのだ。

（「CUT」二〇〇六年六月）

▼組織内で苦しんだ人なら身につまされる、いろんな意味で絶望の名著

デヴィッド・ハルバースタム（著）浅野輔（訳）『ベスト&ブライテスト』（二玄社）

　読んだふりをしていた本をこっそりきちんと読み直すキャンペーンの一環で、ハルバースタム『ベスト&ブライテスト』を読んだ。大学生の頃に一度ぱらぱら見たんだけど、「ふふん、白人優位主義の無知で偏狭でプライドばかり高い米帝軍国主義の手先どもが、己の愚かさ故と歴史的必然故に自滅する話ね」と思ってあまりまじめに読まなかったし、いろいろこまごました人間の出自だの学歴だの職歴だの

がひたすら並んでいて、いささかうんざりしたこともある。そして大学生だと「こいつらが自分の力関係だの地位だのばかり心配せずに、現場の情報をきちんと聞いて、己の信念にしたがって正義の発言をすればベトナム戦争なんか起きなかったんだろ」と本気で思っていた。だから、あれこれ書かれていることも言い訳がましいばかりで、ちっとも感心しなかった。

　でもいま読んでみると、全然ちがうふうに読める。自分の所属する組織が、明らかに（自分から見て）変な方向に進んでいくときの力学も、いまではずっとよくわかるし、その中で少数派の意見を堅持するむずかしさもわかる。そしてそれにしがみつくことで発言力を失うのと、「戦略的撤退」をして変節のそしりを受けつつも発言力は維持し、自分の意見を少しでも通す機会をうかがうのとどっちがいいか、という選択の苦しさもわかる。歴史は結果しか見ない。スティーブ・ジョブズは、いま死んだからこそ「信念と理想を貫き云々」と言ってもらえる。でも製品の調子が悪いときだったら「己の思い込みにこだわりすぎて柔軟性を失い云々」と罵倒されたことだろう。

　むろんだからといって、ここに描かれた人たちがきわめて優秀でありながら（いやそのために）とてつもなく愚かだったということを否定するものではない。そしておそらく、本書の記述を信じる限りでは軍のタカ派将軍数名とその手下の事なかれ主義イエスマンたちは、ベトナム戦争突入と深刻化の甲級戦犯なんだが、それ以外の政府がなぜそれを止められなかったのか……そして本書は、「もしXXだったら」というのをなかなか許してくれない。あそこでマクナマラがこうだったら、こっちでラスクがああすれば——でも、そこで出自や経歴をたんねんに追う本書の手法が効いてくる。かれらがそういう地位にそもそもたどりつけたのは、かれらが「こう」ではなかったからで「ああ」しない人物だったから、なのだ。

すると逃げ道はなかったのか？　アメリカはどこかの時点で、ベトナム戦争に突入する以外の選択肢はなくなっていたのか？　そんなはずはないんだが……でもどこで何が起これればよかったのかを見極めるのはむずかしい。そして本書の教訓がきちんと学ばれているかというと、もちろん最近のアフガンやイラクを見る限り、その答えはかなりノーに近い。ホント、登場する人々はすべて、こんな人材が一人でもいまの日本政府中枢にいれば、とうらやましくなるような人物なんだが、それですらダメとなると、いったいどんな組織編成にすればよいのか。ハルバースタムがこれを書いた当時は「繰り返しません、過ちは」みたいな感じだったんだろうが、たぶんいま本書を読むと、当時よりさらに絶望感は増すだろう。

（ブログ　二〇一二年一月十九日）

▼マクナマラの悲しい弁明

ロバート・マクナマラ（著）**仲晃**（訳）**『マクナマラ回顧録 ベトナムの悲劇と教訓』**（共同通信社）

久々にバンコクにきたのに、約束時間までの空き時間が少し中途半端で、せっかくだから部屋で持ってきたマクナマラの回顧録を読み終えた。なんでマクナマラ？　別に理由はない。前から一読して処分すべえと思っていた本で、それがたまたまいまのタイミングになったというだけのこと。

本としては、マクナマラのベトナム戦争についての回顧録。生まれて大学に入り、フォード社長になるまでがものの二十ページほど、そしていきなり国防長官になって……そしてベトナム戦争の泥沼にはまりこむ。

たぶん、マクナマラ自身としても、書くのがつらい本だっただろうし、また読むのもつらい本。もちろん、当人の弁明ではある。かれ自身は、いろいろベトナム戦争について思うところもあったのに、あとちょっとで戦局が変わるから、とか、これまでの努力が無駄に～とかウェストモーランド大将の要求や、アメリカが勝てないわけはない、撤退するとはアカどもに利する気か、というワシントンの勇ましい政治家に押しきられ、十分なデータも分析もないまま、弱々しい懐柔策を出すしかなかったというのがその主な記述。

そしてあらゆる部分で「ここでこうしていれば」「あそこでもっと見通しについて関係者に議論させれば」「北ベトナムとの交渉をもっと進めていれば」という後悔と自責の念だらけ。

かつて、『ベスト・アンド・ブライテスト』の書評で、外部から見たこの人々についての見方について書いたことがある。

マクナマラの本書での記述は、まさにこの「ああすれば」「こうすれば」「でも自分は、だれそれは、そういうことはできなかった」という話に終始する。それをこうやってきちんと書いたのは誠実だとは思う。自分の失敗――それも何度も続いた失敗――をここまで認めた頭を下げたのは立派だとは思う。当時のマクナマラに深い遺恨を抱く軍人が、「どの口で言うか！」と思いつつも本書を読んで、それでもこれが書かれたことは評価する、と言った意味はよくわかる。

でも……弁明するつもりはないと言いつつ、やはり弁明に思えてしまうのも事実。ああすればよかった、というのは、どうすればできるようになるんだろうか。自分はこの泥沼が見えていて止めようとした、というのは立派だけれど、それができるためには何が？　うがった見方をすれば、マクナマラが一人でいい子になろうとしているような印象さえある。

　特にそれは、マクナマラが辞めてすぐに世界銀行の親玉になっちゃうあたりの脳天気ぶりとか、そして自分が辞めてすべてが終わりという、ベトナム戦争の記述にしてもいささか中途半端な感じが否めないところとかにある。本書でかれが認めているくらいの失策、無策を続けたあとで、いきなり世銀の親玉になれるというのは——だってまさに、ベトナムでの失敗の原因は途上国の状況とかかれらの背景とかわかってなくて、傲慢にいろいろアメリカの優位性を押しつけようとしたからだ、と言った舌の根も乾かないうちに、それを世銀で続けようとするってのはどういうこと？？——ぼくにはとても理解できないし、彼の本書で言っている反省がどこまで本気なのかも怪しいという気がする。いや、本気なんだろう。でも、本気でもやっぱり本当はわかってないな、という印象はどうしてもしてしまうのだ。

　最後の、冷戦後の世界の見通しとかの話も、その後の変な状況を知っているぼくたちからすると、まあ教科書的な印象は否めない。でも一方で……いまのアメリカ政府に、このくらいの人たちがもっといれば、という気はする。大統領にしても、リンドン・ジョンソンもルーズベルトもニクソンもケネディも、いまのヤツに比べれば後光が差して見えるし、国をどうしようという考えはあった。それがいまや……

　処分する前に、一回読んだのはよかったと思う。たぶん、二度目は読まない、というかこのままバンコクに捨ててくるので、読みようもないのではあるけど（図書館で借りる手はあるか）。それでも……上の『ベスト・アンド・ブライテスト』評の冒頭に書いた大学時代のぼくの感想通り、なんのかの言っても、おまえら仕事もっときちんとすればよかったんじゃん、という気はするし、どうしても弁明でしかないという印象はまちがいなくある。それが、ここまで悲しいものではあっても。

（ブログ　二〇一八年八月十三日）

▼アフガン爆撃への道だが、米政府事務手順解説書の趣きすらある

ボブ・ウッドワード（著）伏見威蕃（訳）『ブッシュの戦争』（日本経済新聞社）

この本はタイミングの勝利ではある。戦争ってイラク爆撃のことだと思うのが人情でしょう？　帯にもそう書いてあるし。でもちがうのだ。これは前回のアフガニスタン爆撃の話だ。さらに帯に書いてある金正日がらみのブッシュ発言は、本文ではほんのおまけだ。

いろんなインタビューをもとに、本書は9・11テロからアフガン爆撃までの様子を詳細に描く。いつ、どこの会議でチェイニーがこう発言するとブッシュはこう言った云々。書き方は真に迫っているし、爆撃へと至る道のりが克明に描かれ――るのだけれど、でもおもしろくない。アフガニスタン爆撃は別に大した駆け引きの産物じゃなかったからだ。爆撃自体は早期に決まって、あとはそれを実現するための事務手続き話が延々と続くだけなんだもの。

さらに本書は本当にブッシュの実態を描いているんだろうか。ここでのブッシュは妙にかっこよくて

知識も決断力も高いけれど、ホントかね。かれは選挙中にタリバンを知らなかったし、アフガニスタンだの北朝鮮だのについてそんなに詳しいはずはないのだ。

そしてもう一つ気になるのは、著者がジャーナリストらしく各種の密室内の秘密会議をほじくり出すことばかりにかまけていて、マクロな話に目が向いていないこと。著者が有名になったウォーターゲート事件ならそれでよかった。ニクソンは選挙違反をしてけしからん、おしまい。でもテロや戦争は、もっと大きな影響を持つ。テロや戦争を口実に、ブッシュ政権がせっかく均衡していた政府財政を真っ赤にしたうえ、金持ち向けの大減税を詭弁で導入する一方で貧乏人向けの各種施策は切り捨てた話については、ほとんど書かれていない。テロや戦争とこうした経済失策との関連は見逃せないはずなのに。さらにテロ対策やアフガン復興のひどい状況もまったく無視。

たぶんこれを読む人は、実は本当に戦争やその影響について知りたいんじゃないのだろう。本書の訳者あとがきにははからずも、そこらへんの心情が書かれている。「日本や中国の戦国時代の智将たちの駆け引きもかくやと思うこと、しばしばだった」。読む人たちは、ラムズフェルドにでも感情移入しつつ、乱世の指導者の意志決定を演じてみたいんだと思う。そもそもこれは、ノンフィクションとはいえ、著者がいろんな証言をベースに勝手に想像したフィクションなんだし。

じゃあかわりに何を？　歴史的な叙事物語を読んでヒロイズムに酔いたいなら、ほんもののエピック小説を読んだほうがいいんじゃないか。『指輪物語』はおもしろいし、いま読むと映画の話もできるし人気者になれるかもしれない。「あのゴラム（ゴクリ）はね、実は最後に……」。一方で、個人崇拝のフィクションにとらわれず、本当に世界や国の運命の動きを考えたい人にはダイアモンド『銃・病原菌・鉄』を。ひょっとするといま本当に世界で重要なのは、ブッシュよりもSARSのほうかも。もっと短期的にはランデス『強国論』とマン『ソーシャルパワー』を。ブッシュの経済政策についての分析は、ニューヨークタイムズのポール・クルーグマンのコラムが最高だけれど、残念ながらまだ本になっていない。たぶん来年くらいには何か出るので、いまから頭の中でブックマークしておこう。また、本書で描かれたエリートたちのせめぎあいと駆け引きのもたらす一つの可能性についてはハルバースタム『ベスト・アンド・ザ・ブライテスト』を見ておこう。同時に、ブッシュの別の面については『ブッシュ妄言録』が楽しい。

『ブッシュの戦争』は、読んではイケナイ駄本じゃない。でも一方で本書を鵜呑みにするのは、『項羽と劉邦』をありのままの歴史書だと思いこむような危険性を持つ。個人を過大評価せずに大きな流れの中でバランスのとれた見方をする必要がある。いま挙げた本を読んだ上で本書を再読したら、印象はまた変わるだろう。

（「GQ」二〇〇四年）

▼恐怖どころか「バカ殿シリーズ」を思い出させるトランプ政権の内実

ボブ・ウッドワード（著）伏見威蕃（訳）『恐怖の男 トランプ政権の真実』（日本経済新聞出版社）

『恐怖の男』という邦題（原題は『恐怖』）から、評者はスターリンやポルポトのような話を予想していた。無軌道な傍若無人ぶりと独裁を発揮して、あらゆる邪魔者を冷酷に粛清する恐怖の独裁者。だが各種取材の結果、その根底にある思想が露わとなり、気まぐれに思えた各種の蛮行に貫徹する狂った論理の片鱗が明らかになるにつれ、なおさらその恐怖は深まる……

が、この期待は裏切られた。ある一つの事実さえなければ、ここに書かれたトランプ政権の内実は、恐怖どころかバカ殿シリーズ的なギャグとして大笑いしたくなるような代物なのだ。

その事実とはもちろん、この人がホントにアメリカ大統領だということだ。

そう、ここに描かれた人物が世界を牛耳っているのでなければ、本書の主人公は微笑ましく親しみすらおぼえかねない。誰もがどこかで出会っている、口先と勢いだけの無能な上司。人の話を聞かない（聞いても理解できない）、せっかく作ってあげた説明資料を読みもせず、テレビのワイドショーばかり見てそれをいちいち鵜呑みにして騒ぎ、自分の体面と私怨だけで動き、仕事はすべて部下に押しつけて、手柄は横取り、失敗は責任逃れに終始。公私混同と身内びいきのオンパレード。

そしてその身内も負けじとギャグを連発してくれる。特にイヴァンカがホワイトハウスを私物化し、何かと「私はファースト・ドーターよ！」とわめきたてるという話は、ネタにしてもできすぎなほど。

さてこれまで、トランプ政権の内幕を描く本は、邦訳のあるウォルフ『炎と恐怖』などすでにいくつかある。本書はそれと決定的にちがうわけではない。従来型のジャーナリズムは、普通はその対象の核心を描き出そうとする。だがトランプには、そもそも描ける核心がない。そのとき、ジャーナリズムの役割とは？　この難題には、かのウォーターゲート事件の立役者ウッドワードすら答を出しかねているようだ。彼はその空疎な中心のまわりに蠢く人々を描き出す。トランプの気まぐれによる最悪の事態を何とかさけるべく、面従腹背で必死に動く人々、一方で阿諛追従の三百代言おべっか使いども。だがそれはすべて、しっかりした構図に収まることなく、ひたすら右往左往の混沌を浮かび挙がらせるだけ。

だがそれにしても、どうすればよいものか。トランプ当選以後、彼の支離滅裂な政策行動を見て、実はそれが明確な方向性を持つ計算づくの巧妙なビジネス的打算であり、経済も一貫したトランプノミクスなのだ、それをうまく利用せよと述べる訳知り顔の論者は後を絶たない。が、本書を読むと、それがかなりの眉唾だというのもわかる。本書の読者は世界の経済、軍事、国際関係、その他あらゆる最重要事項が、かくもいい加減に決まっているという事実に改めて愕然とさせられる。そしてそれこそが本書の本当の「恐怖」ではあるのだ。

（「週刊文春」二〇一九年一月十九日号）

▼軍事力こそすべて！ のネオコン思想全貌

ロバート・ケーガン（著）**山岡洋一**（訳）**『ネオコンの論理』**（光文社）

現在のアメリカ外交での支配的な考え方をまとめた好著。唯一の欠点は、これでも長すぎることかな。内容は簡単至極。要するにアメリカは軍事的に圧倒的に強いから戦争をする。ヨーロッパが反戦を唱えるのは、軍事力が弱くて実力行使ができないが故のひがみだ、ということ。おしまい。

特に実証的な本ではない。だがこの思想に依れば、アメリカのアフガン攻撃やイラク攻撃が一応は明快に説明できる。どうしてアメリカは、国際的な反感を承知で強引な手に出るのか？　それは、アメリカが軍事的に強くて他の連中の反感など気にしなくていいから、という話だ。

『ネオコンの論理』という邦題は秀逸。これは現在のアメリカ上層部で支配的だとされるネオコン（新保守主義）の思想だ。ただし中身には「ネオコン」ということばは登場しないし、その説明もない。ネオコン自体の詳細な系譜などに興味がある読者には向かない。あくまでその考え方のエッセンスを知りたい人向けの一冊だ。

さて本書の書評は散見されるが、いずれも日本にとって本書の議論が持つ意味について「重い」だの「意義深い」だのといったおためごかしで言を濁しているのは、頭が悪いのかただのへっぴり腰なのか。それは解説の文藝評論家も同罪。本書の議論を認めるなら、結論は単純明快。軍事力に劣る日本の唯一の道は、自立も誇りもかなぐり捨てて、精一杯アメリカのご機嫌うかがいに徹した阿諛追従のケツなめ奴隷国家として生きよ、ということだ。そうはっきり書けばいいのに。ぼくはそれでもいいし、いまの日本の行動はそれに近いとも思うけれど、本書の論調を妙に持ち上げる一部の人々が、一方で愛国心だの国の誇りだの、本書からすればまるで無意味なローカル議論の旗を振っているのはとても不思議だ。リアリストじみた顔で本書の議論に追随するのは簡単だけれど、その帰結を受け入れる覚悟はあるの？　逆に本書の議論を否定するなら、愛だの平和だのいうお題目でない議論が展開できるの？　それが本書のつきつける課題だ。

（「GQ」二〇〇四年）

コメント

朝日新聞の書評委員が二人、これをたらいまわしにした挙げ句に書評を書かず、紙面で採りあげられずに終わりそうになったところ、宮崎哲弥が憤然と「書評委員会としてこの本にコメントしなくていいんですか！」抗議し、それならばと、ぼくが引き受けることにした。その後、このテーマではもっと詳細な本が出ているけれど、この時点でネオコンという思想というか派閥が存在し、それがアメリカの（ブッシュジュニアの）外交政策の背景にあるのだ、というのをいちはやくまとめたという意味で重要な本だったし、それを見抜いて声をあげた宮崎哲弥は、その慧眼と、さらに新聞の書評欄が果たすべき責任意識という点で、いまの日本で「知識人」としての矜持と見識を持った数少ない人物だと思う。当然、宮崎哲弥はネオコンなんかではない。本書の主張そのものについては、むしろバカにしているはず。ただそれが実際の状況に与えている影響、そしてこれを掲げて動いていた政治との関係から見て、支持できない主張の本でも採りあげるべきものは採りあげなくてはならない。書評欄の意義というのは、本来そういうものだと思う。

▼原著から第三部を完全改竄した不誠実な本

ロバート・クーパー（著）北沢格（訳）

『国家の崩壊——新リベラル帝国主義と世界秩序』（日本経済新聞出版社）

本書の日本版は不誠実な本である。そしてそれは、第三部を全面的に差し替えた著者の不誠実さである。

そもそも本書は、プレ近代、近代、ポスト近代という枠組みありきで議論が展開し、何がその変化をもたらすかという原因の考察がないか、あっても倒錯している。たとえば植民地主義や領土拡張は国内の人口成長圧力が大きな要因。だから先進国で国境政治の意義が薄れてポスト近代化する原因の一つは人口減少だ。ところが本書は何と因果関係を倒錯させ、人口減少が政治的変化の結果だとする変な議論を持ち出す。その他、経済的要因に対する考察がきわめて浅く、根本の議論の説得力も一部は疑問。ソ連崩壊が、経済要因ではなく外交圧力によるものとでもいいたげな記述はひどいと思うし。そして最終的には「もっと相互理解を」「もっと話し合おう」という結論で外交官の我田引水的な印象も大いにある。

だが最大の問題は第三部。原著では、ＥＵもちゃんと軍事力があるというのが主張となっている。だから必要なときには戦争すべきであり、アメリカだけが意味ある軍事力を持つとするネオコン的な発想に対して、ＥＵだって軍事力を行使できるし、アメリカの守護に甘んじずに積極的にそうすべきだ、という主張。原著の最終章の結論は、ＥＵは通貨統合に続いて安全保障の統合と軍事統合を行うべきだ、というもの。そしてそれがあるからこそ本書は本国で、タカ派とハト派の橋渡し、としてほめられている。

それがこの日本版は、その部分を全面差し替えし、アメリカ一極ではそろそろたちゆかないという理念の記述だけに終始。アジアの軍事バランスの話題に向かうのを避けたかったんだろうが、改竄としてあまりに不誠実。そして訳者も、それについて後書きで言及するだけの誠意があってもよかったのでは？

（アマゾンレビュー／ブログ　二〇〇八年十一月二六日）

コメント

内容的には上のケーガン『ネオコンの論理』に対するヨーロッパからの答という本ではある。だからこそ、最後の第三部はＥＵの軍事統合と積極的な軍事力投射ということになる。それを完全に削除した時点で、邦訳は罪深い一方、それを自ら許した点で、実は著者も堂々と主張するだけの根性がなく、勇ましい議論も腰砕けの日和見でしかないことを実証してしまったという点では興味深いものではある。

なぜこんな本を手にとったかは覚えていない。ただ一読して、なんか第三部がずいぶんおかしいし、論理的にもつながっていないと思って首を傾げてしまった。あまりに気になったので原著をわざわざ買って調べたら……こんな具合だったという次第。山形の書評は、必ずしも単なる思いつきの書き殴りではなく、そのために原書や関連書までわざわざ入手して書いているのだ、ということはご理解いただきたいなあ。

▼国際機関は本当に日本や世界のためになっているの？

田所昌幸、城山英明（編）『国際機関と日本――活動分析と評価』（日本経済評論社）

日本の国際関係の議論の多くで、国際連合は錦の御旗だ。国の外交目標でも国連常任理事国入りが自己目的化しているし、アメリカ従属を嫌う人々にとって、特に冷戦後は国連しかよりどころがない。でも、国連って役にたってるの？　看板倒れという批判は大きい。国連以外の各種国際機関についても意味があるのか？

この本は、そういう素朴な疑問にストレートに答えようとした野心的な一冊だ。国連、世界銀行等の機関がどれだけ人とお金を使って、具体的にどんな成果をあげているか、本書は客観的な活動評価を試みる。中でもそこへの協力が日本の国益に貢献しているか、という視点を明確に打ち出したのには大拍手だ。

本書の評価方法にも疑問点はあるし、国益への貢献についても、白黒つけずにお茶を濁しているのは不満。でも主観と目先の事例にとらわれた国際協力議論の多い中で、まともな議論の前提となる包括的な検討の登場は素直に歓迎したい。

（「朝日新聞」二〇〇四年六月十三日）

▼新しい福祉社会の見取り図を提案する希有な本。ただ監訳者の我田引水解題はないほうがまし

イエスタ・エスピン＝アンデルセン（著）大沢真理（監訳）

『平等と効率の福祉革命　新しい女性の役割』（岩波書店）

福祉の議論は公共頼みになりがちだ。医療も高齢者も育児も失業も国がもっと金を出せ――でも、家庭や企業も福祉をかなり提供している。そのバランスを見ないとだめだ、と看破したのが本書の著者エスピン＝アンデルセンだった。きたる高福祉社会に向けて、彼は女性をもっと働かせろと主張した。福祉サービス職を増やし（企業の事業機会）、女性を働かせ（家計収入増大）、税収を増やせ（公共の負担力増大）！

　この分析と提言は大きな影響を与えた。そして女性の労働進出は進んだ。でもまだ中途半端な水準だ。一方であらゆる社会では格差の固定化と拡大が進んでいる。なぜだろう？

　本書はこの問題に取り組む。そしてまたもや明快な答を出す――家庭の育児を支援しろ、と。

　女性が働きやすいよう保育園の整備を、というだけではない。児童の知的発達は赤ん坊の頃に相当決まってしまう。その時期に親が育児に時間と資源を投資しないと、学業面でも所得面でもハンデを強いられる。ところが低学歴で低所得の世帯は雇用も不安定だし、慣習からも育児に投資しない／できず、その子供も低学歴・低所得になる。似た者同士の結婚でそれがさらに強化されてしまう。これが現在の格差固定と拡大の一因だ、と著者はいう。

　だったら、家庭の育児改善に公共がもっと投資しよう。ホントは赤ん坊を全部取り上げて国が平等に育てたいところだが、そうもいかない。だったら所得支援、育児補助、就学前教育の充実などにもっと投資すべきだ。それは女性の社会進出のみならず、経済全体の人材底上げにもつながり、高齢化社会の課題への取り組みも容易にする！

　議論はすべて統計的な裏づけを持ち、また経済学や脳科学的な発達論の成果も取り入れて、堅実ながらもきわめて斬新。また評者のような素人の驚く指摘も多い。高福祉とされる北欧諸国は、その分だけ税金で取られるので実は見た目ほど高福祉でないなど。

そしてもちろん、この提案は即座に政策的な意味を持つ。本書の議論からすれば、あの子ども手当も趣旨としては意義を出せる。些末な名称変更にうつつを抜かしている場合ではないのだ。

監訳者の解題は、日本女性の低い社会進出状況については詳しいが、本書の議論の核心にほとんど触れず不満。本書は今後の社会における経済と福祉のバランスを実証的に構想した希有な本であり、その意義は女性問題をはるかに超えるのだ。少々専門的ながら、学者にとどまらず政策立案者や関心ある一般人も是非手にとって明日の社会像を考えてほしい。

（「朝日新聞」二〇一一年十月三〇日）

コメント

さてこれは、すばらしい本なんだが、本書の監訳者である大沢真理の解説には腹がたった。紙幅がなくて一行しか書けなかったけれど、本書に対する誤解を招きかねないものとして積極的に批判されるべきだと思う。

この本は、女性の社会進出が遅れている、という話だけじゃない。それはただの出発点で、その先が本題だ。ところが大沢は、自分の専門のジェンダーなんとかの話につながる話ばかりに終始して、あれやこれやとグラフだのなんだのを数十ページにわたって女性の社会進出の遅れを書くが、その後の本書の中心的な議論についてほとんど触れない。福祉が弱いから貧困が再生産されている、という話が一ページ未満あるだけ。そんなの解題じゃなくて、自分の研究紹介だろう。何かかんちがいしているとしか思えない。またそれに迎合した邦題の副題のつけかたも、望ましくない。「新しい女性の役割」が主題じゃない。新しい女性の役割を受けた社会のありかたのほうが主眼だ。

　そしてその大沢真理の自分の研究開陳には、この手のフェミ系研究者とか「女性問題」研究者のいやなところがむきだしになっている。そこには、なぜ女性の社会進出が必要なのか、という説明はほとんどない。進出してないから遅れてる、進出してないからダメ、女性進出がこれからのトレンド、という規範議論がドーンと前面にきて、あとは進出してないしてないしてないとデータが並ぶだけ。そして規範的な話から入っているので、結論も当然規範論。日本社会はダメだ、社会の意識改革が必要だという、思想統制待望論に落ちる。本書の解題では、この最後のところはちょっと控えめではあるけれど。

　エスピン＝アンデルセンのこれまでの本は、なぜ女性の社会進出を進めるべきか、というきちんとした議論があった。そして進めたあとの見取り図もきちんと描けていた。でも、訳者たちにそれはない。この書評の冒頭で揶揄した、公共だのみの物欲しげなクレクレくん議論に終始している。とにかく福祉を、金よこせ、公共がなんとかしろ。もちろん福祉の現状が問題ないというのではないよ。でも、単に国の福祉予算を増やすだけでは不十分というのもエスピン＝アンデルセンの教えだと思うんだが、それがまったく理解できてない「解題」ってなんだよ。

　もっときちんと紹介されるべき本なんだが、その点は残念。岩波もこの本をフェミイデオローグの宣伝に使わせたりせず、もっときちんと紹介すべきだったと思う。

▼PFIを口実にした刑務所自体の改革

西田博『新しい刑務所のかたち――未来を切り拓くPFI刑務所の挑戦』（小学館集英社プロダクション）

十年以上前、本書のテーマとなる、公共施設の整備運営を民間に任せるプライベート・ファイナンス・イニシアチブ（ＰＦＩ）制度の海外事例を調べたことがある。単なる民間事業委託ではない。事業の自由度を高め、民間の創意工夫の活用で、低コスト高サービスの提供がＰＦＩの真骨頂だ。前例主義や形式主義、事なかれ主義のお役所がそうした自由度を容認するかが課題の一つとなる。

そうした自由度の最もなさそうな刑務所に、この仕組みが導入されたというのには驚いた。

だがそれは、嬉しい驚きではあった。著者はこのＰＦＩ制度の導入を機会に、刑務所自体の大幅な改革を実施する。閉ざされた「塀の中」ではない、開かれたコミュニティ刑務所の取り組みだ。社会に刑務所を開き、その活動を知ってもらうことで、迷惑施設に留まらない意義（と税収）を持たせる一方で、受刑者の人格を尊重し、生産活動参加を通じた更正支援を強化した、社会復帰促進センターとしての刑務所を著者は見事に実現したという。

欲を言うなら、事業面についてはもっと知りたい。国がやるより安あがりにできたのか？　パフォーマンス指標などは？　他の事例でも参考にしたいところだ。今後の公共インフラの整備運営危機については、本欄で採りあげた根本『朽ちるインフラ』などが指摘した通り。そうしたインフラの一部でもこれだけの工夫が実現すれば、問題の相当部分は解決しそうだ。

だがＰＦＩという制度だけで勝手に改革が実現するという甘い話ではない。ＰＦＩ導入を口実に、著者は特に公共側の刑務所観変革をも促す。成功の鍵は、ＰＦＩよりもその部分にありそうだ。それは読者にも、刑務所の実態と今後のあり方を大いに考えさせる。いかにも実用書ながら、制度のアンチョコにとどまらず、法執行やインフラの未来など視野の広がる一冊となっている。

（「朝日新聞」二〇一二年八月二六日）

▼シビリアンコントロールは本当に有効か？

三浦瑠麗『シビリアンの戦争――デモクラシーが攻撃的になるとき』（岩波書店）

本書は、ぼくたちの多くが慣れ親しんでいる軍や戦争に関する基本的な考え方に大きな疑問をつきつける本だ。従来の発想では、軍人は戦争大好きだとされる。だから平和を愛する文民が彼らの活動を常に監視し、抑えなくてはならない。これが文民統制（シビリアンコントロール）の発想だ。

でも近年の多くの戦争の実態はちがう、と著者は指摘する。軍人たちは、戦闘で真っ先に死傷するのは自分たちだ。だから勝算のない無意味な戦争にはきわめて慎重だ。むしろ文民たちのほうが、独裁政権打倒とか対テロとか、その時の勝手な思い込みと勢いで、軍人たちを（民主主義のおかげで！）戦争に引きずり込んでいる、と。すると、文民統制というのは本当に有効なのか？

恐ろしいながら、これが正鵠を射ていることは否定できない。今回の選挙でも、国防安保面で勇ましい発言を繰り返す政治家が多い。その多くはまさに本書の指摘する、当事者意識のない文民たちの安易な好戦論だ。むろん軍人が常に慎重ではない。いったん戦争が始まれば、軍は兵員の消耗を抑えたいが故に、逆に一発即決を狙って戦線と軍備の拡大を求める。文民による統制の発想も重要だ。だがどこまで？　そしてだれが文民を統制するのか？

本書は、ここでこれまた恐ろしい提言を持ち出す。戦争抑止には、国民の相当数がその当事者として軍隊的な体験を積むべきではないか、と。それがあればこそ、人々は実感を持って平和を主張できる！　右傾化、軍事化を憂慮する人々の最も嫌う徴兵制に近い体制こそが、実は最も平和維持に有効ではという本書の主張に拒絶反応を示す人も多いはず。だが、いかにして人々に平和・戦争の当事者としての意識を持たせるのか？　文民は平和好きという思い込みが揺らいだとき、ぼくたちは本書のつきつけるこの問題に対する答えを、実は持ち合わせていないのではないか。

（「朝日新聞」二〇一二年十二月十六日）

コメント

その後この三浦はどんどん有名になり、テレビ方面にたくさん出て準タレント化してしまった。うらやましい一方で、時事問題についてのコメントはあまり深みが感じられず、便利な保守派の女性枠で珍重されているだけに思える場合があまりに多い。またトランプ当選にあらゆる人が驚愕したしばらくあとになって「トランプ当選は当然だ、自分はわかってた」と言うに等しいツイートをしてみせて、後出しジャンケンのしたり顔評論家と鍋釜であることを露わにしてしまった。おまけに何やら私生活を切り売りするようなつまらない告白本を出したりして、かなり失望気味ではある。まだ多少は期待はしているけれど、大丈夫かなあ。でも、この本は非常におもしろい視点を出していて、いまでも十分評価に値するものだと思う。その後も、各国の徴兵制について調べた本は、それなりによかった。学者としての立ち位置をもう少し大事にしてほしいようには思う。こういうタレント化した女性知識人は、猪口邦子とかを筆頭にすぐ自民党に担がれて政治家転身とかしちまうんだが、それはさすがにないと信じたいところ……

▼ゾンビ相手の外交理論、人間にも通用するか？

ダニエル・ドレズナー（著）谷口功一、山田高敬（訳）
『ゾンビ襲来　国際政治理論で、その日に備える』（白水社）

従来の人間ゾンビ関係は、殺るか殺られる（食われる）かの単調な理解を超えるものではなかった。本書は既存ゾンビ資料の徹底的な分析からくる深い知見をもとに、深みのある人間ゾンビ関係理解に先鞭をつけた快著だ。リアリズム、リベラリズム、ネオコン、社会的構成主義など、国際関係論の各種立場を使うことで、ゾンビ襲来への対処法は驚くほど明確になる。人間じゃないし遠慮なく蹂躙しろという立場、生死を問わずそこにいるという事実を重視する立場等々。そしてその分析が逆に、それぞれの理論の特徴やゆがみをも浮き彫りにしてくれるという余録もある。

むろん、各種立場のどれを採用するかはあなた次第。だがゾンビ襲来の日に備え、物理的な武装に加え本書で理論武装もしておけば、対ゾンビ交渉も実り多いものとなろう。さらに知的遊戯として、各種枠組みをゾンビならぬ人間に適用してみるのも高度な読者には一興。この実用性と遊び心の共存も本書の魅力だ。

（「朝日新聞」二〇一三年一月十三日）

コメント

こういうおふざけっぽい書評は、人によっては「バカにしている」とか言って怒ることもある。本書に限ってはそういうことはないと思った（だって本自体がかなりおふざけではあるので）し、実際に喜んでいただけたようで、よかったよかった。

▼「市場制民主主義――選挙権を売ろう！――TN君に捧げる、おれの政策提言

なだいなだ『TN君の伝記』（福音館文庫）

ねえTN君。いまの民主主義なんて、くだらないと思いませんか。だれもちゃんと、民主主義のあるべき姿なんか考えてないと思う。カンボジアくんだりにでかけてって、原住民に形式的に選挙させて喜んでる連中なんて脳が腐ってると思う。小学校の学級会の水準から一歩も進んでないと思う。だって一人一票とかいうけれど、あのバカの一票と、このおれの一票が同じ価値なわきゃないんだから。そう思ったことのない人間は、そもそも物を考えたことのないバカか、でなきゃよほどの聖人だ。選挙をタレ

ント人気投票と勘違いして、いまの某知事みたいな連中を選んじゃうやつらに選挙権をくれてやっていいの？　普通選挙制はまちがってると思う。安易すぎると思う。車の運転にすら、資格試験があるんだよ。なんで二十歳になったくらいで、ホイホイ気軽に選挙権をやっちゃうわけ？

ねえＴＮ君。そう思いませんか。きみの願った普通選挙制のなれの涯てを見て、明治期の民主主義の夢と理想と現実とを生きたきみは、どう思ってるんでしょうか。

もちろん、いますぐに普通選挙を廃止することはできない。揚げ足団体が嬉々として騒ぎたてるからね。必要なのは、考えの浅い人たちが自主的に選挙権を譲り渡すシステムだ。しかも最小限の変更で。

選挙権の売買を合法化するのだ。

こんな感じだ。まずそもそも、一人一票とかいうけれど、なぜ一人十票じゃいけないの？　全員が選挙ごとに十票ずつ持てば、実質的には同じこと。そして十票あれば、そのうち三票くらい売りに出してなぜ悪い？

でも金で買った一票と、考え抜いたおれの一票とが同じだと悔しいから、市場に流れた票は手元に残した票の１／10くらいの重みってことにしよう。この数字はその選挙区や自治体の人口規模に応じて変えるべきだけれど、一回決めたら動かさない。

でもって、選挙ごとに選挙権の公開市場をつくって、取引を行う。運営のための扱い手数料と、あと当該自治体には取引高の４％くらいがまわるようにしよう。理論的な根拠はないけど、エサがないとみんなのってこないから。で、毎日その価格を公開する。「こんどの衆院選は争点が不明確なので、みんな無関心で売りが殺到。価格が急落！」とか「こんどの県知事選は、ＸＸ導入をめぐって各候補が鋭く対立！　各陣営の必死の買いあさりで高騰！」とかなるわけだ。

　こうするとまず、選挙管理委員会の言う「一票の重み」というやつが日々明らかになる。いま？　いまなんて、棄権したってどうなるわけじゃなし、一票の重みなんて実質的にゼロだよ。値段をきちんとつければ、面倒で棄権してる人たちとか、単なる人気投票で投票してる人たちとかは、あっさり投票権を売り渡す。逆に政治意識の高い人たちは、何票かよけいに買って、自分の発言権を増すかもしれない。市場は日々、各政党なり候補なりの出す政策をきっちりモニターして、それの評価を選挙権価格の形で世に示す。世間の政治に対する関心も、いまのような安易な代物ではなくなる。みんな、「この一票を売るべきか、それとも政策を左右すべく投票に赴くべきか」と日々まじめに考えるようになるだろう。「この政策なら来年から一人年間一万円の減税になるけど、いま選挙権を売れば五千円のもうけになる。うーん、どうしようか」。有権者が真剣にそういう考察を始めたら、政治は変わるよ。いまのなまくら政治じゃおさまらないよ。題して、市場制民主主義である。

　みんなが本当に己の利害に直結した問題として政治を見つめる。民主主義って、こういうのがあって初めて成立するんじゃないの？　ＴＮ君が、ルソーを下敷きにして考えた民主主義とはちがう。でも、民主主義理念だけが何世紀も変わらずにいるほうがおかしいと思う。ルソー的な民主主義は、もう破産していると思う。新しいシステムが必要なんだ。見てごらん、このへんてこな資本主義というヤツを。民主主義はいたるところでこいつに負けている。「資本主義成立には民主主義が必要条件」とかいうでたらめを口走るバカがいるけど、そんなのウソだよ。いまの資本主義なんて、銀行と信用取引さえ機能すれば動いちゃうんだからね。新しい民主主義は、この資本主義の尻馬にのっかって、いずれこいつに一矢報いなくてはならない。金権政治をはびこらせるだけ？　ちがうよ。売るのが誰で、売らないのが誰かよく考えてごらん。状況は最悪でもいまと同じか、ましになるかもしれないんだよ。

　で、これをどう実現させるかだけど……どうです、唐突だけど本部長。ウチでやりませんか。ウチだけじゃ弱いですから、某親会社をたきつけましょう。この手の細かい証券とかオプションとかの取引話は、株屋さんの十八番じゃないっすか。扱い手数料５％で大喜びでしょう。んでもって、政党と役人集めて研究会こしらえて、題して「新政治システム研究会」！　理念や方向性みたいな話から実際の導入方式検討まで全部ウチで受けて、細部もぼくの頭ん中で詰まってるから、ほとんどやらずぶったくりですわな。最終的に実現はしなくても、五年で十億くらいの調査研究仕事が出るっしょ。んでもって、いざ実現となったら、これはもう世界初の画期的な代物。いまのウチのせこい「政策提言」なんかメじゃありませんぜ。さらに実現したら、各自治体ごとにトレーディングシステムが要るから、これはもうシステム部門がかっさらう！　無慮数千システム！　既存のシステムの手直しでなんとかなるっしょ。そしてすばらしいのが、これをやるためには個人レベルで、自由に気軽に取引端末にアクセスできなきゃならないでしょ。日本版インターネット導入の口実として「新しい民主主義のためです！」ってお題目以上に有効なものがありますか？　だれも反対できませんぜ。

この方式にはもう一つメリットがある。人権を必要としてない人たちが、それを売り渡す道を開くということだ。参政権なんかなくていいや、と思っている人は無数にいる。一部の人々を見ていると、この人たちは奴隷だったほうがずっと幸福なんじゃないか、と思う。この市場制民主主義は、実質的な不平等と階級制の復活なのだが、ぼくはそれが悪いことだとは思っていない。世襲さえ禁止すれば、案外そのほうがみんなシヤワセに暮らせるんじゃないか。

ねえ、TN君。昔のきみなら猛然と反対するだろうけど、現状を見てくださいよ。なだいなだの書いたあなたの伝記は、かれの一世一代の名著でした。きみが本当にあそこに書かれた通りの人だったのかはわからない。いまの日本でなら、つまらない愚痴ばっかの左翼知識人に成り下がってたかもしれない。でも、一方できみは、本当に現実をどうするか考えることのできた人だと思う。きみならこいつを理解できるだけの柔軟性があったと思う。どうだろう。ねえ、いっしょに考えてみませんか。ぼくはマジです。

（「CUT」一九九五年七月）

▼反民主主義はおかしく、そして居心地悪い

ラファティ『九百人のお祖母さん』（ハヤカワ文庫）呉智英『封建主義者かく語りき』（双葉文庫）

前回の続き。

民主主義は、いまの日本人、いやそれどころか世界の先進・中進国すべての人間たちの政治思考を冒

している疫病のようなものだ。みんな、一人一票の学級会民主主義だけが唯一無二の理想的政治形態だと信じ込んで、何の疑問もいだいていない。民主主義こそが正しくて、民主主義からはずれているものはすべてまちがっていて、まちがっていればそれは民主主義のせいじゃなくて、正しい民主主義からはずれたためだ、とする連中はどこにでもいる。ソ連東欧の政治経済体制が崩壊したときにも「民主主義じゃなかったからだ」とかいう愚論がとびかったし、ナチが民主主義的なプロセスで政権をとったことを否定するのに血道をあげる連中もわんさかいる。「連中のやったことはまちがっていた。よってそれは、民主主義によるものではありえない」というわけだ。だがもちろん民主主義だってまちがえるし、ナチは政権をとってしまう。みんな、自分の手にした権力の大きさを自覚せず、その行使による利害をろくに考慮することもなく、適当にタレント候補に票を投じてしまうのだ。この惨状を見て、なぜ民主主義をそこまで信じられるのだろう。

　さらに。いまの政治がうまく機能しているとは思えない、しかしその一方で民主主義教から足抜けできない、そういう人が次に言い出すのが「代議制民主主義がいけない！」という理屈である。インターネットにみんながつながれば、電子式の直接民主制が実現する！　万人が万事に口を出せるようになる！　そうなれば（民主主義は絶対に正しいのだから）もっとよい政治が実現する！　こういうバカな世迷いごとを口走るやつらが、最近わんさか登場しているのだ。そのインターネット上にあるUsenet（話題ごとに情報交換と議論を行う電子会議室兼掲示板のようなもの）の混乱を見れば、これがいかに非現実的かはすぐにわかるのに。己の利害がからまない人々、あるいはそれを明確に認識していない人々が、暇と気分に飽かせて行う「議論」のなんと空疎で無責任で不安定なことか。そんなものから何が生まれるというのだろう。

たとえば呉智英は、こうした盲目的な民主主義礼賛に対して異論を唱え続けてきた。『封建主義——その理論と情熱』（現在は『封建主義者かく語りき』と改題）は、見事な反民主主義の書だし、ぼくはいまなおその影響下にある。が、今回はそれを詳述するのが目的ではない。ぼくが知りたいのは、なぜこの『封建主義』が冗談としか思われていないのか、ということだ。呉が民主主義批判のために採用した「封建主義」が、故意に冗談っぽく設定されているせいもある。が、それだけではない気がする。

あるいは。ぼくには現況の学級会普通選挙の代案がいくつかある。前回の市場制民主主義もそうだし、こんな案はどうだろう。

かつて、一定額以上の税金を納めた人だけに選挙権を与える方式があった。これを中学校なんかでは「金持ちしか選挙権が与えられない、不平等な方式でした」と教えるが、そうだろうか。「金持ちしか選挙権がない」というから、貧乏人がひがんで騒ぐ。だが、「参政権を放棄すれば、税金をまけましょう」と言ってみよう。北海道に二年ほど単身赴任になったとする。たった二年だし、積極的に参政する気にもならない。だったらそれを放棄して、少し税金が安くなれば嬉しいじゃないか。すでにいろんな場面で、各種権利侵害に賠償金で片をつける方法は採られている。もちかけ方さえ気をつければ、案外あっさり受け入れられるかもしれない。

この議論は参政権以外にも拡張できる。各市民は不要な権利をニーズに応じて放棄し、免税の適用を受けるわけだ。手元に残す権利の量に応じて、支払う税金が変わってくる。値段のつけ方は考え所だけれど（この点で本案は、市場性民主主義に劣る）、個人に与えられた自由度の大きさという点で、現行の強制的な権利押しつけシステムよりは優れている。が、市場制民主主義にしてもこれにしても、明白な欠陥を指摘できた人はいないのに、みんなこれを冗談としか受け取らない。

だが冗談ついでに言っておくと、そもそもぼくは権利という考え方自体が変だと思っている。人は、権利があるから何かするわけじゃない。権利があったって、それができるわけじゃない。そうする物理的・財政的・その他的な能力があって、はじめて権利は意味を持つ。だったら、あるのは権利じゃない。人間が実際に持っているのは、能力と必要性だけなのだ。

ラファティ『九百人のお祖母さん』（ハヤカワ文庫）。ここに登場する世界たちには、民主主義など存在しない。権利などという小賢しいものを盾にしたがる者たちも存在しない。存在しても、長生きはできない。即座に屠殺され、絶叫しつつ血みどろの死を死ぬ。そしてわれわれは、恐ろしいことにそれを笑ってしまうのだ。ある登場人物は平然と言い放つ。「子供は一人前の人間ではないから、人間的に扱う必要はない」。ある子どもがほんの気まぐれで他の子どもに自殺を命じる。その他、殺戮や食人、強盗に搾取の大行列。それがいちいちおかしいのだ。そしてそれが、なんとも言いがたい居心地の悪さをもたらす。

これを何とか正当化しようとして、人々はさまざまないいわけを試みている。背表紙曰く「愛すべきホラ」。ある書評屋曰く「彼の現実はわれわれの現実ではない」。かわいそうに。ここに描かれているのは、ホラどころかある意味で本当の真実であり、われわれのこの現実だ。訳者は某所でこう述べる。「ラファティの小説の根底にあるものは（中略）人生肯定のメッセージだ」これは正しい。が、訳者の考えている意味でではない。ラファティが肯定しているのは、己の能力を極限まで発揮し、そのためには他人を一顧だにせず蹂躙し、他の存在と死闘をくり広げて潰え死ぬ、そういう生のあり方なのだ。赤玉ポートワインに満足するようなたるみきった生ではない。

そうした拮抗する能力水準の生を前提として、はじめて真の民主主義が成立する。本書におさめられた「カミロイ人」シリーズで、ラファティはそうした「真の」民主主義のありようを描いている。「公民はだれでも、あらゆる問題について正しい情報を与えられるだけの適格性を持つ」「カミロイの公民ならだれでも、カミロイ星のどんな仕事にも適格」。そしてその半ばグロテスクな帰結も。

「民主主義はわれわれの思考をおかしている疫病だ」と書いた。多くの人は、それを否定できるとさえ思っていない。したがって自動的にそうした議論を冗談だと判断している。だがラファティの小説がもたらす居心地の悪さは、その疫病をわずかなりとも揺るがせる可能性を示している。笑うのは結構。でも、なぜ笑ってるのかをよく考えてほしい。そんな平和なおとぎ話やホラ話じゃないんだよ。自分が何を感じているのか、もう一度見直してほしい。それはあなたに巣くう民主主義の断末魔なのかもしれないのだから。

（「ＣＵＴ」一九九五年九月）

コメント

この二つの書評は、かつて『新教養主義宣言』にも収録したもので、自分でも結構気に入っている。ごらんの通り、どっちもある意味で、まったく書評ではない。その一方で、ちゃんと書評になっている（そう思わない人もいるだろうけれど）。その本にある問題意識を受けて、それを多少のおふざけ込みで展開させたつもり。『ＴＮ君の伝記』は別に選挙権を売れなんて言ってないけれど、政治のありかた、民主主義のあり方に真摯に取り組んで敗北していった中江兆民の話として、これからの民主主義について考えさせられる本だ。ラファティの本（のカミロイ人シリーズ）は、既存の民主平等概念を意識的にあざ笑う小説となっている。それをラファティ自身と同じくらい半真面目に受けて投げ返すとどうなるか？　本書収録の各種書評の中でも、この二つはかなり異質ではある。その一方で、それが二十年たって、次の書評と呼応するに到ったというのは、個人的には感慨深い。

▼社会の背後にある細かい仕組みへの無配慮／配慮について

鈴木健『なめらかな社会とその敵』（勁草書房）＆
ジョセフ・ヒース（著）瀧澤弘和（訳）『ルールに従う――社会科学の規範理論序説』（NTT出版）

『なめらかな社会とその敵』の想定読者は三百年後の未来人。だが古代人の評者にも、その意気込みはわかる。まったく新しい通貨システム！　しかもお金の意味すら変え、社会自体の変革まで射程に入れる遠大さだ。

著者は、題名通りのなめらかな社会を夢見る。人々の有機的なつながりを保ち、様々な関係性の途切れない世界。現代の金銭取引はそれを荒っぽく分断する。投票も白か黒かの粗雑な選択を迫る。だがインターネットはまったくちがうお金や投票を実現する。個々の取引は投資として影響を持ち続ける。一票を多くに分割して重みづけができる。本書はそうした仕組みを実際に構築して実証する。おかげでそれがもたらす壁なき世界も説得力を持つ。

だが本書の問題点もその世界像だ。なめらかな関係性は、裏返せば全体主義的なしがらみだ。本書は息苦しい村社会を再構築する反動的な試みでもある。いまの金銭取引や投票制度は粗雑だ。だがその粗雑さは、実は自由や平等などの根拠でもある。本書の新通貨システムで算出される社会貢献度は、人々の等級づけに直結しかねない。また新投票制度は、個人が政治的決断から逃げる無責任社会につながる。評者はそうした乱暴な社会像にたじろぐ。

だが、本書の魅力もまさにその乱暴さにある。その乱暴さのおかげで、本書はネットの希望と恐ろしさの両面を示す。それは新しい可能性を見せつつ、既存制度の長所をもあらわにする。いずれの場合にも読者は社会の仕組みについて、予想外の方向から見直しを迫られるのだ。

そうした社会の細やかな仕組みを、別の形で示すのが『ルールに従う』だ。人のずばぬけた合理性は進化だけでは説明できないし、人間の個別行動もそんなに合理的ではない。実は人間は文化や道徳構築の中で、合理性に近づくためのルールを開発してきたのだ。道徳こそ合理性を可能にし、そのために言語のような複雑性を持つ、と本書は主張する。哲学や進化生物学、経済学や脳科学まで動員した繊細な議論は実に刺激的。ただし実に難解で、巻末の詳細な訳者解説と要約には大感謝だ。

この二冊を並べて読むと、社会の様々な可能性が浮かび上がる。『ルール』は単純な理念からの大なたをたしなめたものとして、『なめらか』と対立関係にあるとすべきか、それとも逆に、制度改変を通じた社会のルール改訂という観点から共闘関係にあると見るべきか。この両者をどう対決／協力させ、発展させるかは、三百年先ならぬいまの読者の大きな宿題でもあり、また楽しみでもある。

（「朝日新聞」二〇一三年三月二四日）

コメント

この書評、ディレクターズカット完全版をブログに掲載してあるので、興味があるかたは是非ご覧いただきたい。そちらのブログは、鈴木『なめらかな社会』について、ここで「乱雑さ」と述べた部分について具体的にずっと細かく指摘し批判したものだ。

そちらの完全版を読んだ人の一部は、その手厳しい批判に驚いたようだ。この新聞掲載版では、なんだか鈴木の本を評価しているようなのに、完全版では全否定のような罵倒になっている、立場で言うことをコロコロ変える不誠実な態度ではないか、と論難した人も見かけた。

でもぼくはそうは思わない。ここでもぼくはかなり批判をしている。そして批判対象にも、ダメダメだから読まなくていい本と、山形としては批判するけれど、それでもまさにその批判がきわめて重要な点をめぐるものだからこそ、読んでほしい本とがある。鈴木の本は、多くの人にずいぶんほめそやされた。でもその賞賛のほとんどは、その真価を理解することなくうわっつらだけでほめていた。本書のモデルが理解できている人はたぶん二割以下だ。そういう理解できていない人に危険性を指摘するのは重要だ。批判=読むな、ということではない。批判しているからこそ読め、という本もある。鈴木の本、そしてヒースの本は、そういう重要な本だとぼくは思っている。

第9章

歴史

ぼくは歴史の専門家ではもちろんない。その一方で、そこそこ変な耳年増ではあるし、そこそこ常識と教養はある（ここは笑うところではない。もちろん細かいところではいろいろヘマもやらかすけれど、でもそれなりに物知りではある）。だから何か歴史系の本を読んだとき、そこに書かれていることの何が意外で、何が一般的な見方とはちがうのか、くらいはわかる。そしてもう一つ、そのおかげでぼくは本をかなり批判的には読める。一般的な見方とちがうことをその本が言っているとき、それが納得できる話なのか、それとも他の知識と照らして見たとき、それが眉唾なのかは、判断がつく。さらには、歴史の専門家ではないが故に、その業界の変な力関係とも無縁ではある。

　つまり、一般向けの本について、一般人としてフラットに読んであれこれ評価なり感想が言えるということだ。そして、それは十分意味があるものだと思う。たとえば毛沢東の伝記として、チアン『マオ』を読んでぼくはかなり頭の中が疑問符だらけになった。チアンが言うほど無能なやつがどうして権力の頂点にまで登れたのか？　どうして各地で戦いに勝てているのか？　なぜ保身ばかりのヤツが、共産党などというヤバいものに身を投じたのか？　普通に考えれば抱く疑問だ。ぼくが読んだ同書の他の書評（矢吹駆のものを除く）は、本に書かれたことをすべて鵜呑みにして、すげえすげえと言うだけだった。でもそれは本をきちんと評価していることにはならない。それが多少なりとも整合性を持っているのか？　歴史の解釈として筋が通っているのか？　それを自分のわかる範囲内で確認したうえで、はじめてその本が本当にすごいのか、それともこけおどしなのか判断がつくし、それを述べることが書評の役割だ、とぼくは思っている。

　歴史に完全に中立で「正確」な記述はあり得ない以上、ある伝記や歴史的記述を読むときには当然ながら比較が必要になる。ぼくは特に大きな書評、議論の分かれそうな本の書評については、なるべく関連書に一通り目を通すようにしている（そしてそれらのレビューもついでに書く）。それにより、多少の公平性は担保できているように思うのだけれど、どうだろうか。

同時に、歴史的な評価というのも必要だろう。いま、一九七〇年代あたりまでに社会主義翼賛をしていた人々の書いたものを読むのは異様な体験ではある。時代がある本に対して及ぼした作用は重要だ。多くの本はもちろん、風化する。書かれていたことがピントはずれだったこともわかり、忘れ去られる。でもそこで、それをなかったことにするのではなく、見返すことで本当の歴史の教訓は得られるはずだ。ここにわざわざ古い本のレビューも含めているのは、そういう狙いあってのことでもある。特に、社会主義についてはそれが重要だと思うし、社会主義を何やらお花畑と思っているガキが台頭して、死に損ない左翼がそれを煽っている二一世紀初頭の状況で、そうした本をきちんといまの視点から評価しておくことはきわめて重要だと思っているのだけれど。

▼よくぞ昭和に生まれけり：裕仁天皇の時代

エドワード・ベア（著）駐文館編集部（訳）『裕仁天皇——神話に包まれて』（駐文館）

王さまとか皇帝とか、君主の存在意義というのは、平和なときは実にあいまいだ。だって、平和時の君主というのは、手を振って愛敬を振りまく以外には何も（少なくとも明示的には）することがないのだもの。イギリスのチャールズ皇太子が、ロンドンの都市景観や、テリー・ファレル設計の建築なんかについて批判的な発言をしてみたりするのも、そういう危機感のためなのだろう。なんとかして単なるお飾りでない、社会的に意味のある存在になりたい、という願望の現れなのだろう。

これで戦争でもあれば、旗印としてそれなりの役目は果たせるのだけれど。いや、果たせるかな。イギリスなら、女王陛下のために死ねるやつはいるだろうが、やがて誕生するチャールズ国王のために死ねるやつは、どれだけいるのかな。

日本でも、昭和時代なら裕仁天皇のために死ねる人は多かったろう。かつての独裁君主時代の威光が尾をひいていたから。第二次世界大戦の生き残りはいくらでもいる。昭和初期のあの（たぶん）暗かった時代、日本が首を突っ込んだあらゆる戦争、あらゆる紛争の陰に（直接の責任の有無はともかく）影を落としていた不気味な存在感は、三十年ずっと続いていた。だからこそ「日本国民統合の象徴」という意味不明の位置づけが、不明ながらも成立し得ていた。「昔、大日本帝国を仕切っていたあの感じだよ」と言われれば、うん、そうかな、という気がする。だって、何のかの言いつつも、天皇の名前を出せば、みんな戦争に出かけて神風したんだから。

でも、いまの天皇はどうだろう。われわれがあの人物について知っているのは、テニスコートで奥さんを見つけた、という程度のことだ。あるいは、奥さんのなり手が見つからなくて難儀している現皇太子が天皇になったら？　首相に関してやるような支持率調査を、天皇についてもやれば、いまの天皇の支持率は、昭和天皇に比べてかなり低いのではないか。そしてさらに下がりつづけるのではないだろうか。実績として出せるものが何もないもの。

つまり、天皇制という類似事例のない制度が持っている感覚（それを話題にするとき、ついあたりをはばかってしまう息苦しさ）と、いまの天皇や「開かれた」皇室の持つイメージとは、だんだんずれてきているのだ。そのずれは裕仁天皇の強力な専制君主としてのイメージを、できるだけ人畜無害な方向に誘導しようというアメリカの占領政策の中で生じたものだ。政策自体は成功した。が、後がない。対外的には、支那、朝鮮、東南アジアなど、まだ天皇という肩書きが、戦後処理の一貫として意味を持つケースもある。でもあと三十年したら？「お人柄」だけで、一億の民草は統合されるだろうか。

エドワード・ベア『裕仁天皇——神話に包まれて』を読んで一番感じるのは、そのずれの部分だ。昭和天皇の絶対君主制というのは、戦後生まれの人間にはピンとこない。天皇は状況もわからず、軍部に脅されて仕方なく戦争したのだ、という説をよく聞かされたし、実際の裕仁天皇の姿からは、どうみても「国家元首」的な迫力が感じられなかったからだ。でもそれは、戦後の占領政策の中で、アメリカ主導で作られたイメージなのだ、というのがこの本の基本的な議論だ。それを示すために、裕仁天皇が自分の意志を持った強力な君主だったことが、昭和のあらゆる事件に即して一つ一つ検証されている。

他にやる人間がいなければ、この本はいずれぼくが訳すつもりでいた。日本で出す版元がないなら、台湾あたりで海賊出版して輸入してもいい。それだけの手間をかけて日本語化する価値のある本だからだ。エドワード・ベアはあの『ラスト・エンペラー』の著者である。清朝最後の皇帝溥儀は、大日本帝国の傀儡となって満州国皇帝もやったし、その資料集めの過程で裕仁天皇に関するネタも集まったらしい。もちろん、様々な政治的曲面で、裕仁天皇がどこまで状況を把握し、どこまで主体的に意志決定を行ったのかは、間接的に推測するしかない。しかし、周辺資料に基づくかれの調査の成果はすごく説得力があるし、何よりも読ませる。上下巻あわせて六百ページ近い本が、わずか数日だ。

　邦訳の唯一の難点は、天皇に対する敬語の使用だ。著者はヨーロッパ人なので、日本の天皇に対しては何の義理も感じていない。だから天皇や天皇一族に対して敬語は使わないだろう。あと、見返しに引用されてるマッカーサーの発言は明らかな誤訳。それを除けば本書の翻訳は正確無比。引用はすべて原典を調べ直すという手間をかけているし、原著では省略されたイギリスの学生による裕仁テーマの戯れ歌まで収録されている。原著に対する批判へのコメントもあり、若干ながら原著より充実した内容だ。敬語の使用は、無用な摩擦を避けるのに必要なことだったのだろう。

　本書の最後の部分では、外と中で顔を使い分ける現在の日本人に対し、批判が述べられている。それが天皇についてのあいまいな態度と同じだ、と言って。もし本気で戦後をやりなおし、本気でアメリカの日本占領政策を否定したいなら、同じくアメリカの占領政策である、天皇の戦争責任不問も白紙に戻すべきじゃないのか。自主憲法と同時に自主極東軍事裁判をやるべきじゃないか（こうはっきりと書いてはいないけれど）。大きなお世話ではある。でも、そのあいまいさのツケは、すでに現皇太子の奥さん探しの困難あたりに現れている。このままさっき述べた「ずれ」が拡大すれば、天皇制は確実に変更を余儀なくされるだろう。具体的な方向はわからないけれど、すでに素案づくりも始まっているかもしれない。

　いずれ平成天皇の伝記も出る。召使いどもの日記も出る。でも、この本の迫力に比べたら、見る影もないだろう。昭和のようなすごい時代を逃した不幸と言うべきか、幸せと言うべきか。この本の内容については賛否両論あるはずだけれど、昭和という時代の一つの異様さが、凝縮された形でえぐり出されているのはまちがいない。昭和生まれは必読、それに日本がお題目でない「国際化」をする気なら、本書に対する何らかの態度表明が必要になるのじゃないかしらね。だってこの本、すでにペンギンブックス入りの古典だもの。

（「CUT」一九九二年七月）

コメント

日本の天皇制について、やはりぼくは二〇世紀における「君主」というものをどう考えるか、という視点を持つことがどうしても必要だと思っている。そしてこれは、日本人ではなかなかできない。すぐに、何やら日本固有のものとして見てしまいがちだから。その意味で、本書はとてもありがたい本だと思うし、いまでも読むべき価値はあると思う。平成の天皇について、こんな本が書けるだろうか？　ぼくはそうは思わない。そして二一世紀に入り、タイの王室の状況を見ても、ヨーロッパの王様を見ても、ずいぶん苦労している。令和元年の今年、ぼくは日本も（女系とか男系とかいうレベルではなく）君主制のそもそもの意義やあり方について、考えたほうがいいとは思うのだ。

　ちなみにこのときは編集長がえらく気を使った。このネタはやばいから、ちょっとでも茶化したような部分はまかりならん、山形も夜道には気をつけるように、と脅かされたのを真に受けて、この時期はいつでも逃げられるように外貨とパスポートをいつも持ち歩いてた。

　蛇足ながら本の見返しに引用されてる部分はちょっとまちがい。「マッカーサーは裕仁を生まれながらの天皇と思っていたが」と書いてあるんだけど、ちがうのね。マッカーサーは、「裕仁なんて、たまたま生まれついた家のせいで天皇になっただけじゃん、能力や中身なんかないんだろ」と思ってたんだ。それが、予想外に紳士的な人物が出てきて驚いたって話。

▼君主制に未来はあるか？

Paul M. Handley, The King Never Smiles (Yale University Press, 2006)

民主主義の世の中にあって、王さまや皇帝や天皇の位置づけはとてもむずかしく、その愛憎半ばするような人気の一端も、そのいかにもあいまいなポジショニングにもあるのだろう。なぜ王様は王様なの？　なぜ天皇は天皇なの？　そう言われて、まともに答えられる人はいない。だってまともな答えってないんだもの。昔なら、戦乱の世を平定したとかいう実績があって、その実績（および各種神話的な正当化）をもとにした一族の統治能力への期待がある。それが、王様を王様たらしめているものだ（建前上は）。だけれど、いまの世界各地に残る王家や皇帝一族にはその意味での「実績」がなかなかない。王様がお飾りやシンボル以上の存在であるところはまれだ。君主が本当の意味で統治しているのは、ブータンやアラブ首長国連邦の首長たちくらいかな。

その中で、タイの王家というのはがんばっている。国内のタイレストランに行くだけでも、現在のラーマ九世王がいかに敬愛されているかは感じられるだろう。それは決してお人柄とかそんなものだけではない。政治的にも大きな存在感を持ち、また各種の慈善や貧困開発プロジェクトなどを通じ、国民ともかなりの直接的な接触を持って「治めている」王様だ。タイで数年ごとに風物詩のように繰り返されるクーデターもどきにおいても、最後は王さまが出てきて沙汰を下す。法律や民主主義のお題目がどうあれ、実質的な意味での最終的な主権は明らかに王さまにある。

　この本は、そのラーマ九世ことプミボン・アドゥンヤデート王の伝記となる。そしてこの本でわかることは、ラーマ九世は単に世襲で玉座についただけの存在ではないということだ。ある意味でかれは現在の地位を自ら勝ち取ったのであり、だからこそ現在のような力をかれは持ち得ている。

　ぼくも知らなかったことだが、ラーマ九世は実はアメリカのボストン地域生まれなのだった。もともとかれの父は王位からはかなり遠く、ボストン留学時に結婚して誕生した兄弟の弟のほうがプミボンだ。折しも当時のシャム王国では、王の圧政に対して台頭してきた市民階級がクーデターを起こし、王様が亡命政府を興して云々といったきわめてきな臭い状況となっていた。各種駆け引きのなかで王はかつての権限や財産をほとんどすべて失い、王室は完全に形骸化していた。

　プミボン王子は、そんな状況とは比較的無縁のまま、自由なアメリカ生活を満喫し、ミュージシャンになろうとかレーサーになろうなどと夢見ていたのだけれど（そして自動車事故を起こしたりもしている）、なんだかんだでこの一家に玉座のお鉢がまわってきてしまった。そしてこれまた知らなかったことだが、まず玉座についたのは兄アナンダなのだった。だが、アナンダ王は在位わずか一ヶ月で謎の死をとげる。ピストル自殺なのか、あるいは暗殺かは、未だにわからない。かくてプミボン王子が一九四六年にタイの玉座につく。兄の死後、プミボン王は公式の場では一切笑わなくなったという。本書の題名もそこからきている。

その後のタイの歴史――そしてラーマ九世の歴史――は波乱に満ちたものだ（いまだにそうだ）。十回以上にわたるクーデターの試み。近代化と共産主義勢力、アメリカを筆頭とする勢力の横やり。一時は王の地位すら失いかけ、冷戦期には無力なお飾りとしてバカにされていた。だが王様は、まず失われた王室の財産や地位を少しずつ回復する。さらに各種の地方開発や貧困開発プロジェクトの実施。なかには人工降雨技術を使って、王は雨を呼ぶ力があると無知な農民に思わせる、なんていうあざといのもあるけれど。そうやって信頼を勝ち得る一方で、各種勢力にうまく自分を利用させることで、常にキャスティングボートを握るような位置を確保。失敗や計算ミスもあった。でもそれを辛くも乗り越えた実績を経て、ラーマ九世は現在の地位を自ら築き上げてきたのだ。

ただ伝記としての本書は凡庸。波瀾万丈とはいえ、それがしょせんはタイのローカルな事情の中だけに終始し、これだけの素材を扱いつついま一つ広がりがないのは残念。特に、他の王家との比較が少ない。ときどき引き合いに出されるのは、まったく外部との接触がなく、完全なお飾りでしかない日本の天皇家くらいだ。

でも、ぼくはもっと適切な比較対象があると思うのだ。同じインドシナで、類似の勢力にさらされ、アメリカの援助と共産勢力と国の発展と王室維持というパズルに挑んだ別の王家。この欄の読者ならおわかりだろう。カンボジアのシアヌークだ。シアヌークが目指したのは、ある意味でまさにいまのタイ王家のような立場だった。各種反対勢力の仲裁者として、実質的に最高権力を目指す立場。だが自分が目立つことばかりを重視し、感情にまかせて手下の蛮行を自ら奨励し、奥の手として温存すべき絶対権力を気楽に行使しすぎて仲裁すべき勢力そのものをつぶしてクメールルージュの台頭を許し、国を壊滅させてしまった愚かな君主。玉座についてからはアメリカで満喫した自由を封印したプミボン王の節制とバランス感覚の一部でもシアヌークにあれば——本書にはなぜか、シアヌークもカンボジアも一度たりとも登場しないのだけれど、この二人を比べたとき、王様というものの意義とその危うさについて人それぞれ思うところがあるはずだ。

　そして本書の問題提起でもあるんだけれど、やはり王室の今後は問題になるだろう。最終的には反民主的な存在である王室、そして結局は既存の（決して腐敗していないとは言い難い）産軍権益との結びつきで成立している王室が、社会の成熟の中で今後どうたちまわるのか？　ある意味で世界でも有数の成功した王室たるタイ王室の抱える課題は、世界のその他王室にとっても大きな問題として立ちはだかるのだ。この点の踏み込みは甘いのだけれど——それは読者が考えるべきこと、かな。この日本社会の課題としても。

　なお、タイ政府は本書の刊行にあまりいい顔をせず、ブッシュ大統領に文句を言ったり、版元のイェール大学出版に抗議したり、出版を阻止せんとあの手この手を尽くしたとか。タイではいまも、王室は絶対無謬であると法律で決まっており（!!）、したがって王室批判は禁止されているそうな。本書がそんなに悪いとは思わないんだがなあ。王がときに民主主義より秩序を優先するというのがアレらしいんだが、王室が完全に民主的なわけないのは定義上明らかなんだから、だれもそれで驚いたりしないと思うんだが。

（「一冊の本」二〇〇七年十一月号）

コメント

上の日本の天皇家と同じく、タイの王室も先王時代はきわめて戦略的に動き、タイ国内の政治から一歩離れてキャスティングボートを常に握る立場にいられたのが、その次の世代では王室自体が国内の政治対立に取り込まれてしまった。タイ王室は、イギリス王室や日本の天皇とはちがう形で、もっと積極的に政治に関わる君主として独得の存在感を持っていたけれど、二〇一八年のタイ王室がその存在感を維持できているかは、評価がかなり分かれるのではないかと思う。

▼『マオ』における毛沢東の思想形成史の不在

ユン・チアン、ジョン・ハリデイ（著）土屋京子（訳）『マオ――誰も知らなかった毛沢東』（講談社）

チアン＆ハリデイ『マオ』は二〇〇五年に欧米でベストセラーとなった。ちょうど世界的に中国が存在感を増し、現代中国のルーツに対する関心も高まっている時期だ。毛沢東評価の見直しには絶好のタイミングで、本書は見事にその需要に応えた。その邦訳が原著出版から半年もせずに出版されたのは、日本の一読者としては実にありがたいことだ。

本書は、従来の（専門家ではない一般に流布した）毛沢東像を徹底的にひっくり返す衝撃的なものとなっている。十億人民の父にして現代中国建国の祖、抗日戦における軍事的天才。そして特に左翼がかったインテリ層にとって、毛沢東は社会主義への傾倒とオリエンタリズムを同時に満足させてくれる便利な存在だった。ゴダールの一時期の映画を見た人であれば、その影響が（ファッションとしてであれ）どれほど強かったかは想像できるだろう。

だが本書に描かれた毛沢東は、そうしたイメージとまったくちがう。毛沢東は自己中心的で残虐行為の大好きな好色爺でしかなく、人民のことなど一顧だにしない。軍事的にも無能で、権力の座についたのは恫喝と粛正による合従連衡ゲームにだけ異様に長けていたから。数千万人を殺した大躍進政策や文化大革命も、毛沢東にとっては権力ゲームのおまけでしかない。軍事的天才性を示すはずの長征は、実は粛正まみれの悲惨な逃避行にすぎず等々。

次から次へと繰り出される、毛沢東の信じがたいほど狡猾な党内政治手腕と、それに伴う死屍累々の記述は読んでいて胸が悪くなるほどだが、まったく飽きさせない。そして本書の強みは、特にソ連の未公開資料を中心とした無数の新資料をベースにしていることだ。各種権力闘争の敗者たちにもたんねんなインタビューを積み重ねており、その迫力には比類がない。ないのだが……。

問題はその資料の使い方、およびその解釈だ。

たとえば本書は、毛沢東の若い頃の作文に、既存体制の破壊願望や一般人民への軽視が書かれていたことを根拠にして、毛沢東は昔から残虐であり、大量虐殺につながるメンタリティを持っていたと匂わせる。自分が特別な存在だという記述を見つけては、その後の特権意識の証拠だとする。でも若い頃の人間はいろんな思いを行き来する。厭世的な破壊衝動を書き連ねた翌日にはそれを恥じ、博愛主義的な思いにとらわれたりする。それだけではその人物の心性を判断できないだろう。

つまり本書は、毛に成長や変化の余地を一切認めない。毛は生まれつき残虐で怠惰で利己的だったと決めつける。なぜ毛沢東はマルクス主義者になったのという記述すらない。共産主義運動は、当時の流行だったので毛沢東もそれに便乗しただけだと匂わせるだけ。上下巻あわせて千ページ以上の本文の中で、毛沢東が田舎の農村から都会に出てきて、共産党に参加するまでの記述はたった十五ページ。さらにその大半が、毛沢東の思想が当初から自己中心的で破壊と暴力を肯定するものだったと示すのに費やされる。

そして毛沢東思想の特徴についても一切ふれられない。毛沢東「主義」の特徴は、都市部工場労働者を重視したソ連型のマルクス主義理論に対し、農民を中心に据えたことだとぼくは理解している。毛沢東は小作人の地主に対する妬みを利用してオルグを進め、この方針をめぐって中国共産党のソ連帰国組とはかなりの確執を展開した。この方針形成にあたっては、一九二〇年代後半頃に毛が実施した農村調査の影響が大きいようだ。が、『マオ』にはこの調査に関する記述は一切ない。それをいうなら、そもそも毛沢東の論文や著作の内容についての記述もないに等しい。もちろん本書の主張では、毛沢東にとって共産主義は単なる方便で、形成されるべき思想などそもそもなかったわけだ。でもそんなことがあり得るか？

というのも、その思想形成史の不在に伴って、最大の疑問点が起きてくるのだ。もし毛沢東が、それほど打算的で他人のことなど意に介さず私利私欲のためにしか動かなかったのであれば、そもそもなぜ共産ゲリラなどに身を投じたのか？　本書によれば毛沢東は常に安楽なほう、利益が大きいほう、権力が握れるほうへと流れていった結果として、やがて中国の独裁者の地位についたことになる。本書の記述に流されつつ読んでいると、そういうものかな、という気はする。しかし一歩ひいて考えてみると、これはあまりに無理が多い。もちろん当時の中国といまの日本とでは感覚がかなりちがうのだろう。だがそれにしてもだ。そこまで利にさとい人物が、過激派に身を投じたりするだろうか。共産党が国民党に勝利できる見込みがどこまであっただろうか？　しかも毛沢東は裕福な農家の出で、決して喰うに困るような立場ではなかったというのに。一歩まちがえば毛沢東自身も危なかったケースは多々あるのだ。思想信条もなしになぜそこまでのリスクを？　本書はこの疑問に答えられない。

　ある意味で、本書は（意識してかどうかはわからないが）中国の伝統的な史書とよく似ている。そこでは、英雄なり暴君なりは、生まれながらに高い徳なり残虐性なりといった資質を持っており、そうした資質がいかに幼少時からあらわれていたかが説明される。本書もまさにそういう記述になっている。そして家族に対する愛を捨てられなかった蔣介石に対し、家族を捨て、子孫への未練を断ち切った毛沢東の冷酷さが勝利した、というストーリー作りも読み物としては抜群におもしろい。派閥抗争の権謀術策マニュアルにもなるし、また二十五年にわたり風呂に入らず、代わりに蒸しタオルで全身を拭かせていたといったエピソードも楽しい。だが、毛沢東について十分な歴史的理解を得るには、本書だけでは不備だ。というわけで次回は本書をフィリップ・ショート版『マオ』と比べてみよう。（「CUT」二〇〇六年二月）

▼チアン＝ハリデイVSフィリップ・ショート：二つの毛沢東伝を比べると

Philip Short『Mao: A Life』

前回紹介したチアン＆ハリデイ『マオ』は、話題作ではある。でも一九九九年に出たフィリップ・ショートによる『マオ：ある人生』は、それまで決定版毛沢東伝として高い評価を受けていた。チアン＝ハリデイ版『マオ』はこれにかかわる新たな決定版伝記となれるだろうか。今回はこの両者を比較してみよう。

まずチアン版は、毛についての新説をたくさん出したのが話題なんだが、実はショート版の時点で多くの毛沢東神話は相当部分がすでに否定されている。八路軍が長征で逃げ回っていただけだとか、瀘定橋の大決戦が実はなかったとか（二〇〇九年追記：失礼、ここは読み違い。ショート版は瀘定橋の戦いがなかったなどとは言っていない。単に、スノーが書いたほど派手なものではなかったと述べているだけ）、国民党の敗北は内部に無数にいた共産スパイの暗躍による部分が大きいとか。とはいえ胡宗南がスパイというのは新説で、台湾ではすでに反論続出だとか。確かに目新しい話はある。旧ソ連の資料を多用しただけあって、張作霖事件や蔣介石拉致、朝鮮戦争などをめぐるスターリンらとの攻防は、かなりちがった現代アジア史の様相を描き出す可能性がある。これはチアン版の面目躍如だ。さらにその後、毛沢東が社会主義ブロックでの発言権を増すための援助の大盤振る舞いで、自国の貧窮に拍車をかけた記述の充実ぶりはショート版などにはなく、チアン版の大きな魅力だ。

だが……その新資料を含めチアン&ハリデイはどこまでフェアだろうか。両者の記述が齟齬する箇所を見ると、かなり疑問が出てくる。たとえば息子を朝鮮戦争で失ったときに、ショート版は毛がひどく衝撃を受けていたという彭徳懐の証言を挙げるが、チアン版は毛が平然としていたと記述する（下p.90）。チアンらは、彭の証言を知らないはずはない。それを故意に無視し、さらに息子の嫁にその死をしばらく隠したことまで息子の死を軽視した証拠だと強弁して、家族を顧みない毛というイメージを作るやりかたは、ぼくにはちょっと悪質だとしか思えない。

　またチアン版は、共産党軍が共匪として忌み嫌われた残虐な農村強奪粛正弾圧部隊だったと書く。松原隆一郎は朝日新聞の書評（一月十五日）で、恐怖政治だけであれほどの支配を維持できるものかと疑問を呈すのだが、八路軍の勝利については「人民が理想に燃えたからと見るのなら理解できる」と書く。理想？　小学校の学級会じゃあるまいし。ショート版を読むと、国民党側も中央の精鋭たちを除けばゴロツキ集団で、略奪と破壊と強姦の限りを尽くしていたことがわかる。チアン版では、中国農民たちは収奪されるに決まってるのに、多少の恫喝で共産軍をホイホイ支援する、まるっきりのバカだ。でもそうじゃなかったのだ。チアンらの描く最低最悪の共匪でさえ、まだ少しはましだったのだ。かれらにはそんな悲惨な選択肢しかなかったことを描くだけの視野の広さがショート版にはある。チアン版は、それを書かない。

　そして何よりも文化大革命だ。チアン版だと、毛沢東はカッペで古い文化が嫌いだったのと、増長して目障りな劉少奇の始末のためのお膳立てとして文革をやったにすぎない。だがショート版によれば、文革にはもっと毛沢東思想の根幹に関わる本質的な意味があった。毛沢東は死ぬまで、自分の最大の業績は共産革命と文化大革命だと語り、自分の死後も文革を継続せよと述べていたんだから。さらにショートによれば、文革頃から毛沢東は自分の亡き後の中国指導部について悩んでおり、文革も後継選抜の一貫だ。でもチアン版の毛は、自分の血筋や死後を気にしなかった変な中国人なので、そんな配慮はなかったことになるんだが……ホントですか？

さて、この両者を読み比べてどうだろう。ぼくはチアン版に描かれた毛沢東像が信用できない。あまりにバカで軽率で衝動的なんだもの。軽率なバカは陰謀渦巻く中共上層部では長続きしなかったのだ。さらに、毛沢東はすでに一個人じゃない。それがその後の世界に与えた影響まで含めての存在だ。チアン版にはそれがない。前回、毛沢東の思想軽視はチアン版の大きな欠点だと指摘した。それが文化大革命のような重要事件の意味も見えにくくしているのは既述の通りだが、毛の死でチアン版は話があっさり終わり、文革の後始末など一切書かれていないのも同根だ。毛が桀紂なみの悪逆非道の暴君だったというだけじゃ昔話の域を出ない。かれの思想や遺産は現在にどう受け継がれたか——あるいは中国の場合には、鄧小平がいかにそれを断固として骨抜きにしたか——それこそが、いまの読者にとって重要なことだろう。特に一般向けの伝記においては。チアン版は思想を軽視したが故にそれを描けず、伝記としての意義が大きく損なわれている。ショート版は、毛の死後までまがりなりにも描いている。

というわけで、これがぼくの現時点の評価だ。チアン版は、確かに抜群に面白いのだけれど、現代の伝記として高い点をあげられない。そこで使われた新資料とそれに基づく新説の検証は、今後専門家たちが十分にやってくれると信じたいし、それによってチアン版の価値も左右されるだろう。だが伝記というものに単なるゴシップ集以上のものを求める一般読者には、ぼくはいまもやはりショート版をお薦めするだろう。邦訳がないのは本当に惜しい。* そこでの毛沢東もまた、チアン版と同じく恐ろしい存在だが、それは気まぐれ暴君の怖さじゃない。むしろ老獪で陰湿な裏工作が果てしなくつむがれる、一筋の論理を持った恐ろしさで、しかもそれがきちんと当時の世界情勢の中に位置づいている。チアン版の『マオ』を読みながら、ぼくはなぜみんながこのバカな無能をその場で射殺しないのか、不思議でならなかったのだけれど、ショート版を読むとその理由が腑に落ちる。そしてそのほうが結局のところ、毛沢東という人物の恐ろしさ——そしてその現代的な意義——をよく伝えているように思うのだ。

＊　二〇一〇年に山形浩生＋守岡桜訳で『毛沢東　ある人生』として白水社より翻訳刊行

（「CUT」二〇〇六年三月）

コメント

チアン他『マオ』は原著がすごく話題で、邦訳が出ると聞いたときにはものすごく期待して、読んでみたんだが、確かにおもしろい。でも、信用できない。成長も迷いもないひたすら下劣で無能なだけの人物なんて、すぐ殺されちゃうよ。あまりに魂胆が見え透いているのは鼻白む。ホント、もっとおもしろい本になったはずなんだけど。チアンが文革で毛沢東に恨みがあるのはよーくわかったが、それをむきだしにするだけじゃだめ。さらに、死んだらそれで話はおしまいって、それはあまりに安易でしょう。でも、史書っぽい記述になったのは民族性というかなんというか。

これとショート『毛沢東』を比較すると、チアン&ハリデイ『マオ』の偏向ぶりと、資料の意図的な取捨選択はかなり明らか。ショート版のほうが人間的な成長もあり、さらに毛沢東伝説をきちんと批判、思想史もちゃんと盛り込み、かれの政治的なたちまわりや長所も含めて描き出し、なぜかれがトップにのぼりつめたかをきちんと説明できている。こっちは訳されないのかな……と書いていたら自分で訳す羽目になったのはお笑いではあった。

▼専門家による本当に有益な書評のありかた

矢吹晋『激辛書評で知る中国の政治・経済の虚実』（日経BP）

二年ほど前に、毛沢東をひたすら強欲で無能な殺人鬼としてのみ描くチアン&ハリデイ『マオ』が刊行され、日本でも話題を呼んだ。ぼくも期待して読み始めたんだが、そんな強欲漢がそもそもなぜ共産ゲリラなんかに参加したかとか、そんなに無能でなぜ勝てたのか、といった基本的な疑問に答えない困った本で、担当していた書評欄でそれをかなり詳細に指摘した。が、専門家を含む他の人々による書評は「衝撃作」だの「本当なら従来の見方をひっくり返す」等々、帯の惹区そのまんまの代物ばかり。素人のぼくの書評にも及ばないとは、日本の専門家は何をしてるんだい、とぼくはかなりがっかりさせられたのだった。

そこへ登場したのが矢吹晋の長大な『マオ』評だった。外国での批判も紹介しつつ、恣意的な資料の利用、明らかな歪曲など、ありとあらゆる点について問題を指摘し、それがいかにダメな本であるかを縦横に指摘したすさまじい力作だった。もちろん多くの部分は素人には細かすぎるけれど、でも読めば何が問題にされているかくらいはわかる。そしてぼくが冒頭で挙げたような大きな問題ははっきり触れてないけれど、それはまあ仕方あるまい。こういう見識と知識に基づくきちんとした評価ができてこその専門家ではないか。この書評は、そうした専門家や評論家としての役割をきちんと果たしていない、国内の各種のダメな書評もやり玉にあげていた。ついでにそれを全文ネットで公開してくれたのには脱帽だった。

本書は、その『マオ』評を含め、現代中国に関する最近の話題作についての矢吹の書評を一冊にまとめてくれた、大変にありがたい本だ。そしてどれも、『マオ』書評で見せた専門家としての自負を裏切らない、実におもしろい書評ばかり。本の刊行時期への着目、ちょっとしたディテールへの視点。そしてそれが、現代中国の諸相を解き明かす様は目からウロコの感動だ。いまの中国に（政治、経済、ビジネス、いずれの面でも）関心ある人は、読めばきっと発見があるはず。そして同時に本書は、書評とはどうあるべきか、というきわめて真摯な問いかけともなっている。それはこんな欄を書いているぼくこそが考えるべきことなんだけれど。

（「ＡＥＲＡ」二〇〇七年六月四日）

▼公式毛沢東伝ともう言うべきものながら、プロパガンダにとどまる

金冲及（編）村田忠禧・黄幸（訳）『毛沢東伝（1893–1949）』（みすず書房）

この伝記は一九四九年の中華人民共和国成立までの話しか扱っておらず、伝記としてはぜんぜん完結していないことに注意。その後、本国では二〇〇三年に一九七六年までの後半の伝記が出ているが、邦訳は二〇一〇年時点では未刊。

執筆陣は、中共中央文献室であり、したがって中国共産党の資料を縦横に駆使して詳細に書かれた伝記であるのは確か。だがその一方で、本書は中国の毛沢東に関する公式プロパガンダの一環でもある。毛沢東に対する中国の公式な立場は、前半生は立派だったが後半生では大躍進や文革など、まちがいもありました、というもの。上巻はその前半生までの伝記なので、毛沢東はとにかくひたすら人格者、清廉潔白で人民のことを常に考え、理論的にも軍事的にも卓越し、常に正しく絶対無謬な存在として描かれる。

しかしながら、実際の毛沢東はそんな聖人君子ではなかったし、当時の中国や共産党はそんなおきれいなお題目だけで話が進むほど甘いところではなかった。毛沢東はライバルを蹴落とすためにすさまじくエグい粛清や虐殺を大量に繰り広げている。ところが、本書はそれを全然描かない。たとえば後の文革につながる知識人粛清活動である、延安整風運動では、自分に対する批判者を難癖つけてつるし上げて粛清しまくった。ところが上巻では、それは単なる理論偏重批判だったことにされ、行きすぎはあっ

たが、それはすべて康生の勇み足に責任転嫁されている。そして数万人規模の大粛清となった、でっちあげのＡＢ団なるスパイ組織を口実にした富田事件については、何と一言の記述すらせず、なかったことになっているという悪質さ。下巻では整風運動が二章かけて記述される。だが、そこでも批判粛清拷問その他は他の人がやって、毛沢東は最後にその行きすぎをたしなめただけのような記述になっている。

　また下巻は訳者が解説でひたすら本書の提灯持ちに終始し、いまの中国繁栄をもたらした鄧小平的な資本主義路線が、実は毛沢東の前半生の思想の継続なのだという我田引水が行われている。自分の努力と才覚で豊かになった各地の地主たち（毛の父親のような）や商人を粛清し、その財産をばらまくことで支持を得てきた毛沢東の初期の思想が現在の中国の資本主義と同じだという議論は、あまりに苦しい。

　各種の細部については、類書の及ばない詳細な記述があり、参考文献にはなるが、全体的な記述は公式見解にしてもあまりに歪曲がひどく、伝記としては評価しがたい。読む人はそのあたりの歪曲について十分に警戒する必要がある。

（アマゾンレビュー／ブログ　二〇一〇年五月七日）

▼支離滅裂で二〇世紀末で大躍進の意味すら理解できていない悲惨な本

竹内実『毛沢東』（岩波新書）

　著者は毛沢東関連資料の研究で名高く、一般向け毛沢東解説書の書き手としては適任、と思ってしまうのが人情。それだけに、本書の惨状には目を疑った。

著者は毛沢東の著作に基づいてあれこれ論を展開するが、古典文芸的うんちくに終始。発言内容と現実との対比がほとんど行われず、毛沢東著作から聞こえのいい建前論ばかりを抽出して散漫な記述が展開されるうえ、意味もなく著者の卑近な身辺雑記でお茶が濁されるのには閉口する。

そして信じがたいことに、著者は大躍進の偽装を一九八九年の時点でまったく見破れずにいる。一九五八年にどこぞの村に招かれ、石炭を地面に広げて燃やしてコークスを作るとか（そんなやり方でコークスができるもんか！）、子供が上にすわれるほど高密に植わった稲（ありえん）を見せられるが、一切疑問を呈することなく鵜呑みにする（pp.98–100）。それこそまさに、大躍進で毛沢東の追従に使われた偽装そのものなのに！　そしてかれはこれにより、鉄鋼や穀物の生産高が実際に上がったと主張するのだ。その統計自体がごまかしなのだということも、一九八九年の時点でわかっていないとは！

さらに毛沢東は、常に言うことがぶれまくる。まず思いつきで勝手な方向性を唱え、その実現努力が足りないといっては人々を粛清し、思った通りの結果が出ないと粛清し、最後には行き過ぎだと言って粛清する。ところが著者は、これがぶれていないという。ぶれない中心があって、そのまわりでますます大きな円が描かれているだけ、なんだそうだ（p.194）。こうした空疎なレトリックで、毛の方針を「ぶれていない」と強弁し、毛沢東の欠点をひたすら言い逃れた、ごまかしに満ちた一冊。もはや岩波文化などに幻想は持っていないつもりだったが、ここまでひどいとは。日本の知識人に対する毛沢東の呪縛のようなものを理解できるという点では有意義かもしれないが、毛沢東についてこれで何か学ぼうと思ってはいけない。むしろ、著者をはじめとする日本の一部知識人、さらにはこれを出した岩波書店の状況について語るものが多い本だ。

（アマゾンレビュー／ブログ　二〇一〇年五月十五日）

▼文化大革命で日本の左翼知識人のうろたえぶりだけが伝わってくる一冊

小田実『毛沢東（20世紀思想家文庫15）』（岩波書店）

たいへんに不思議な一冊。小田実は、ベ平連（ベトナム戦争への反戦団体、ひいては反米サヨク市民団体）で有名な人だが、別に中国に詳しいわけでもないし、中国語が読めるわけでもない。毛沢東の伝記的、思想的な記述は本当に通り一遍で、受け売りレベルにとどまるし、それすらあまり勉強していないのは明らか。

そんな人が中国にちょろっとでかけてあれこれ見聞きするのだが、それによって毛沢東について何か新しい知見が出るわけでもない。かれは文化大革命でコロコロ変わった毛の発言に戸惑い、それでも毛沢東サマのおっしゃることなら、と盲信していたら、その後毛の方針自体がまちがってました、とはしごをはずされて、どうしていいかわからずにひたすら途方にくれている。あれもわからない、これも判断がつかない、これもどうしていいかわからない、結局毛沢東をどう評価してよいかよくわかりません、というだけの本になっている。

現代の偉人を新しい目で見直すはずのシリーズに、なぜこんな「どう見直してよいかわからない」などという本が入っているのは謎だが、一方でこれは当時の（そしていまの）日本の、良心的にはちがいないがいまにして思えばおめでたい左翼知識人、ひいてはそのお先棒を担いでいた岩波書店が置かれた状況をよくあらわしている。かれらはずっと社会主義や毛沢東を絶対的な正義として掲げてきて、その評価が変わってしまったときに、どう対応していいかわからなくなっている。そのうろたえぶりを、本書は素直に伝えているといえなくもない。その意味では、その戸惑いぶりを見るために一読する価値はあるかもしれない。が、一読だけ。そして読んでも、毛沢東については何もわかりません。日本の左翼知識人の混乱ぶりに興味がある方だけどうぞ。

（アマゾンレビュー／ブログ　二〇一〇年五月十七日）

▼文化大革命翼賛文書。フランス現代思想の浅はかさの一端をどうぞ

ジュリア・クリステヴァ（著）丸山静、原田邦夫、山根重男（訳）『中国の女たち』（せりか書房）

クリステヴァは中国共産党の手配で、文革末期の一九七四年に中国を二週間ほど訪れた。そのときの感想文が本書。二週間のパック旅行（それもかなり駆け足で各地をまわっている）ではろくなものが見られなかったようだ。話を聞いた相手はすべて、共産党の（当時の）公式見解しか語っていない。それは当時ですら明らかだったはずなんだけれど、クリステヴァはそれをまったく指摘できず、そのまま垂れ流し、要するに文革の提灯持ちに堕しているだけ。それでも分量が足りず、半分以上はマルセル・グラネの受け売りで昔の中国における女性の話をしたり、共産党初期の女性党員の話をしたりだが、いずれも聞きかじりレベル。

そして最終的には、共産革命が中国古来の男性重視家父長制を打ち破ろうとしていたとか、文革で女

性の地位はかつてないほど向上とか、紅衛兵たちは親たちの劉少奇的な反動主義を打ち破ってさらに前進しようとしているとか、林彪がのさばっていたらひどいことになったとか、共産党のプロパガンダをそのまま繰り返し、「中国においては《神》のない、また《男》のない社会主義を目指す道が選ばれている」などと結論づける。

要するに、小難しい言葉で中国と文革の翼賛をやっているだけなのだ。当時のゴダールの映画やヴォネガット作品なんかを見てもわかるとおり、当時はおそらく先進知識人の間では文革を持ち上げるのが流行っていたようだ。彼女はその流行に安易に乗っていただけというのがよくわかる。そしてかつて日本の一九八〇年代末のニューアカデミズムはそれを見抜けず、本書を「異邦の女のまなざし」などと持ち上げていたけれど、いま読むとひたすら悲しく情けないだけの無内容な本。

（アマゾンレビュー／ブログ　二〇一〇年五月十六日）

コメント

毛沢東の伝記三つ——アンチ毛、比較的中立的な立場、公式プロパガンダ——に続いて、日本と西洋の「知識人」による毛沢東および中国共産党翼賛文書についてのレビュー。このいずれも、本は出た直後と同時に、時代を経て読み返すのが重要だということをよく示していると思う。文化大革命や大躍進の実態がわかったあと、日本の知識人たちはうろたえるしかできなかった。竹田実は別の本で、中国の文革などの粛清は、殺したりするとは思っていなかった、謝れば許してもらえるものだと思っていた、などと述べていた。情報がなかったから仕方ない面もあるかもしれない。が、実態がわかったところで反省して、自分のかつての文についてきちんと批判し修正するくらいのことはしてほしい。それも、本多勝一のように、こっそり改ざんするのではなく、当時の自分に何が不足していたのか、そしてそれを受けていまの評価はどうなのかについては明確にしてほしい。

ダメなのは日本の知識人だけではなかった。クリステヴァのこの異様な本は、西洋知識人のダメさ加減もよく示している。特にこのクリステヴァは二〇一八年に、祖国ブルガリアの秘密警察の手先としてフランス知識人に関する情報収集を行っていたことが明らかになっている。もっとも、ロラン・バルトにすり寄ったままではいいが、無能すぎてまともに情報を集められないどころか、毛沢東主義に入れ込んでしまい使い物にならなかったという記録まで残っている。たぶん『中国の女たち』の中身は、完全に本気だったのだろう。だがその一方で、当時の知識人たちの左翼偏向は、当人たちの嗜好もさることながら、社会主義ブロックからの工作も作用していたことがはっきりわかる。こうした左翼系知識人たちの中国（さらにはソ連）の社会主義翼賛の背景については、次のアプルボーム本などがきわめて参考になる。

▼ソ連強制収容所の凄惨な歴史と教訓について

アン・アプルボーム（著）川上洸（訳）『グラーグ――ソ連集中収容所の歴史』（白水社）

もはや社会主義が崩壊し、あの強大だったソヴィエト連邦も存在しなくなった現在、もうシベリアの強制収容所なんてのはみんなの記憶の彼方に消えているのかもしれない。かつて強制収容所は、社会主義の暗部であり、その悪の象徴だった。でも、それがどんな形で誕生し、そしてソ連邦崩壊後にどうなったのか——それはさっぱりわからなかった。

本書が出るまでは。

『グラーグ』は、そのソ連の強制収容所（グラーグ）の歴史を、最初から最後までたんねんに追った本だ。淡々とした筆致、圧倒的な調査に基づく記述。そしてこのボリューム。ピューリッツァ賞の受賞も文句なしだし、またこうした本をきちんと評価できることは同賞の見識を如実に示すものでもある。

もちろん、だれしもその概要は知っている。スターリン時代に生まれた恐怖の機関であり、住民同士の密告体制、秘密警察の暗躍。逮捕ノルマをこなすために、何の証拠もないまま人々は手当たり次第につかまり、一度つかまれば裁判などないも同然にシベリアの収容所に送られ、そして極寒の中、飢え死に寸前の状態ですさまじい重労働を何十年にもわたり強いられる。家族に消息が知らされることもなく、生きて帰ってこられれば奇跡に近い——アレクサンドル・ソルジェニーツィンをはじめ、それを実際に体験した人々の証言は多々存在するし、本書の中にもそれは十分すぎるくらいに活用されている。読み進むにつれて、そうした想像を絶する苦悶の細部が、読者の胸には重苦しくたちこめてくるのだ。

だが本書の特色は、それらの証言とともに、ソ連体制側の資料を使ってそうした機関の存在意義等をきちんと示したことにある。従来の強制収容所のイメージは、政敵や反体制疑惑のある人々を隔離するという名目の施設ではあった。でも本書では、それがスターリン以前から存在し、シベリアのインフラ構築のために必要な労働力確保の機関としていかに積極的に位置づけられていたかということをはっきりと示す。強制収容所がなければ、ソヴィエト連邦という仕組みは成立できなかった。多くの論者は、社会主義自体は正しくて、強制収容所なんてのはスターリンが本来の社会主義からはずれて独裁的に作り上げたものだから、強制収容所は社会主義批判にはならない、といった議論をしたがる。でも、少なくともソ連邦という形式の社会主義は、少なくともその初期には強制収容所なしにはたちゆかなかった。この両者を分けることは――共産主義中国が各種の強制労働なしには成立しなかったように――ひょっとしたら不可能だったのかもしれない。スターリン個人に責任を押しつけるわけにはいかないのかもしれない。

実はゴルバチョフは、かつてこの収容所システムに迫害された勢力の出身だったという。かれによるペレストロイカとともに、強制収容所は実質的に閉鎖されることとなる。さらにその後のソ連邦崩壊にともなって、もはやその存在すら過去のものとなりかけている。たぶん、まだ生き証人もおり、新しい資料も徐々に出てきたいまこそ、強制収容所の全貌を明らかにできる最も重要な時期だろう。本書はその端緒として実によい仕事をしてくれている。

が、そこからぼくたちは何を読み取るべきなんだろう。日経新聞に本書の書評がのって、イラクのアブグレイブ捕虜収容所等で捕虜虐待が起きていることを挙げて、強制収容所の教訓が生かされていない、というピントはずれな議論をしていた。うーん、時事ネタでオチをつけたい気持ちはわかるんだが、アブグレイブやグアンタナモの問題は戦争捕虜の処遇の問題であって、それが完全に社会体制の一部として機能していたソ連の強制収容所とはぜーんぜん話がちがう。グラーグの問題は、囚人の待遇以前の問題なんだから。もしソ連の収容所から状況が改善されていないという話をするなら、むしろ挙げるべきは（いまなお存在し続けているとされる）中国の労改や北朝鮮の収容所だろう。それに触れないことで、この本の指摘する強制収容所の教訓が理解されていないことを、当の日経の書評自体が身をもって実証してしまったわけだ。

　そしてそれと関連してもう一つ学ぶべきことがある。それは、その強制収容所に対する知識人の態度だ。

　比較的淡々と書かれる本書の冒頭と最後の部分には、この強制収容所から目をそむけ、それを否定し隠蔽してきた、西側の左翼系知識人たちに対する批判が書かれている。社会主義はすばらしいといいつのり、そこで行われている決めつけでっちあげ裁判ですら肯定し、強制収容所についてはひたすらデマだウソだと言い続け、そしてそれが否定しようがなくなったときには適当に言葉を濁してごまかす。そこで名前を挙げられている知識人たちを見ると、今年（注：二〇〇六年）の正月にこの欄で紹介した『マオ』にも登場した毛沢東による文革の虐殺を翼賛した人々とかなり重なっていたりする。日本でも類似の発言をして、類似の役割を果たした人々がいて、いまだに自己批判もなくサヨクちっくな「理想」を口走っていたりするのだ。そしてハーケンクロイツに目くじらをたてる人々が、それより遥かに多くの人々を迫害・殺害してきた体制のアイコンをファッション的に消費したりしている。本当に学ぶべきものは、いったい何なのか？　本書をきちんと読めば、それははっきりわかるはずなのだ。

偶然だろうが、今月は世界にソ連強制収容所の実態を初めて詳細に報せ、西側世界に衝撃をもたらしたソルジェニーツィン『収容所群島』も（なんと当人の新しい序文つきで）復刊される。もし関心があれば、そちらも読んでみてほしいな。書き方は、『収容所群島』のほうが文学的、というより全編に、自分たちの身に起きたことなのに未だにそれが信じられないとでもいうような、自虐的な自嘲の雰囲気が満ちていて、それが悲痛な印象を創り出すとともに、当事者しか語れない迫力を創り出している。

（「CUT」二〇〇六年九月）

▼ムッソリーニについての「修正主義」的な伝記

ニコラス・ファレル（著）柴野均（訳）『ムッソリーニ』（白水社）

驚くなかれ、本書はなんと、ファシズムは決して悪い政治体制ではなく、ムッソリーニは優れた政治家だったと主張する本だ。

即座に反発して短絡的に軍靴の音を懸念する人もいるだろう。だが罵倒語として濫用されるファシズムの、具体的中身やムッソリーニの活動をどこまでご存じだろうか。ナチスの仲間だから、右翼全体主義の悪い連中のはず、という程度の理解も多い。

本書はそうした無知と偏見につけこむ。既存のムッソリーニ像は左翼プロパガンダで歪んでいた、と著者は語る。伊ファシストの実際の活動を見よう。対外侵略は（すぐ負けたし）大したことない。ナチスとの同盟は、侵略回避の緊急措置だ。産業面などで成果もあったし、政策は社会主義的な面も強い。

独裁強権的な弾圧はあれ、ユダヤ虐殺のような悪逆非道はわずか。欠点は認めても、悪の権化扱いは不当だ、という。

記述は実に詳細で、しかも小ネタ満載。派手な女性遍歴談義など爆笑もの（手も早いが果てるのもお早かったとか）。退屈しないことは請け合いなのだが……

読者として気になるのは、その肯定的評価の妥当性だ。本書の立場は歴史修正主義と呼ばれ、批判されつつもイタリアでは有力だ。その背景には、既存の定説が羹に懲りすぎ、ファシストといえば長所皆無のゴロツキ集団と決めつけすぎて逆に嘘くさくなったこともある。脅しと偽装だけで内外から長期的な支持を得られるか？　本書の議論では、当時彼らの持っていた長所や魅力は理解しやすい。

その一方で本書の擁護論も弁解がましい。「他国もやってる」「仕方なかった」。ナチ便乗のユダヤ排斥は、民族ではなく生き様が対象だという逃げ口上には唖然。幸い悪質な歪曲は訳注で指摘されている。訳に凡ミスや過度の直訳が多いのは残念だが、おかげで苦しい主張をレトリックでごまかす著者の手口が時に不発なのは、けがの功名か。

だがだれが正しいのか？　ムッソリーニの社会党離反は、金目当ての転向か、当時の無能な社会党に対する信念の反旗か？　どちらもある。また本書は国民的支持の高さを正当性の証とする。だがそれが当てにならないのは、最近の北アフリカ動乱が示す通り。

結局、一方的に悪と決めつけるのは無益ながら、本書の議論も鵜呑みにはできない。だが本書の情報量は豊富だし、重要な部分では既存の定説も批判的に対比され、争点は明確。下世話な楽しさもあり、眉への大量ツバつけは必須ながら、読者なりの評価を下せる材料はある本だ。そして多くの人がそれを実践することこそ、本当に必要なことではないか。

（「朝日新聞」二〇一一年七月二四日）

コメント

ただでさえ分厚い本なのに、土地勘のあまりない分野なので、Denis Mack Smith のムッソリーニ伝とかいろいろ読んで（これもまた分厚いのよ）バランスを取ろうとした。それらについてはブログで全部書評を書いているのでご覧あれ。どれも決定版にはほど遠い感じ。しかし本家アマゾンのコメントを見ても分かれるなあ。何をもって完璧と思うかは、ホントにその人の立場次第で、文中にも書いたがムッソリーニが社会党系の新聞「アヴァンティ！」編集長をやめて、お金を集めて新しい新聞を作ったときに、社会党の人は資本家に金もらって転向した資本家の走狗、と言うし、社会党きらいだった人は、当時の口先だけの行動しない社会党に愛想をつかして信念を貫こうとしたんだと言うし、どっちも一理ある。

あと、ここの「歴史修正主義」が、ホロコーストはなかった式トンデモ修正主義とはちがう（が、これまた人によっては同じだという）のも触れておきたかったが字数不足。

翻訳は、腹立つくらいへたくそでまちがいだらけ。読みながら気になった部分をマークしたら増えすぎた。英語的な問題以外にも、現代イタリア史の専門家のはずなのに、その重要な植民地たるエチオピアの主要民族をまちがえるって何なの？　全面的に見直して手を入れるべき水準。

あと、最初に送った原稿で「三こすり半」という表現つかったら、ダメって言われた。「行為がお早かった」に直したけど。以前は巨乳がだめで殺人的ナイスバディがオッケーだったし、へーんなの。

▼大英帝国のスーパーおばさんが見た李朝朝鮮の実態

イザベラ・バード（著）時岡敬子（訳）『朝鮮紀行〜英国婦人の見た李朝末期』（講談社学術文庫）

しばらく前に『嫌韓流』という本がベストセラーになって、いろいろ議論を呼んだ。韓国や北朝鮮が何かと第二次世界大戦中のあれやこれやを持ち出して、謝罪と賠償を請求してみたり、内政干渉じみたことを口走ったりすることに対して、その多くの主張は無根拠かすでに公式には解決済みのものであって、いまさらとやかく言われる筋合いはないことをマンガで述べた、非常におもしろく有益な本だ。

さてこうした議論の一つの核となるのが、日本の朝鮮半島に対する準植民地政策の評価だ。それを否定的にとらえたがる人々は、かつて高い独自文化を持ち栄えていた朝鮮半島を大日本帝国が蹂躙して収奪したのだ、と言いたがる。それに対して、『嫌韓流』などでは、二〇世紀初頭の朝鮮半島は実質的に清の属国でしかなく、早晩どこか列強の植民地になっていただろうし、日本が入って各種の改革を強制したことは朝鮮半島にとって圧倒的によかったのだ、と主張する。そしてその議論でしばしば引き合いに出されるのが、このイザベラ・バード『朝鮮紀行』だ。

この本は、ちょうど日本が朝鮮半島に進出しはじめた頃に、著者イザベラ・バード・ビショップ（ビショップは結婚後の姓）が四回にわたって長期に朝鮮半島を旅して、そこで見聞きしたものをつぶさに記録した本だ。女性の旅行記だからといって、いまのそこらのお手軽な観光旅行日記だと思ったら大間違い。当時、朝鮮半島の奥地を旅した西洋人は、少数のキリスト教宣教師を除けば皆無。この人は一九世紀末の化け物おばさんで、日本の奥地も、ペルシャも、中国の奥地も、とにかくいたるところでこの手の旅行をしている。そして農業も漁業も鉱工業も各種産業もすべて熟知しており、各地の旅行記は地政産業調査の様相を呈している。建築。風習。産業。風景。人々。その記述は微に入り細をうがっていて、抜群のおもしろさだ。そして何よりも、彼女は特に政治的な偏向がない。そりゃもちろん、大英帝国の臣民であり、キリスト教徒ではある。でも日本に対しても、当時の李朝朝鮮に対しても、特に肩入れすべき理由は持っていない。比較的フェアな記述として信用できる。もちろん、旅行者だから誤解もあるだろうけれど、概ね正確な観察者であることは日本の旅行記などを見てもわかるのだ。

で、本書に描かれた朝鮮半島は、どんな具合だろうか？　韓流ドラマに登場するような美しい文化の華開く国だったたろうか？

まったくちがう。一九世紀末の李朝朝鮮は、確かにひどい状態にあった。それは日本が進出したせいじゃない。かれら自身の悪しき伝統と制度のせいだ。住民たちのありとあらゆるものを収奪する貴族階級と役人たち。そして、なまじ努力して豊かになると、かえって貴族に目をつけられるからと、かつかつ暮らせる以上の努力を一切放棄した無気力な住民たち。貧しいから収奪が熾烈をきわめ、そして熾烈に収奪されるから貧困脱出努力がないという悪循環の中で、朝鮮半島は停滞と衰退の道を歩んでいた。それはすべて、朝鮮人たち自身――特にその支配階級――が腐りきっていたせいだ。支配階級である両班たちは「無能であるほど地位が上がるようだ」とバードは嫌悪をこめて記述している。悪しき伝統にしばられ、すさまじい女性蔑視が横行し、貧困と無知と迷信にとらわれた末期的な状況が、この本からはありありと伝わってくる。

一方、満州などロシア配下にあった地域にも朝鮮人たちがたくさん入植しており、著者はそこまで足を伸ばしている。働いただけ豊かになる仕組みがあれば、朝鮮人たちも見違えるような豊かさが実現できていることを、バードは率直な驚きとともに記述する。公正な制度のもと、努力が報われるようになれば、かれらもすばらしい成果をあげる。そして日本が（いささか強引にとはいえ）導入した各種の改革は、まさにそうした方向を目指したものだった。

が、一方で『嫌韓流』が思いたがるほど日本の支配が立派だったわけではない。いや、志はよかったのかもしれないが、やり方がとてつもなく下手だった、とイザベラ・バードは記述している。妙に細かいことにこだわってみたり、地元の感情に注意を払わずに画一的・高圧的な改革を押しつけ、といった日本のやりかたは「買わなくてもいい反感を買っていた」とのこと。やれやれ、いまもあまり進歩がないねえ。朝鮮半島に必要な改革の先鞭をつけたのは日本だったが、それを進めたのはロシアだったし、絶望的に思えた財政改革を実現させたのはイギリスの援助ではあったそうな。

そして、『嫌韓流』などでは本書に掲載された日帝支配前のソウルの写真と、支配後のソウルの写真を並べてみせる。当時のソウルはひどい状態で、一面スラムに等しく、大通りは掘っ立て小屋に不法占拠され、ゴミや排泄物が平気で投げ散らされる中を皮膚病のイヌや子供がころげまわる、「北京以外では最も不潔な都市」だったとのこと。それが日本の支配下で見違えるほど豊かになった、と『嫌韓流』は主張するんだが、本書の最後の部分を読むと、実際にソウルの都市美化の先鞭をつけたのは、西洋留学から帰ってきた朝鮮官僚だったとのこと。この時期にソウルが急激に美しく立派になったのは事実だけれど、それをすべて日本のおかげとするのは無理があるようだ。『嫌韓流』の主張はかなり理があるものだけれど、すべて鵜呑みにしちゃいけないってことですな。

だが本書は、そうした政治論争の種以前に、旅行記として超一流のおもしろさなので、下心ぬきで是非どうぞ。気に入ったら、東洋文庫収録の日本旅行記も是非。そして、こんな化け物みたいなおばさんを排出した、大英帝国とその植民地主義の底力にもちょっと思いをはせてほしいな。ぼくは植民地主義のいい面にそろそろ注目すべきだと思っているんだけれど、本書を種にそんな話もできそうだ。が、これはまたいずれ。

（「CUT」二〇〇六年十二月）

コメント

このレビューで『嫌韓流』について好意的な書き方をしたということで、ぼくは何やらネトウヨ呼ばわりされている。そして、そういう人たちはイザベラ・バードについても、イギリス植民地主義の手先だから信用ならん、みたいな言い方をする。でも実際に見た人の記録は、尊重する必要がある。同じイザベラ・バードの日本旅行記もあるけれど、ほめるところはほめる、けなすところは（到るところ南京虫だらけとか）けなす。植民地経営は、その現地のきちんとした正確な品定めを必要とする。バードはその意味で実に優秀だし（それがまさにこの書評のポイントでもある）、その観察は『嫌韓流』について、ある程度のことは裏づけてはいるのだ。その一方で本書のきちんとした観察は、『嫌韓流』のまちがっているところ、我田引水なところについても明確に示している。

▼無謀だが壮大な試み：でも堂々巡りになってないか？

マイケル・マン（著）森本醇、君塚直隆（訳）
『ソーシャルパワー　社会的な〝力〟の世界歴史』（NTT出版）

その昔、ここでもレビューしたダイアモンド『銃・病原菌・鉄』を読んだときの感動というのは、人間の発達の大きな流れが、実は地域的な物質環境でここまで規定されてしまうのか、という驚きとともに、ここまで無謀なことをたくらむやつが、よくもまあいたもんだという感動だった。人間の数万年にわたる歴史を、ここまで単純化して説明してしまうとは！　たいがいの人間であれば「いやあ、まあ歴史にはいろんな要因がありますから、そんな簡単にはいえませんよ」と慎重かつ臆病なコメントをして、こうした試みにはそもそも手をつけようとしないだろう。それをやってしまったばかりか、まがりなりにもつじつまをあわせてしまうとは。恐れ入りました。

マイケル・マン『ソーシャルパワー』を読んだときの印象もそれに近い。石器時代からはじめて現代まで、人間の歴史をすべて説明しきろうとは、なんつー無謀な。ただしかれの批判によれば、これまでの社会学や歴史学においては、もっと単純な考え方が幅をきかせていたという。たとえばマルクス主義的な唯物史観によれば、要するにあらゆるものの源泉は、物質的な力だ（ちなみに『銃・病原菌・鉄』はそこらのぼんくらマルクス主義なんか蹴倒す、筋金入りの唯物論的説明となっている）。

かれは社会のすべてを、四つの力によって説明しようとする。イデオロギーの力、政治の力、経済の力、軍事の力。というか、うーん、ここがややこしいところで、かれはまたそれらの力の源泉、という話をはじめて、そうなってくると非常に見通しが悪くはなってくるのだ。でも、従来の説明が三つの力を考えていたのに対して（昔は政治と軍事がいっしょになっていたそうな）、かれはそれを分けることで見通しをよくした、とのこと。

が、こういうやりかたは欠点もある。変数を増やすとデータのフィットはよくなるかもしれないけれど、何か変化が起きたときに、なぜそれが生じたのかを説明するのは至難の技になるだ。これは計量経済モデルとかで素人がよくやるミスだ。変数百個くらい使うとなんでもモデル的には説明できるんだけれど、じゃあバブル崩壊の理由は何？　と聞かれて答えにつまる。「いやぼくのモデルが……」と口ごもるしかない。

本書も、そういう雰囲気がするときがある。あるときはこっちの力、あるときはあっちの力、とそれなりに説明はついている。でも全体を見渡したとき、本当にわかったような気になれるかというと、どうしても口ごもる。『銃・病原菌・鉄』では、それがずっとすっきりしていた。『ソーシャルパワー』は、説明変数が増えた分高度になったような印象は受けるけれど、見通しはずっと悪くなっている。

さらに、『ソーシャルパワー』は『銃・病原菌・鉄』で大きく欠落していた部分にまがりなりにも説明をつける。ヨーロッパの発展だ。というか、この本のメインとなっているのはそこで、『銃・病原菌・鉄』の対象となっていたいわば有史以前の多くの文明は、ほとんどかするだけに終わっている。でも、そのヨーロッパ文明のところもうまく説明できているか？　さっきも述べたとおり、この本はそこで、その力の源泉、という話を始める。力の源泉は、社会的ネットワークだというんだ。そうなると、社会を規定したのは四つの力だけれど、その四つの力は社会のネットワークに規定されている、という堂々巡りに話が陥っているように思えて仕方がないところがたくさんある。本書を読んだあとでも、何かいままでよりヨーロッパの歴史について見通しがよくなったような気があまりしない。それが不満ではある。通史を提供するよりは、むしろ考える枠組みを提供することが目的だからそれでいいんだろうか？　ぼくにははっきりわからない。

でもぼくは本書の説明にそれなりの説得力を感じている。それはこの四つの力が、ローレンス・レッシグの唱える人を規制する四つの力にきれいに対応しているからだ。レッシグは法学者だけれど、人を規制するのは法だけじゃない、と主張している。人に何かをさせたい（あるいはさせたくない）と思ったら、法律、規範、市場、アーキテクチャ、という四つの手段があるのだ。たとえば自転車泥棒を止めたいとする。一つは法規制でそれを禁止できる。次に「自転車を盗むのは人間のクズだ」とか「自転車を盗むと鼻がもげる」とかいう社会通念を作って、社会の規範を通じてそれをやめさせることもできる。

さらに自転車の値段を思いっきり引き下げて、盗むのがばからしいくらいにすることもできる（理屈のうえでは）。そして、もっと簡単に、自転車に鍵をかけることができる。だから法律を考える場合でも、ひたすら規制を厳しくしたって意味がなくて、こうした他の規制力の働き具合を見て、法律はそれを補うようなものにするべきだ。自転車泥棒をなくそうと思ったら、自転車泥棒は死刑という法律を作ることもできるけれど、それよりみんなに自転車に鍵をかけさせたほうがずっと有効だし合理的だ、というわけ。そしてレッシグの重要な指摘は、ある規制力は直接規制するだけでなく、他の手段を通じて間接的に機能することもある、という点だ。つまり、市場を通じて自転車用の鍵の値段を下げることで、自転車に鍵をかけるという物理的な規制を間接的に実現することができる。

　これがマンの四つの力と対応しているのは明らかだろう。軍事力は、物理的な規制。イデオロギーの力は規範による規制。経済の力は市場の規制。政治的な力は法の規制。もちろんレッシグの見方が絶対的に正しいわけじゃないだろう。でもいろいろ考え抜いたあげくに別々の領域の人が似たような認識に到達できているということは、ただの偶然とは思えない。今後、ヨーロッパの工業社会の説明になると、もう少しこういう力の諸関係を考える意味もはっきりしてくるだろうか？　それが楽しみだ。

　あと、本書の翻訳はすばらしい。平易、読みやすい、そしておそらくきわめて正確（原書はチェックしていないけれど、不正確な訳は理屈が通らない箇所が頻出するので、往々にしてすぐばれる）。これだけの大部の本を三年であげたのは立派。これもシリーズの今後に期待する一つの要因ではある。

（「CUT」二〇〇三年一月）

コメント

本書は、志はよかったのだけれど、次の巻はいま一つ精彩を欠き、ありきたりな一九世紀社会像の言い換えに終わっていたように思う。その意味で、この書評は期待しすぎだった。が、試みとしてはいいし、もっと頑張ってほしいところ。

▼身に染みて感じられる宦官たちの実態

賈英華（著）林芳（訳）『最後の宦官秘聞——ラストエンペラー溥儀に仕えて』（日本放送出版協会）

宦官。中国皇帝の後宮に仕えた、去勢された男たち。その一方で皇帝を影で操り、王朝の興亡をも左右した謀略集団。こういう概論はだれでも知っているけれど、当人たちがどういう過程で宦官となり、どんな暮らしを送っていたのか……それを当の宦官に聞く機会があるとは！

本書はまさにそういう本だ。語り手はラストエンペラー溥儀に仕えた最後の宦官の一人。貧困故に、幼くして宦官となることを自ら決意し、浄身を行ったその数日後に辛亥革命勃発。それでも廃帝溥儀に仕え、その後の満州国、毛沢東革命、文化大革命、そして一九九〇年代の現代に至る激動の時代を生きる。もちろんそれは、明や唐の宦官たちの凄惨な殺し合いに比べれば、ずいぶんと穏やかだったのかもしれない。しかし一方で、いまのぼくたちと同じ時代に、かくも奇妙な現実を生きた人がいたとは。東洋現代史の裏事情。宮中の食事、財政事情、奇妙な宮廷内プロトコルの数々。宦官が結婚するのがあたりまえだったとか、宦官を葬るときの慣習（切断した睾丸を保存しておいて、埋葬時にはそれを棺に戻してやる）など、想像もしなかった事実が次々と当然のように繰り出される。並の小説なんか及びもつかないおもしろさだ。だが一方でその宦官たちの苦悩と末路を見ると、宦官たちといえど、邪悪な化け物ではなかったことがわかる。かれらとてまた時代の制約の中で自分の幸福を最大化しようと苦闘していた、ある意味で哀しい一人の人間でしかなかった。

なお特に男性読者に警告しておくが、「浄身」、つまり宦官となるために睾丸をちょん切るシーンとその事後処理の描写はすさまじく生々しくて、読んでいるだけで身もだえするほど「痛い」。中国ウン千年の秘法でもあるのかと思ったら……それ以外の場面でも、身体損傷はないけれど、結構残酷な懲罰や拷問が頻出する。ほんの数十年前なのに、肉体をめぐるコードはいまとはまったくちがう。それが本書の魅力の一つでもあるけれど、繊細な方はくれぐれもご注意を。

（「朝日新聞」二〇〇二年十月二〇日）

▼マヤ文字解読をめぐるイデオロギーと政治攻防

マイケル・D・コウ（著）増田義郎（監修）武井摩利、徳江佐和子（訳）『マヤ文字解読』（創元社）

マヤ文字というと、あの変な顔みたいなのが並んでいる、得体の知れない「字」だ。著者はその解読を担った世界的な研究者グループの一員だ。実は一九五〇年代にはマヤ文字解読の下準備は整っており、理論的な方向性も示されていた。にも関わらず、実際に一九七〇年代頃まで解読は実現されなかった。

解読につながったのは、マヤ文字の相当部分が表音文字と表語文字だという発見だ。ソ連（当時）の科学者クノローゾフは、五〇年代にこれを指摘し、解読への突破口を開いた。かれの指摘の意義を説明するにあたり、著者はそもそも文字とは何か、というところから話を説き起こし、文字をめぐる考え方や哲学の差を入念に説明する。これがただの年代記にとどまらない深みを本書に与えている。

だが一方でマヤ文字研究は、学会のボスであるトンプソンの頑迷な信念と政治力によって数十年にわたり停滞し続けた。かれはマヤ文字は絵文字か、世界観を著すイラストのようなものだと信じ、それ以外の主張はすべて排斥してきた。本書はその抑圧に屈せず、他領域の成果を積極的に導入して解読が実現されるまでの苦闘の物語にもなっている。

そのドラマは、いまなお続いている。マヤ文字が解読されても、発掘系考古学者の多くはそれを黙殺するばかりか発掘品を見せてくれないとか。本書はこういうケチな学問セクト主義に率直な批判を投げかける。それに対して解放された自由な知の探求がもたらした成果を誇らしげに描き出す著者の筆致は、当事者ならではの熱意と興奮と軽やかな希望に満ちている。

そして本書で、読者も著者たちの興奮の一端をかいま見ることができるのだ。マヤ文字は実は漢字や日本語と似ているし、漢字の偏やつくりに相当するものがある。それを理解するだけで、あの顔の行列のおどろおどろしさが消え、前よりちょっと文字っぽく見えてくる！　またマヤに限らず文字解読一般についての議論も楽しい。マヤ文明に関心ある人だけでなく、文字全般に少しでも興味ある人すべてにおすすめ。

（「朝日新聞」二〇〇四年二月二九日）

コメント

こいつはおもしろい！　マヤ文字の話にとどまらない、文字というものについての長い長い前置きも、人間ドラマもとても楽しい。あともう一つ、本書で批判されているトンプソンのマヤ文字に対する神秘主義的理解というのは、日本では次でちょっと触れる白川静の漢字論にとっても近い。文字そのものに、なにやら神秘主義的な含意を読みとる立場ね。それはおもしろいんだけれど、でもそれで止まる袋小路ではあるのだ、ということもよくわかる。「都」っていう字は、白川の言うように、城壁に生け贄の首斬って埋めた呪術の名残かもしれない。でも、漢字の言語ツールとしての発展は、たぶんそういうのを切り捨てることで実現されているのだ。白川説をいくら見ていても、いまの言語につながるものは出てこないんじゃないか。この本はそんなことも考えさせてくれる。

▼明解。白川静や藤堂について客観的に評価がわかって嬉しい

落合淳思『漢字の成り立ち：『説文解字』から最先端の研究まで』（筑摩書房）

わかりやすーい。漢字の歴史を概観し、これまでの字源の研究を批判的に振り返ったあとで、最新の成果をさっくり解説。非常に明解です。

特に、白川静の字源研究についてきちんと評価をしてくれているのは、ぼくにはとてもありがたかった。漢字というと、白川静信者がやたらにいて、『字訓』『字統』とかを聖書のごとくあがめる人がいっぱい沸いてくるんだけれど、ぼくは前からいま一つ信用できなかったのだ。それについては、朝日新聞の『マヤ文字解読』書評のコメントに書いたことがある。「都」というのは、日が人の頭で、それを切り落として城壁に埋めたという、かつての呪術的な信仰のあらわれだ、というのはお話としてはおもしろい。でもそれが漢字の本質かというと、ちがうと思うんだよね。そしてそこにもリンクしてあるマヤ文字解読の歴史を見ると、そういうのにこだわるのは、かえって文字の理解を遅らせるものでもあった。

本書はそれをちゃんと指摘する。白川は、甲骨文や金文から字形を見て文字の発達を考えていったのはすごい、と評価すべきことは評価。でも、かれは研究をはじめた一九六〇年代以降の発見をすべて無視している、という。実は甲骨文から漢字、という流れだけではなく、甲骨文以前からある漢字もあって、したがって白川の基本的な立場自体が成り立たっていない部分が多々あるとのこと。あと、かれの呪術を過度に重視するスタンスも、解釈を歪ませることになっているんだって。おお、やっぱぼくが思った通り、呪術的な理解って足枷なんだね！　オレってすげー。

ちなみに上の「都」にも出てくる、日が斬首された人頭なんだという解釈も、そうした用例が他にないし、非常に根拠に乏しい話なんだって（p.214）。そういう、実際あったという裏づけのまったくない呪術や儀式を勝手に想定してしまったり、あと字形面でも、曲線があるとなんでもかんでも龍だと解釈してしまったり、思いこみが大変激しい。後継者がいないのも、あまりに独自世界になっちゃってるからとのこと。

そして白川が藤堂明保についてさんざん罵倒している文が『文字逍遥』かなんかに出ていたけれど、この両者の立場のちがいについても、非常にわかりやすい。藤堂は、当時の音を推定して、それをもとに字源をたどるという手法で、白川は字形だけで見る手法なんだそうな。なるほどなるほど。

最後の、最新の成果を見る部分は、これまでのいろいろな字源解説書をいまの最新成果とくらべて採点する、というものになっている。で、まちがいがあるので見直して修正せよ、という話。いま著者はそれをしやすいようデータベースを作っているとのこと。うーん、ちょっとこれは尻すぼみ。いや、漢字をネタに白川静みたいに一大文明論を広げる必要はないけれど、漢字辞典を更新しましょうという以上の提言は出せると思うんだけどなー。そこにとどまってしまったのは、少し不満。でも、いまのアプローチの説明は明解。地味な印象は否めないけれど、実際の研究はこうした地味なものの集まりなんだろうね。

あまり大風呂敷にならない、きちんとした明解な漢字研究を知りたければ是非。そして、大風呂敷になった漢字研究にはまっている人も、解毒剤として是非どうぞ。

その一方で、本書に対してもネット上で批判が加えられている。戦国時代の竹簡がいっぱいでてきて、それが新しい研究では重要になっているのに、そこに触れられていない、とのこと。ふーん。なるほど。勉強になります。この十年ほどでパラダイムさかだちとのことなので、ここらへんが説明してある概説書ってあるのかな。教えて！

(ブログ　二〇一四年六月二四日)

▼巧みで味わい深いが、初出時点で完結してしまっている印象強し

トニー・ジャット（著）河野真太郎、生駒久美、伊澤高志、近藤康裕、高橋愛（訳）
『失われた二〇世紀』（NTT出版）

うーん、むずかしいなあ。

本書は、二〇世紀は知識人（それも左翼系知識人）の時代で、それがいまやいなくなったという。まあそうかもしれない。が……全体にその知識人の役割という話は希薄。時評・歴史に題材をとったエッセイ集と言うしかないと思う。

上巻は、各種の知識人の伝記に対する著者の書評。アーサー・ケストラー、プリーモ・レヴィ、ハンナ・アーレント、ルイ・アルチュセール、アルベール・カミュ、あまり聞いたことのない何人か、エドワード・サイード。

さて、ケストラーなんてすでに読む価値ないし、その伝記なんかなおさら読む必要はなく、それについての書評なんて本来ならさらに読まなくていい感じ。でも本書の書評は、ケストラー（あるいはその他）についての評価（そしてその人が立派な知識人扱いされた時代についての評価）をたくさん含んでいて、実に勉強になる。その意味で、その本の付属物に留まらないきわめて優れた書評なのはまちがいないんだが……やっぱどうしても指摘せざるを得ないこと：勉強してどうするね？　その他すべてそんな感じ。左翼が左翼であるだけで立派な知識人ヅラできた時代があった——それ以上の話を本書から読み取るの

は難しい。

稲葉振一郎が匂わせているように、いちばん面白いのはルイ・アルチュセール（の自伝）についての文章（なんと翻訳されてんのか！）。アルチュセールは、マルクスを精読してその根源的な意義をウダウダ、とニューアカ時代に浅田彰が喧伝していたものだけれど、この書評では、そういう見方が一撃で破壊されて実に壮快。そしてそういうものがなぜ当時もてはやされたのかについての分析も巧み。ついでに、アルチュセールってキチガイで奥さん殺したの！？！　知らなかった。これを読むだけで、もはやアルチュセールに現代的意義がないことはじゅうぶんわかり、非常に有益。

一方この文脈で、なぜサイードがえらく誉められているのかは不明。パレスチナ出身を詐称し（おばさんの家にしょっちゅう行っていた、というのは出身を名乗るに値しないと思う）、西洋向け知識人に英語でのみ書いていたサイードは、本書の上巻で扱われた他の思想的ファッションにより台頭してその後忘れられた知識人とあまり変わらないと思うんだけど。

そして下巻は歴史的なエッセイ。キューバ危機のケネディの対応とかブレア政権についての厳しい評価。全体に機知に富んでいるし、「国家なき国家：ベルギーがなぜ重要なのか」の終わり方とか、実に決め方もうまい。でも……

全体に、この人が想定している読者はぼくたち日本人ではないな、という気がする。上巻で書評されている各種の本が、そもそも日本では翻訳されておらず読めない。後半の時評も、やっぱり想定読者はイギリスの読者。グローバリゼーションやパレスチナ問題云々と帯にはあるが、著者の関心はそれがイギリス人（そしてヨーロッパの読者）にとって持つ意味合いなんだという印象。そしてまた、エッセイ集として仕方ないことなんだが、せっかく一冊にまとまりながら本書はまとまった提言なり結論なりが出せない。結びの「よみがえった社会問題」でも、目新しいことは言えていない。エッセイや短い記事にありがちな「こうした課題をわれわれは今後真摯に考える必要がある」という（実は何も言ってない）まとめに近いものだ。

　どのエッセイも洞察は鋭く、書き方は巧妙で機知にあふれ、実にうまくまとまってはいる。そこにこめられた、マルクス主義の興亡（というより左翼の興亡）に対する批判的なノスタルジーとペーソスに満ちた味わいも、とっても素敵。これを雑誌や新聞で読んだら、本当に感動しただろう。でも、うまい分だけ、その初出時点で完結してしまっていて、時間の経過に耐えられない感じ。単行本になったとき、そのテーマがうまくまとまっただけでは足りない。まとまらず、次の部分につないでくれたほうが本としての流れもでるんだよね。そして本全体としてもまとめるだけで終わらずそこから一歩、その先を与えてくれないと。それを望むのはぜいたくかもしれないんだけれど、本書の見事な洞察やまとめを見ると、ぼくはそう思う。まとめはうまいけれど、それだけで終わってしまっては……いやそういうのも必ずしもフェアじゃないかな。少し提言はある。でもそれは、その回顧部分（現題通りの Reappraisals）の立派さに比べてあまりに慎ましくおずおずした感じで、印象に残りにくい。帯にある「道徳的な記憶の回廊」をうろうろするだけでは、積極的に読むようにお奨めすることはむずかしい。と言いつつ、読んで決して損をする本ではないし、上手で知的な時評と書評（辛辣に罵倒しつつもぼくより上品）を読みたい人は是非読んでほしいんだけど。

（ブログ　二〇一二年二月三日）

コメント

これは同時期に書評委員をしていた姜尚中が朝日新聞で書評をしていた。が、あまりいい書評とは思えない。前半の知識人が輝いている？　いやむしろ、なぜかれらが輝きを失ったか、というのが前半の主眼なのに。後半についても、書評で取り沙汰されていた自由の問題はそんなに中心的なものではないのだが。かなり偏った、いろんな意味でアンフェアな書評だと思う。左翼の凋落を認めたくないのは、わからないでもない。でも、まさにその凋落を描いた本でその点を指摘しなくていいんだろうか？

第10章

思想・ノンフィクション

ここは、特にまとまったテーマがあるわけではない。おさまりが悪いものをもってきた感じではある。大きな全体像に関わるもの、時事的な話にからめたもの、そして何かあるモノに注目した本。

大きな全体像を扱う本は、漠然としたことを書けばそれっぽい書評になるので楽な一方で、注目点が希薄になりすぎて、どこをどう強調するかにいろいろ気を使ってはみるものの、いまいちとらえどころがなく、隔靴掻痒ではある。モノに注目した本は、当然ながらたくさんある。多くは、その個別のモノだけに注目した本となり、そこに関心ある人以外にはあまり効用がない。でもたまに、何か意外なモノを掘り下げる中で、それに関わるいろんな社会、経済、歴史の側面があらわれてくるような、間口の広い本がある。そういう本が与えてくれる、いきなり世界が広がるような感覚を、書評でうまく伝えられればとは思うのだけれど、これまたなかなか。

でも、いずれの場合でもそういう本は、特定分野の狭い専門家には扱えず、間口が広いのが取り柄の人物が書評するのも、多少は意味があるのではないかと思っている。特にここに挙げた中では、日本のミシンの話。あれがここまで広い話になるとは！　ミシンや服飾の専門家だけでは、あの本のおもしろさはわかるかどうか。そういう本が多少なりとも目立つのに貢献できるなら、もっけの幸いではある。

▼各論賛成、総論反対：宮崎哲弥『正義の見方』の反動的立脚点

宮崎哲弥が本書で扱う夫婦別姓やオウムなんて、実はどうでもいい話だ。いまのところは。夫婦別姓？　すればぁ？　オウムなんて、踊ったヤツがバカなんだから、皆殺しにすればいい。いい見せしめ

と余興になるだろう。そんだけの話。オウムの教義云々って、いちいち泡沫新興宗教の教義なんかチェックしてられますか、あほくさい。

いまの日本社会は豊かで退屈しているので、そういうものをさも大事っぽく取りざたするけれど、いまのところ社会は大して揺らいじゃいない。こういう例外的な事象を退屈しのぎに、結構強固に存続している。いまのところは。アメリカ社会すら、実はそんな壊れちゃいない。テレビ報道がマジョリティなんかではない。O・J・シンプソンの裏には、普通にパクられて普通に受刑する無数の黒人がいる。

いまのところは。

にも関わらず、本書が重要かつ危険なのは、その基本的な立場のためである。この先二七年くらいかけて生じる社会の変化について、かれはきわめて反動的かつ説得力のある立場をとっている。こうした論陣に対し、われわれはいまから備える必用がある。

宮崎は言う。「人間の実質倫理の基礎となるのは、家屋や近隣関係、地域コミュニティ、ギルドのような職能集団などの自然発生的な共同体であると確信している」と。

そんなこと確信したくもない。どこが「自然発生的」なんだか。ぼくは基本的に、人間のものをつくる能力だけを信じている。家族もギルドも、都市や電車やサンマ定食をつくる手段でしかない。機能しなければ、さっさと解散すればいい。現に解散しつつある。いまはそういう時代だ。

たとえばLinuxやGNUやシェアウェアなど、血縁や地縁ぬきで金も労働も提供される。そういうものづくりの新システムがもっと真剣にテストされなくては。スターリングが『ネットの中の島々』で描いたライゾーム社のような社会経済システムをマジに考えなくては。いまはそういう時期なのだ。

それがいまさら家族やコミュニティ？　倫理やアイデンティティのねつ造用にそんなものを人工的に維持したって、無理がかさんでつらいだけ。だいたいそれが維持できりゃ苦労しない。家族とか地縁・血縁共同体がうっとうしくて嫌だから、みんな都市に移住する。だから都市人口比率が上がり続けてるのだ。かつては農村部で、家族や地縁による労働力の確保が必用だったが、農業の生産力が上昇し、そんなものの維持存在理由はもはやない。そこへ家族やコミュニティ重視？　これが反動的でなくて何か。

にもかかわらず本書の正統的で骨太な論理展開はうなずけるし、結論も常識のおさえがきき、冷静で一般性がある。その反動性ゆえに、支持層（ex. 西部邁）は確実に増加する。だから危険だ。共通点や学ぶべきことも多い。次のステップまでは協力体制もとれよう（だからすぐに潰してはダメ）。だが、そのさらにもう一つ先に進む段階で、かれは倒さなくてはならない。手強い相手となる。その日にそなえ、いまから本書を読み込むべし。十年先のための課題図書である。

（「ワイアード」一九九七年）

コメント

ぼくは思想なんていう大したものは持っていないけれど、でもものの考え方という点で宮崎哲弥とは指向がちがうとは思っている。大ざっぱに言うと、宮崎哲弥のほうがきちんとしているし、保守派だ。ぼくは雑で、基本的に左翼だ。保守っぽく見えるのは、いまの「左翼」が左翼の風上にもおけない単なる党派主義に陥った連中だからで、そいつらをしょっちゅう罵倒するからにすぎない。だから本当は正反対だ。

でもその一方で、前提となるものの見方、知識人（口幅ったいが）として社会で果たすべき役割などについて、ぼくは宮崎哲弥と共通点がとても多いつもりではいる。それを意識したのは、この書評を書いたときだと思うけれど、その後の様々なやりとりの中で、その思いは強化されている。その一例は、本書に収録したケーガン『ネオコンの論理』書評のコメントを参照してほしい。

この書評では、彼を倒さねば、と書いているし、そういう気分はいまもあるんだが、その後だんだんその他の連中のあまりのひどさを見るにつけ、むしろ宮崎哲弥のような論者は後光がさして見えるほどで、盛り立てて温存しなければならないと確信するに到ったのは、うーん、いいことなのか悪いことなのか。

▼知の統合の可能性についての、壮大ながら具体的な見通し

ハーバート・ギンタス（著）小川一仁、川越敏司、佐々木俊一郎、成田悠輔（訳）
『ゲーム理論による社会科学の統合』（ＮＴＴ出版）

社会科学の統合とは何と強気な。アシモフの未来ＳＦには人類史の将来を予測する、歴史心理学なる統合人間科学が登場するが、ついにそれが実現……とまではいかない。が、著者はゲーム理論がその基盤となると断言するのだ。

すごいぜ、と本文を開くと、いきなり細かい式や証明がずらずら並んで涙目だが、とりあえずは飛ば

しても大丈夫。基本的に著者は、合理的個人の相互作用を描くゲーム理論モデルを使えば、各種の基本的概念が基礎づけられることを示す。後半の章でそれを組み合わせた複雑な社会事象の説明を例示。そして十二章以下で、統合に向けての大きな道筋をいくつか素描してみせる。

統合対象分野は、生物学、心理学、経済学、社会学等とやたらに広い。読む側にとってもハードルは高めだが、その大胆な構想力は爽快だ。著者がそこに見る共通の枠組みは明確で説得力があるし、その可能性は胸躍るものがある。

一方で著者は、多くの学問分野がときに事実の観察と説明を軽視し、教条主義や理論的美しさにとらわれて無力化していると著者は批判する（特に社会学には手厳しい）。また偏狭な縄張り根性も蔓延しているのは、ぼくたちも日々目にする通り。だが著者は、少なくとも理論的な可能性については楽観的だ。

既存知識を教えるだけの本や夢物語をふりまくだけの本は多いが、おぼろげとはいえ未知の理論体系を具体的に描き出してくれる本は貴重。著者の夢見る統合が実現するか、皮肉屋の評者は少々懐疑的ながら、まずはお手並み拝見だ。ごく一部でも実現したらすごい。ただしそれを享受するには、前半の数式にも挑まないと……が、その点は訳者解説にも勉強の指針があって親切。翻訳はきまじめだが正確だし、著者の書評をコラム的に入れた読者サービスも嬉しい。

（「朝日新聞」二〇一一年九月四日）

コメント

ぼくのウェブサイトに載っているこの書評を見ていただくと、この後に翻訳についていろいろケチがついている。特に、著者のコラム（というかアマゾンレビュー）を収録したものは、反語や嫌味をすべて額面通りに訳してしまう変な訳で、著者の主張が全然伝わっていないのをかなり厳しく論難した。実は本文が出る前にそのコメント部分だけが読めるようにしてあって、それを見た訳者陣の一部が激怒して何やら強硬手段に出るといきまいたとか何とか。結局、書評の本体ではほめてあったので、矛先を収めたらしい。それでも、その部分翻訳の変な方針は首を傾げるものではあるし、それについての論難はもう少し本文でも明示的にしておくべきだったかもしれない、といまでも思う。

　でも、これは非常によい本だし、大きな学問や知的体系の見通しをここまで具体的に描き出した本はなかなかない。訳者たち自身も、単なる外野ではなく自分たちがまさにこの統合を自ら推進しているのだという自負があり、それはこの訳書からも感じられる。この訳者たちは、当時はまだ存命中だった青木昌彦の……弟子というべきかどうか知らないけれど、その影響圏にいた人々のはず。青木昌彦が他界した後には、こうしたまとまりのある活動があまり見られないような印象もあるのだけれど、どうなんだろうか。うまくいけばアシモフ『銀河帝国』シリーズに登場する、ハリ・セルダンの歴史心理学のような壮大な代物にもなる可能性のある活動だったし、是非とも続いてほしいと外野としては思うのだけれど、どうなんだろうか？

▼家族に期待しすぎなさんな

ステファニー・クーンツ（著）岡村ひとみ（訳）
『家族という神話――アメリカン・ファミリーの夢と現実』（筑摩書房）

著者は言う。「過去から学ぶべきことは多くあるけれど、貧困や社会変動から人々を守った家族形態は一つとして存在しなかった。また今日の世界でどのような家族関係を築けばよいのかについてモデルとなるような伝統的家族形態も一つとしてない」。

しかし、そこで考えなくてはいけないのは「じゃあ新しい家族はどうあるべきか」ということではない。家族の現在形を肯定しましょう、なんてことでもない（肯定するのは結構なんだけどさ）。クーンツの主張とはまず、家族というのは自然なものでもなければ必然的なものでもない、ということだ。それは個人を社会として組織化する一つの手段にすぎない。子育てと、賃金労働の裏方作業を担保するために歴史的に作り上げられたものなんだ。問題は、家族というものを問題にしすぎることなんだ。

自然じゃなくったって、別にいけないことは何もない。会社というのは、別に自然なものではない。でも経済メカニズムとしてはそこそこ機能している。問題は、それがフィクションだということを忘れ、それしか世の中にないんだと思いこんでしまうこと。そういう盲信からいろんなゆがみが生じる。

家族でもそれは同じこと。「理想の家庭はなかった」とは本書は言ってない。立派な標準家庭はたくさんあった。ただし、それが一九五〇年代にはアメリカのマジョリティを占めて、それが故に万事オッケーだったというのはウソだ、と。五〇年代にも、家庭というシステムはすでにガタがきていた。そして六〇年代以降、家族が崩壊したから社会がおかしくなった、という通説もウソだ。既婚者が独身者よりもマシなわけじゃない。出身家庭がおかしくても、まともな環境と訓練さえ与えればその後いくらでも矯正はきく。

　さらに通常の家族以外の存在が、「健全」な家族よりも社会的なコストが高い、というのもウソだ。ふつうの家庭だって、住宅取得減税や補助金、家族手当や福祉費など、コストはいっぱいかかるのだ。母子家庭やゲイ家庭が極端に高コストでもない。

　本書はこのように、家族に関する通念を一つ一つデータでつぶしてゆく。その一方で、性革命がすべていいとかいう、リベラルっぽいお題目にも陥らない。家族を持ち上げすぎるのもつらいけれど、逆にそれを否定しすぎるのも同じくらいつらいのだ。プロパガンダに走らない、学問的な誠実さが維持されているのは気持ちがいい。

　本書の結論と提言は、日本にそのまま適用できるものではない。社会福祉を充実させろという話なんだが、これは貧富の差の激しいアメリカならではの話だから（解説の芹沢は、日本もそうだと言いたがってるけどね）。ぼくたちが考えるべきなのは、サカキバラくんの一件でも、コギャルの話でも、いろんな社会問題がすぐに家庭のせいにされる事態のほうだ。家族が悪い、家庭が面倒を見るべきだった、親がちゃんとぶん殴っておけばよかった、云々。だが、家庭だけに答があるわけではない。ここんとこは日本でも十分成立する議論なのだ。

そして日本でも、「まっとうな家族でない」ためにストレス下におかれている人は多い。本書はそれに対して実証的な解放感をもたらしてくれるはずだ。「家族論」と称する本は日本でも多い。が、どれも家族という枠組みは問題にせず、父親の役割とか、内部の位置関係のシフトだけでなんでも片づくかのような書き方をしている。それもレトリックばかりで。本書はもっとしっかりしたものだ。そして本書は、その先にまだまだ苦闘が待っていることをぼくたちに告げている。

著者は、もっとコミュニティ化された子育てを考えようという。うまくいくだろうか。どう制度化しようか。日本では、これにからめて年寄りの処理問題も出てくるだろう。必ずこれは、家庭に押しつけられる。そして必ず破綻する。アメリカの家族のように。その先は？　その意味で、本書の問題提起は、日本には別の重みをもって迫ってくる。

（「スタジオボイス」一九九八年五月七日）

▼かわいそうな星占いと現代人

ミルチア・エリアーデ（著）楠正弘、池上良正（訳）『オカルティズム・魔術・文化流行』（未来社）

長屋にこんどは星占いのコーナーが越してらしたのかい。じゃあいい機会だから、星占いのことを話しておこうか。ぼくはもちろん星占いなんか信じていない。でも、星占いに人が惹かれる、というのはおもしろいなと思う。でもそれは同時に悲しい。

なぜ人は星占いに興味を持つのか？　「だってあたるから」？　まさか。だれにでもあてはまるようなことを漠然と描いていれば、どれかはあたる。それだけの話だ。備えられる？　どう備えるの？　グランドクロスがノストラダムスが恐怖の大王とかすっていたのが意味ありげ？　それがどうしたの？「かすった」ってなんだい？　それにそもそも恐怖の大王の日に、何か起きたっけ？

なにもないでしょう。

でも、人が星占いを信じるのは、そもそもそんな実利的なメリットのおかげではない。あたるから信じる、役にたつから信じる――そもそも星占いってのはそんなものじゃない。そういうアプローチは、星占いそのものを矮小化してしまう。星占いは、一種の宗教だ。そこには人の不合理な信仰すべてに共通する、祈りがある。

ミルチャ・エリアーデは、その祈りを理解している。かれはルーマニア出身の大宗教学者だ。でも、ただの合理主義的で無味乾燥な宗教分析をしているだけじゃない。インドにいってヨガの修行をして、各種神秘主義にも精通。かれの本を読んでいると、なぜ人が信じるのか、なぜ人が神さまにすがるのか、という気持ちまで書き込まれている。そのかれが、オカルトブームやエセ科学ブーム、星占いの流行なんかについて書いたのが『オカルティズム・魔術・文化流行』（未来社）だ。

かれは語る。昔々、星を信仰するのは人にとってごく自然なことだった。太陽や月や星は、世界を動かし、人に影響を与える。人は日の出とともに目覚め、日没とともに眠る。月の満ち欠けにつれて海は動き、女の肉体もうねり、星とともに耕作を行い、神々は星から降臨し、また天に帰る。そして星は、はるかかなたの地平線でこの世の地球とまじわり、流星となって地に降り注ぐ。そうやって人と星々は、深く関係を持っていた。人は星を祖先に持ち、星に守られて生きていた。星はぼくたちを見守ってぐるぐるとまわり、見上げる人々と視線をかわしていた。

いまはちがう。

それを破壊したのは、たとえばキリスト教。そこではもう星は特別なものじゃなくて、神さまがこしらえた、ただの光るものだ。キリスト教の兄弟であるイスラームは、神とまちがえて星や月や自然を拝んではならない、ときびしく戒めている。そしてもちろん、現代科学もそこにますます拍車をかける。星はただのでっかい水爆だ。ぼくたちのほうを見てもいないし、ぼくたちのまわりをまわってもいない。地球のほうが一人芝居でぐるぐる回っているだけで、星はそれに何のおかまいもなし。星から生まれたはずの祖先も、実は毛深いエテ公。ぼくたちと星を結ぶものは何一つない。

それは、すばらしいことだと人々は言う。星がでっかい水爆だからって、夜空を見上げる神秘が減るだろうか、と科学者はいう。そしてぼくも、それに賛成ではある。あるんだけれど……でもそうじゃない部分があるのも知っている。星が、自分だけに意味のある形で自分を見おろしてくれているというのと、だれが見ても水爆だというのとでは、意味がちがうんだ。すごいことだけれど、そしてそれを解明した人々の意志や知力もすばらしいことだけれど、でもあの光がぼくを守ってくれていた時代とは、なにかが決定的に変わってしまったんだ。

さらには現代社会。そして現代都市。人はますます孤立してしまう。自立しなきゃいけない、自己決定。すべては自分の意志。それもすばらしいことなんだけれど……そして人はそれを数千年かけて追い求めてきたんだけれど、でも一方で人はそれをばくぜんと不安に思っている。自分が、まったく何とも関係なく、何の束縛もなく生きている——すべては自分次第——それは重荷だ。失敗したら、それはすべて自分のせいだからだ。そして一方では、自分でどうにもならないことってのも決定的にあるからだ。自己決定しようのないところまで自己責任の自己決定を要求される——レムは「人はみんな、自由から解放されたいと思っている」と言うけれど、それはそういうことだ。人は束縛されたいと思っている。現にある束縛に、説明がほしいと思っている。そして昔失った、あの天との結びつきを取り戻したいと思っている。そうすることで、自分の居場所と、存在の意味とを復活させたいと思っている。

そのあらわれが星占いの流行だ、とエリアーデは言う。星々と自分が結びついている、と人はだれかに言ってほしいのだ。それがあたるかどうかは問題ではない。星と自分の隠された関係をもう一度回復してもらえれば、人は満足する。星を通じて、孤独だった自分が他人と何かしら関係を持っているのだと言ってもらえれば、人はうれしい。自己決定できない（したくない）外部環境も、星のせいならあきらめもつく。そうやって星の力を借りて、自己決定の鎖、自由という鎖からのがれられれば、それでいいんだ、と。星占いっていうのは、実はそういう現代人の孤独、世界の意味から切り離された空疎さの裏返しで、現代人の絶望的な叫びなんだ、と。

あなただって、それを感じているはずだ。星占いは、女のほうが好きだ。でもそれは女のほうが頭が悪くて迷信深いから、ではない。いまの社会で、女のほうがそういう負担を多くかかえているからだ。血液型占いがなぜ日本ではやるか。日本は血縁社会だからだ。血筋で人を判断してはいけません、といまの平等主義は言う。でも、人は血縁にすがりたいんだ。あの不平等な世界を、日本人はなつかしく思っているのだ。血に意味があり、血が人を左右する——日本人は、そう信じたくてたまらないんだ。

星占いをバカにするのは簡単だ。でも、バカにされても星占いが衰えることはない。星占いがなくなっても、人はまた必死で、星々との結びつきを再生させようとするだろう。それは、空飛ぶ円盤や、科学のふりをした無意味な宇宙人探しSETIなんかにも通じる心の働きだし、一方でそれは、オウム真理教や人格改造セミナーにも通じる精神の作用でもある。星占いの背後には、実は現代人の深い孤独と黒々とした闇のような苦悩が口を開いているんだ。そしてその孤独と絶望の表現すら、かつての宗教儀式が持っていたような深みや豊かさを持つこともできずに、お手軽な消費の対象となってしまっているという絶望――世界のあらゆる宗教を調べつくしたエリアーデには、その絶望までがはっきりと見えていたんだ。

ぼくは結構、星占い本なんかを見るんだ。でもこの絶望を知ってる星占い屋さんには、お目にかかったことがない。みんな頭が悪くて狡猾で、軽薄なだけだ。一人残らず。だれも自分のやっていることの真の意義を知らない。

かわいそうに。

（「CUT」二〇〇一年二月）

コメント

このときは書評を連載していた隣のページに、星占いのコラムがきて、その初回を読んで大いにムカついた。冒頭の言及はそれを指している。でも、ぼくはここにも書いた通り、星占いそのものはもちろんバカだとは思っているけれど、でもそれを人々が求める気持はわかるのだ。結局、隣のページの星占い連載は、すぐに終わってしまったけれど、もう少しやりようもあったのではと未だに思う。

▼小国に教わる国の存続理由と愛国心

『Micronations』(Lonely Planet Travel Guides)

　小学校くらいのときに、世界でいちばん小さな国はどこ、というような話を社会の授業でしたと思う。それとも最近はゆとり教育のおかげでそんな話はしないのかな？　一応三十年前は、小さな国は文句なしにバチカン市国だったはずだ。そしてそのついでに、アンドラとかリヒテンシュタインとか、切手販売と観光だけで食ってるような小さな国がいろいろあるんだなあ、というのをおもしろがってずいぶん調べた記憶がある。

　が、実はバチカンよりはるかに小さな国はたくさんある。それらをまとめたのが本書、天下のロンリー・プラネットの『Micronations』だ。

　ここに挙がっている国は、どれもバチカン市国なんか目じゃないほどの小国だ。なんせ、国民が二人なんていう国はざらだし、領土もちょっとした町くらいならいざしらず、街区一つ、家一軒、はては部屋一つ、なんてものもあるくらい。

　さて、国だの独立だのいうのは、通常はかなりの大事だ。それは中国と台湾のもめごとなんかを見ればわかる。が、本書にのった国家のほとんどは、幸か不幸かそうした本国からの阻止には直面していない。まあもちろん、その一部は単なる冗談半分のナンチャッテ国家だからだ。アメリカのある岬の先っぽにある町が、本土とつなぐ橋の撤去に抗議してアメリカからの独立を宣言した、なんていうのがあったり、はてはイギリスの（というより正式にはイギリスに囲まれた）ラブリーは、ＢＢＣのテレビ番組のためにコメディアンが独立を宣言したという代物。前者は、一応所属しているニューハンプシャーの知事が遺憾の意を表明したりしてはいるけれど、まあ話題作りの冗談だ。

でも、中には本格的なものもある。イギリスの沖合にある作りかけの構造物を占拠して独立を宣言したシーランド王国は、創立当時は公海上にあったのでイギリス領ではなかったし（いまは領海が二百海里になっているのでまわりはイギリスの海だが）、その構造物を作ったイギリス海軍も明らかにそれを遺棄してあったし、イギリス軍とも多少の小競り合いを展開している（シーランドはそれを「戦争」と呼び、イギリスの侵略を撃退した、と表現している）。またコペンハーゲン郊外のクリスチャニアは、ソフトドラッグが自由で自動車を使わないエコロなヒッピー国として独立を宣言し、ドラッグ規制を強化したがるデンマークとかなりもめている。

で、本書はめっぽうおもしろい。それはそれらの国にすばらしい魅力的な観光資源があるとかそういうことではない。その国がなぜ国として独立するにいたったか、独立したいと思ったか、その来歴に魅力があるからだ。

そもそも国って……なんなの？　もちろん国際法だの政治学だのを勉強した人であれば、領土があって、決まった国民がいて、行政機構があって、他の国と交渉関係に入れればそれは国だ、といった国の成立条件を知っているだろう。でも、国が国になるためのもっと重要な条件がある。それは、国が国になりたいという理由であり、国であり続けたいというその意志だ。弾圧されている、税金が重い、政策に賛同できない——どんな人も、自分のいる社会に対して不満はあるだろう。でもその一方で、国を維持するのは面倒だ。日々のもめごとを解決したり、経済運営を見たり、お金をすったり計画をたてたり。王さまや女王さまという話だけをきくとロマンチックかもしれないし、「おれが総理／大統領になったらこんなバカなことは許さない」と思ったことはだれにでもあるだろうけれど、実際になったらそれが面倒できゅうくつで、多方面のしがらみでまったく自分の思い通りになんか進めないだろうという想像も、すぐにつくはずだ。ぼくなら社長、いや部長になるのだってごめんだ。まして王さまになりたいやつなんて、正気の沙汰とは思えん。

　が、ここに挙がった国々は、まがりなりにもその障害を乗り越えて、敢えて国となった。そしてその少数とはいえ臣民たちに、独立国であり続けることを納得させている。それには、そのための理由が必要だ。独立国であったほうが、その臣民たちのためになるのだ、という理由はなんだろう。それをちゃんと説明できているということだ。だからこそ臣民たちは、多少の面倒を引き受けてでも（たとえば領内では別通貨が流通しているので、道の向かいの隣国に買い物にいくときに両替が面倒とか）国としてのまとまりを維持しようとする。

　本書を読むと、その「理由」にもいろいろあることがわかる。それを吉本隆明的に、共同幻想だと言ってしまいたい人もいるだろう。ぼくは功利主義者だから、それが幻想などではなく、ちゃんと中身のあるものだと思う。が、いずれの場合でも、国が国として存続する理由は決して自明なものじゃない。

そして、その理由に納得するということは、とりもなおさず愛国心を抱く、ということだ。その理由をきちんと説明するということは、結局のところ愛国心教育ということになる。

さて、これを読んでいるあなた、あなたの所属する（であろう）日本という国は、なぜ日本という独立国でなくてはならないの？　この本を読んで、最後に思い当たるのはそういうことだ。日本が今後とも国としてあり続けるためには、その存続理由をきちんと考えたほうがいい。そしてそれを国民に納得させるための方策も不可欠なんじゃないか。この小国たちは、この日本のぼくたちにもそんなことを考えさせてくれるのだ。ぼくはそれが、天皇なんてものでもないし、平和憲法なんて代物でもないと思うのだけれど。が、この話はすでに書評の範囲を超える。でも、そこまで小難しいことを考えなくても、本書を参考に、自分が国を作るとしたらどんな国を作るか思いめぐらすのはなかなか楽しいよ。そして機会があれば本書片手に、こうした国々をちょっと訪れてみてはいかが？

（「CUT」二〇〇七年一月）

▼個人的な恨み節を一般化できると勘違いした、偉大な学者の悲しい本

森嶋通夫『なぜ日本は行き詰ったか』（岩波書店）

森嶋通夫は、とんでもなくえらい経済学者だ。前回（p.280）とりあげた伊藤元重ですら、この人の前では小者だ。ましてぼくのようなチンピラサラリーマンにとって、この人は雲の上の存在。一時はノ

ーベル記念経済学賞に一番近いとまで言われた。

でも一方で、この人は過去の人だ。主要論文は精々一九七〇年代どまり。その後日本の大学での権力闘争に破れて、ロンドン・スクール・オブ・エコノミクスにずっといる。そしてしばらく前に出た自伝では、自分を受け入れなかった日本（の大学、ひいては教育制度）への恨み節全開。そしてその後も、日本は没落する、日本はダメになる、それも人間が根本からダメなんだ、という本ばかり出している。

　この本も、その一例だ。日本経済のダメぶりを分析した本なんだけれど、ネットの紹介にあるように「著者は、経済的に分析し、そこから将来を予想するという方法はとらず、歴史学、教育社会学、宗教社会学などに基づく、より広範な日本分析を試みる」。経済学者が社会学でなにすんの、と思っていたら……あーあ、素人社会学の大爆発に成り下がっている。

　いろいろ箔をつけようとえらそうな文献からの引用はするんだ。でも要するに、戦後教育では道徳とか倫理を教えないからだめ、そしてそれを導く宗教もないからダメ。結局戦後世代はダメだ、と言っているだけなのだ。日本の戦後の高度成長は戦前教育を受けた連中が担って、それが消えた一九八〇年代には新人類が出てきて日本はだめになった。すぐ売春する援助交際女子高生が増えてる（週刊誌の下ネタに反応してるのが実に痛い）。日本人はかつてのローマ人のように堕落し、官僚たちは自信喪失している、だからまだまだ日本は没落する……これがまともな分析のつもりだとは。ぼけた企業人が哲学ぶったり宗教がかったりする醜悪な例は多いけれど、森嶋通夫までこんなになるとは情けなや。日本の若い世代の諦めと焦りが、経済停滞の原因ではなく結果かもしれないことにさえ思い至らぬとは。あなたのいるイギリスの状況をごらんよ。そして自信喪失が停滞の原因なら「停滞は続く」なんて言うのは事態を悪化させるだけじゃん。

いまの若者、そしてこれからの日本の状況について読みたければ、玄田有史『仕事の中の曖昧な不安』を読もう。あと景気回復については、田中他『エコノミスト・ミシュラン』を。そりゃ日本の地位は下がるかもしれないけど、こんな年寄りのペシミズム恨み節に流される必要まったくなし。森嶋は、もういまの連中が総入れ替えになる今世紀後半まで日本はダメ、というんだけれど、その入れ替え後がいまよりましというヘンな期待をどうして抱けるのかさっぱり不明。そんなのあてにしなくても、やれることもできることもいっぱいあるんだよ。

それにしても、この本って実は戦前の修身教育礼賛に近い中身なんだけど、岩波書店がよくこんなの出すな。その意味ではオドロキの本ではある。

（「ＧＱ」二〇〇四年）

コメント

これが出てしばらくして森嶋は他界。たぶん恨み辛みにまみれた不幸な死だったんだろうなあ。第三者的には、文句なしの人生なんだろうけれど。この森嶋がアメリカではなくイギリスのＬＳＥに行ったのを見て、彼が主流のアメリカ経済学に背を向けた独自の道を歩んだ証拠だ、アメリカ式銭ゲバ経済学の欺瞞を見抜いていた慧眼よ、と見当違いのおべんちゃらを（なぜか）展開していた医者がいたけれど、この本を読むと少なくとも当人はそんなつもりはまったくなかったことがよくわかる。

▼脱北者たちの実像とその心の歪み

石丸次郎『北のサラムたち――日本人ジャーナリストが見た、北朝鮮難民の〝真実〟』（インフォバーン）

　この本を読むのは、結構しんどい体験だ。ぐいぐい読ませるのだけれど、読めば読むほど暗澹たる気持ちになる。北朝鮮は、こんなにもひどい状況なのか。本書はその実情を、十年にわたる実際の難民たちへのたんねんなインタビューと共同生活を通じて克明に描き出している。

　北朝鮮から中国の農村に「買われて」ゆく花嫁たちの状況。北朝鮮の闇市場と、浮浪児たちの群れ。日本での差別に耐えて北朝鮮に戻った人々を待っていた、祖国での差別と飢餓。決死の思いで中国に渡る難民たち。そしてその難民たちの親族や支援団体の果てしない苦労と先の見えぬ絶望。本書に描かれた北朝鮮の人々に、明るさはまったくない。

　そして本書のもう一つの見どころは、難民の亡命を一歩ずつ追ったドキュメンタリーだ。ある一家はモスクワ経由で逃れる。著者はかれらと行動をほとんどともにして、その様子を見事に描き出す。さらに著者は、今年五月の中国瀋陽での日本総領事館駆け込み亡命事件とも近い立場にあり、その背景と決行に至るまでの細かい状況についても、本書には詳しく描かれている。その様子は、実に手に汗を握るドラマでもあるが、一方では北朝鮮の人々の窮状を如実に示す記録でもある。

　さらに本書は、北朝鮮の人々の心の歪みまでも描き出す。中国の北朝鮮難民村で展開されるのは、疑心暗鬼と何の利益にもならない密告合戦。支援団体ですら苦言を呈する難民たちの社会性のなさ。ここが本書でいちばん怖いところかもしれない。本書刊行とまさに同時に、北朝鮮は拉致疑惑をあっさり認め、本稿執筆時点では拉致された人々の帰国まで実現した。ほんの数カ月前には想像もつかなかった事態だ。北朝鮮の状況は、今後急激に変貌を遂げるかもしれない。しかし本書に書かれたことが事実であるなら、状況がどう変わろうと、人々が独裁恐怖政治の影響下から抜け出すまでには、さらに長い長い時間がかかるだろう。かつてない傑作ルポルタージュだが、本書の持つ含意は実に深く、暗い。

（「朝日新聞」二〇〇二年十月二七日）

コメント

　これは、二〇〇二年のベストの一つ。紙幅の都合で書けなかったけれど、最も恐ろしいのは、著者の運営する脱北者用キャンプでの話。そこでは、やっとの思いで逃げてきた脱北者たちが、何かと著者たちにまったく意味のない告げ口をしにくるのだという。「だれそれはあなたの悪口を言ってた」「あそこの人が何か隠すのを見た」等々。やがて著者たちは思い当たる。北朝鮮では、それが普通のことなのだ、と。相互監視と密告が、北朝鮮の人々にとっては身に染みついた行動になってしまっているのだ、と。

　ちなみに、その後脱北者の告白みたいな話は結構はやり、ちょっときれいな女性はそれをネタにＴＥＤでお涙頂戴の講演をしたけれど、その後その話にだんだん尾ひれがついてきたこと、細かい話のつじつまがあわないことなどいろいろ問題が指摘されている。悲惨なことを言えば受ける、というのがわかってしまい、それにあわせてみんな話をつくりこむので、何をどこまで信用すべきかわかりにくい。本書は、著者が第三者的に脱北者を描いているため、そうした歪みが相対的に少なく、その分だけ迫真性も高まっていると思う。

▼各種思想の持っていた可能性とその実際の影響を具体的に描き出す

浅羽通明『ナショナリズム』『アナーキズム』（ちくま新書）

思想なんて、何の役にたつの？　これにきちんと答えるのはむずかしい。思想なんてナントカ主義だのイズムだの本質だの可能性の中心だの、どうでもいいところで変な派閥を作って怒鳴りあうだけ、というのが一般の印象だ。いや、それもウソだな。普通の人はそもそも「思想」なんかに具体的な印象なんか持っていない。せいぜいが特殊な人々による浮世離れしたこざかしいおしゃべりと思っているくらいだ。

でも一方で人は深く思想に冒されている。ケインズは「知的影響から自由なつもりの実務屋は、たいがいどっかのトンデモ経済学者の奴隷だ」と述べたけど、思想にもそんなところがある。ふと何かの折りに、ぼくたちは出来合いの思想にすがる。でもなぜその思想だったのか。どういう状況でその思想は必要とされたのか？

浅羽通明の『ナショナリズム』『アナーキズム』に始まるシリーズは、それを本気で考えている。ナショナリズムなら三宅雪嶺や丸山真男、そしてアナーキズムなら大杉栄や埴谷雄高といった大物たちをテコにしつつも、浅羽の分析はその書き手のみならず、それを求めた読者のニーズまで深く掘り下げる。たとえばナショナリズムは、日本の近代国家化の中で必要とされた思想だ。押しつけただけでなく、当時の国際環境と都市化の中で、地域性だけに頼れなくなった日本人自身積極的に求めた思想でもあった。これをもとに、コミュニティ意識の延長としてナショナリズムを捉《とら》える小林よしのりの議論と、狭い地域性の崩壊ばかり強調する姜尚中的な反ナショナリズム議論を、浅羽は同じ現象の表裏だと一撃で看破する。

一方のアナーキズムは、自由を徹底して追求する思想だ。でも生活や家族のためには不自由に耐えるしかない。時にそれすら否定する純粋アナーキズムは、実はすねかじり的な甘えを根底に持つ。浅羽はそれを、埴谷雄高が引きこもりのおたく先駆者だったことなどを足がかりに論じつつ、保守主義とアナーキズムの類縁性など驚くような指摘を次々にり出してみせる。

その思想を大衆的に咀嚼《そしゃく》しつつ、その可能性を最も先鋭的に拡大した例として採り上げられるのは、本宮ひろ志（ナショナリズム）や松本零士（アナーキズム）のマンガだ。そして最後に、現代日本におけるこうした思想の役割についての冷徹な分析。思想が社会を動かすわけじゃない。社会の要請が思想を呼び出す。この「道具としての思想」という確固たる視点から導かれる分析は、ナショナリズムといえば右傾化といった紋切り型をあっさり蹴倒《けたお》し、その思想の核心にまで迫る。思想なんて、何の役にたつの？　このシリーズの出現は、この問いそのものを変える。いまや問題は、あなたがどんな思想をどう役にたてるつもりか、ということだ。本書にはそのヒントがぎっしり詰まっている。

（「朝日新聞」二〇〇四年七月十一日）

コメント

おもしろかった。『アナーキズム』最後の変な地域通貨信仰にはあぜんとしたけれど。引きこもりとしての埴谷雄高、というのは笑ったけど、書評に盛り込みきれなかったかな。

でも思想というのを、何か抽象的な話にとどめず、また表層的な影響にとどめることなく、それがどのように社会に浸透して人々を動かしたかについて具体的に描き出した本として非常に優れていたと思う。思想というとすぐに、ナショナリズムは危険だとか、ナントカ主義は問題だ、といった一方向の話で終わってしまう。でも思想と社会の共犯関係にまで踏み込み、社会のほうが思想を要請する（こともある）のをきちんと指摘したのは、この本のとてもえらいところ。

▼突撃ライフルの名機から見えてくる武器とその取引の実態

松本仁一『カラシニコフ』（朝日文庫）

カラシニコフことＡＫ47といえば自動小銃の一大傑作。昔ベトナムで撃ったとき、横で射撃場の人ががばらして掃除してるのを見て、そのシンプルさに唖然とさせられたっけ。こんな単純なの！　あんな雑に扱っていいの?!　でもその単純さと雑さは戦場での信頼性を高め、技術力の低い途上国でも製造を可能にした。それが独立運動ゲリラ支援と武器流出で世界中に広まり、誕生から数十年たったいまも各地で人々を殺傷し続けている。

本書はそのカラシニコフ小銃に焦点を当て、その誕生から現在の「活躍」ぶり、果ては武装解除運動までを追ったノンフィクションだ。白眉はなんといっても設計者のカラシニコフ本人に開発経緯や設計思想を詳しくきいた部分。生きてたのか！　すき間の多い精密でない作りは意図してのものだったこと、トカレフらの設計との競争など、珍しい話が満載だ。記述は正確だし、日本の自衛隊向け小銃メーカーにも話をきき、きちんと比較しているのも立派。

さてそのＡＫ47、世界各地のゲリラや反乱軍や内戦でいまなお現役だ。本書はその傷跡を追い、アフリカの元ゲリラやその家族やスラム住民に話をきくのだが、ここは本書の弱いところ。描かれた事例は悲惨ではあるけれど、それをカラシニコフのせいにはできないだろう。さらに、無能な政府の援助はダメでＮＧＯ経由で援助すれば万事オッケー、といわんばかりの援助改革談義は安易すぎると思う。ＮＧＯは、ミクロに薬を配ったり学校作ったりはできるけど、全国民が豊かになる有益な経済改革とかはできないので本質的な解決は困難なのに。そしてこの話題はカラシニコフというテーマとずれていて、本書の軸を弱めていると思う。

もっともそれは本書の価値を下げてはいない。問題提起自体は正当だし、独立国と認めてもらえず苦悩するソマリランドの話題などは、銃とは無関係の独立した話としてきわめて刺激的。平和主義者も援助関係者も、またかなりのガンマニアでも、読めば必ず何か新しい発見がある稀有な一冊だ。

（「朝日新聞」二〇〇四年九月二六日）

コメント

実は本書については、三段落目のダメな部分がかなりハナについて、一時はやめようとも思った。でも銃を撃ったことを自慢できる機会はなかなかないしぃ、朝日新聞社刊なので、ぼくがやんなきゃ他の人がやる、とのことで（あんまりこういう、自社本だからといって書評欄を営業ツールに使うのはやめたほうがいいと思うんだが）、他の人がやるような絶賛ヨイショ書評がのるくらいならダメなところあわせてオレがやるべぇと思いました。そして、広く読まれるべき、書評に値する良書なのは確かです。

▼ダッチワイフのあれこれ

高月靖（著）
『南極1号伝説　ダッチワイフからラブドールまで――特殊用途愛玩人形の戦後史』（バジリコ）

本書のタイトルを見ただけで、人は（特に男子は）こそばゆくも懐かしき、性の目覚めにもつながる郷愁をかきたてられるだろう……と思って同僚にきいてみたところ、驚いたことにおおむね三〇歳以下の人は、南極一号をご存知ないことが判明。うーん、若き読者諸賢の皆さん、南極一号（Z号）とはいわゆるダッチワイフ。流行の表現を使うなら、空気嫁である。その昔、南極越冬隊の性欲処理のために開発された、という伝説がある。

これがただの伝説かそれとも実在したか？　本書はそんな話を枕に（この文脈だと淫靡やね）、日本における「特殊用途愛玩人形」の発達を追い、その製作者たちへの緻密なインタビューでかためた、見事なノンフィクションだ。いまやこの種の商品は、かつての本当の「空気嫁」しか知らない人たちなら腰を抜かす（あっちの意味でも）ほどの水準に達している。造型も、感触も、実用性も。その開発者たちの傾ける情熱、採算度外視のプロジェクトXまがいの開発努力。いったい何がかれらをそこまで駆り立てるのだろうか？

そしてもちろん、一方で見えてくるのはそれを買う人間たちだ。性欲のありあまった若者の需要が多いと思われがちだが、実は奥さんが他界したりいやがったりする中高年男性の需要のほうが多いのだとか。そしていまや性欲処理の道具としてではなく、単にそばにある（というより「いる」）だけでいい、という人も多いというクライストの「マリオネット試論」もさながらの状況。ここにあらわれている方向性は、一方で人造人間めいたロボットの方向性と一致するようで、実はそれとは正反対だったりする。ネクロフィリアめいた雰囲気も漂わせつつ、一方では生とも強く関連している。南極一号を知らない諸君、本書を読んで、性と無生物との秘めやかな営みの世界を是非ともかいまみてほしい（そこから深入りするかどうかは自己責任）。それは可笑しくも悲しい……と書こうとしたがどうだろう。これは悲しいだろうか？　だがいずれにせよ、ここにはなんだかよくわからない人間の未来のちょっとした萌芽がある、ような気がするんだが。

（「中央公論」二〇〇八年六月）

▼ビールが持つ意外な闘争の歴史

飯田操（著）『パブとビールのイギリス』（平凡社）

読者諸賢はイギリスという僻地の島国をご存じだろうか？　そこの人々はいろいろ奇妙な風習を持っていて、何をやってるのかさっぱりわからないクリケットとかいう珍妙な玉遊びとか、宗教上の理由からかひたすらまずい飯とか、初乗り千円以上の地下鉄とかあきれることばかりなのだが、中でもアレなのは、ビターという苦くてぬるい泡のない、ビールの一種だ。なぜイギリスであんなものが愛好されるのか、今世紀に残る謎の一つとされる。

本書はその謎をめぐる本だ。どうしてあのビールが成立したのか、それを出すパブという場の位置づけ、そしてなぜイギリスのアイデンティティの一部を形成するにいたったか。ビールは、もちろん大衆娯楽として普通に成長してきたが、歴史の中で時にはフランスのワインと競合するイギリス性の担い手とされ、時に悪徳の源泉とされつつも、一方では猖獗をきわめたジンに対する健全な酒の象徴とされ、その役割を変えつつ文化の中に根づいていった。あるときは財源として権力に利用されつつ、別のときには権力から逃れつつ成長した。その歴史があればこそ、ビールと、それを出すパブは国民性の一部となり、市民の自由の場となったという。

もちろん、ビールの歴史を知ったからどうなるわけでもない。それを日本の居酒屋に応用できるわけでもないし、人間の本質に対する深い洞察が得られるなんてこともない。だがそこにはあらゆる文化が経てきた、歴史との戯れと奇妙な偶然の連続があって、それこそがイギリスのビールをほかのどこともちがう、唯一無二のものとしている。そしてそれを描く本書の筆致は、何とも楽しげで、イギリスの民衆文化をずっと研究してきた著者ならではのものだ。

いま、あのビターはラガービールに押されて劣勢になりつつあるという。こんどこそパブとビターの命運も尽きるのか、はたまた再び盛り返すのだろうか？　そんなことを考えつつ機会があればビターを一杯飲んでみるのも一興……だが、本書を読んだからとてあれがうまく感じられるようにはまったくならないので、その点はおまちがえなきよう。

（「中央公論」二〇〇八年十一月）

▼ゲーミフィケーションでつらい仕事も楽しく？

ジェイン・マクゴニガル（著）妹尾堅一郎（監修）藤本徹、藤井清美（訳）
『幸せな未来は「ゲーム」が創る』（早川書房）

ゲームは、現実逃避だとしてよく非難される。でも、善行や努力の報いが明確でない現実にくらべ、ゲーム界での善行はすぐに結果が見える。つまらない作業や勉強や共同作業もゲーム仕立てなら楽しくなる。だからゲームを敵視せず、現実改善に役立てよう、と本書は主張する。

事例は豊富だが、有益なゲームもあるというだけなら旧聞。本書の妙味は、目的性や努力の結果が不明確だから「現実は壊れている」（原題）として、それが明確なゲームこそ正しい姿とした、ゲーム中心主義とも言うべき世界観にある。従来の、「ゲームだって役にたつからいじめないで」的な卑屈さから一転、ダメな現実をゲームで直してやるという剛毅さは天晴れ。

むろんまだすべてゲームですむほど現実は甘くない。が、予想外の現実がゲーム化できているのも事実。すると本書は単なる開き直りの大風呂敷なのか、はたまた来る現実総ゲーム化時代の予言か？　それは読者の判断次第。

（「朝日新聞」二〇一一年十二月十八日）

▼世界各国の、普通の人の家計簿とは？　各国の似て非なるお財布事情

根岸康雄『万国「家計簿」博覧会——これだけ稼いだ！　こうして使った！』（小学館）

かわいらしくも勉強になる一冊。世界十三カ国の中流世帯の家計簿をネタに日々の生活の話をきくだけの、シンプルな本だが、それが各国の経済事情のみならず、社会状況から人生観まで描き出せているのは著者の才能のなせる技か、はたまた自宅の家計をさらして同情を誘った作戦勝ちか。

各種の生活実態レポート的な本の中で本書のよさは、お金という客観データ重視と、そしてあからさまなイデオロギー的意図の不在だ。この種の本の多くは記述が定性的にすぎ、生活苦を強調して経済格差を糾弾等の政治的な魂胆が露骨だ。本書はそれがないし、おきれいでない部分もきちんと描く。愛人

を囲って費用捻出にヒイヒイ言うお父さんを見ても、道徳的に糾弾したりはしない（が経済的な苦労は描く）。それがかえって記述の信頼度を高める。データも詳しくて大学のレポート一本くらいは書けそうだし、気軽で楽しい読み物的な記述が無味乾燥なデータに深みを与えている。

（「朝日新聞」二〇〇四年十月三日）

▼本当の「天職」を見つけた人たち

クリス・バラード（著）**渡辺佐智江**（訳）
『バタフライハンター　10のとても奇妙で素敵な仕事の物語』（日経BP）

自分はこんな仕事をしていていいんだろうか、こんな退屈で面倒でつまらないだれにでもできる仕事じゃなくて、どこかにこのあたしにしかできない、自分のすべてを発揮できる仕事があるんじゃないか。自分はまだそれに出会っていないんじゃないか——そんな妄想を弄ばなかった人はいないだろう。本誌のような女性誌（え、ちがうの?）でもしばしばその手の記事は載る。

そういう人は、本書を読みなさいといふのだ。

これは変な情熱や関心や才能を持った人が、通常の人は存在すら知らないような変な職業についた各種の例を集めた本だ。スカイウォーカー、目玉職人、きこりレディ、鉄道模型製作者、仕事学者、声のセールスマン——みんな自分の好きな道を追い続けるうちに、自然とこうした職業がかれらの目の前にあらわれて、そして本当に適材適所で文字通りかれらは「天職」についてしまった。その楽しそうなこと。

出てくる人間はみんな、とてつもなく変な人たちばかりで、それを読むだけでもフリークショーさながらだし楽しめること請け合い。一方で、我が身を振り返って忸怩たるものが。なんか自分の知らない天職が、なんてのは都合のいい妄想でしかなくて、はまるだけの中身が自分にあってこそ、それに応じた天職なんてのがあるんだなあ。自分がつまらない仕事に就いているのは、ある意味で自分自身のつまらなさを反映しているだけで、それはそれで分相応なのかもしれないなあ。変人たちの変な天職を取材した本書の著者も、掃除機の営業その他各種職業を経てはいるが、むしろぼくたち凡人側の人だ。その人が、各種の変な仕事をいっしょにやって、その変さ加減をまざまざと教えてくれる。

この手の各種職業の人物インタビューとしては、比較的普通の仕事を集めたスタッズ・ターケルの名著『仕事！』が有名だけれど、それとはちょっとちがった切り込み方の本だ。それでもやはり、自分と仕事の関わりを見直すうえで、いろいろ示唆があるはず。某元サッカー選手のように自分探しの旅に出てしまう前に是非ご一読を。幸せの（仕事の）青い鳥は、案外近いところにいるのかもしれませんぞ。

（「AERA」二〇〇七年十一月二六日）

▼抜群におもしろい、日本でのミシン史。物販と金融と生産に消費、産業と文化と女性の社会進出、なんでもあり！

アンドルー・ゴードン（著）大島かおり（訳）『ミシンと日本の近代——消費者の創出』（みすず書房）

抜群におもしれーわ、これ。ミシンの普及は掃除機や洗濯機と同じく、女は家庭で男は仕事、みたいな単純な性分業の一環として捕らえられがちだけれど、実は全然ちがっていて、ミシンによる内職を通じた女性の社会進出（自活）の一貫でもあり、またそれを使った日本の繊維産業の発達の一環でもあった。さらにシンガーミシンのための割賦販売というのが日本における割賦販売の先駆であったんだけれど、ミシンの役割から見てこれはつまり、一種のマイクロファイナンスとしても機能していたわけだ。

さらにそれは、日本における和装洋装論争にも関連しており、いまや見る影もない婦人誌（「主婦の友」とか）も一方でミシン販売に加担しつつ、そうした文化的な大きな役割を担っていた。さらにその先駆たるシンガー社の労使争議があれやこれや。ミシンは、ミシン消費者を生み出すために、それに伴う各種の服飾文化と、そしてそれを組み込む生産者ネットワークとしての内職女性を創り出し、ときにそれが戦争にも加担し、社会の近代化にも役割を果たし、生産財とも消費財ともいえないなんだか異様な存在となっていた。

たぶんここらへんの話は、当時の女性が持っていた社会規範とも関連しているはずで、これは当然、『富岡日記』に見られる女工の異様なやる気ともつながっているはずなんだよね。本書にはその話は出てこないようだけど。

残念なのは、話がどうも六〇年代直前で終わっていること（全部読んでないけど、ぼくは本を必ずしも最初から順番に読んだりしないので）。本書によれば五〇年代に日本の女性は平均で一日二時間もミシンを踏んでいたとのこと。そして出来合の型紙なんか使わず、なんでも自分でこなせるすさまじい技術力を身につけていた。ところが、その後安田寿明『マイ・コンピュータ入門』に書いてあった話では七〇年代過ぎると、日本のあらゆるミシンの年平均稼動時間は三分になったとか。工場で二四時間フル稼動しているミシンも含めてその数字で、日本の家庭でミシンがいかに無駄に遊休しているか、という話だった（あの本は、本当にいろんなネタが無節操に詰まっていたなあ）。

つまり本書で扱った時代からほとんど一瞬のうちに、家庭における裁縫とか、外で買ってくる衣料とか、一変してしまった。そしてその後、ミシンは嫁入り道具として残り続けてはいたけれど、でももはや使われなくなっていったはず。ぼくがガキの頃には、まだテレビでミシンのＣＭをやっていた。あと、あの不思議な編み機ってやつね。でもそれもすぐ消えた。ぼくの記憶ではうちの母親も、小学校低学年時代まで（一九七二年とかあたり）まではミシンをしょっちゅう踏んでいたけれど、その後ミシンは押し入れ（そしてやがては物置）から出てこなくなった。

本書はそこで起きたすごい変化については、どうも触れてくれていないらしい。ここはちょっと残念なところ。これってたぶん、日本のコスプレ文化とかもちょっとは関連してくるんじゃないかという気もしているんだが、よくわからん。『闘う衣服』の小野原あたりがちょっと取り組んでくれないかとも思うが……

さらに今和次郎の考現学を通じた洋装の発達とミシンの普及（そして各種服飾学院みたいなものの発達）のからみあいから、こんどは戦時中のモンペ（お約束の但し書きはつけません）の考案とナショナリズムとミシン文化の関連、そして戦後の蛇の目ミシンなどによるシンガー社のコピー商品の発達とそれに対する異様なまでのグローバル企業シンガーミシンの対抗策（うまくいかないが）。そして、最後に一九五〇年代の、ドレスメーカーとしての主婦の役割再検討と、その急激な変質。

昨日、読みかけのときに書いた、一九六〇年代後半からの急激な裁縫／ミシン離れについても、当然きちんと記述がある。ミシンも、縫製下請け内職のための生産財としての位置づけから、花嫁道具として少しずつカラーが変わってくる。そして一九七〇年代には、かつて一日三時間も費やされていた裁縫は三三分にまで激減したとか（p.282）。そこの変化の分析はあまり詳しくはないが（「作るより買う方が得」というのがp.322で紹介されている、それでも既製服とオーダーメイドとの関連できちんと触れられている。日本はある時期までやたらに婦人服はオーダーメイドが多く、それはまさに内職縫製産業が大きく浸透していたから可能になっていた（p.295）。生産側の状況と消費側の状況がニワトリと卵状態になっていたわけね。そのバランスはたぶん非常に微妙なもので、ちょっとしたきっかけでそれが一気に既製服側に変わったんだろう。

その原因は、本書では分析されていないけれど、ツイッターではオイルショックという人もいた。もちろん所得倍増で、無理に内職しなくてよくなった面も大きいはず。あと、戦争が終わって医療保険が改善されたために、すさまじい内職や自活への意欲の背後にあった、稼ぎ頭が消えたら、という不安が減ったこともあるかもしれない。育児のあり方の変化も影響しているかもしれない。むろん、既製服側が日本人の体型や嗜好にあわせたよい製品を投入してきたこともあるんだろう。

　グローバル企業たるシンガー社のあり方もおもしろいところ。シンガー社は、別にそのミシン自体が優れていたわけではない。独特の個別訪問販売システムと、女教師によるミシンの技術指導と伝道によって世界に冠たるミシンメーカーになった、とのこと（p.43）。だから日本進出でも、その販売手法こそがシンガーの肝であり譲れない一線で、その後のすさまじい労働争議もまさにそれをめぐるものだったんだって。

　ついでに「女教師」は、「じょきょうし」ではなく「おんなきょうし」と読むんだって（p.44）。アメリカでのシステムの説明の部分だけれど、わざわざルビがふってあるということは、日本に輸入されたときにこれが「おんなきょうし」と呼ばれていたということですな。昔、日活や大蔵や新東宝などの成人映画では女教師ものは定番だったけれど、女子大生とか女子高生とか「女」の熟語は基本的に「じょ」で読むけれど、「女教師」だけは「おんなきょうし」で、高校時代にちょっと不思議に思っていた。それが、こんなところにルーツがあったとは！

　そして太平洋戦争を経てそのグローバルな販売手法をふりかざして戦後に再参入をはかるシンガー社と、各種の関税で守られ、デザインも部品もコピーしまくり（しかし一方で、国内の事情に対応するための各種細かい工夫をハード面でもソフト面でも加えて独自性も確保したことは見逃してはいけない）で発展をとげた蛇の目やパイン（というミシンメーカーがあったんだって）の対決もおもしろいところ。シンガー社が日本企業の悪辣な手口に怒る各種の文書の主張は、まさに現在の嫌中サイトが中国製品に対して並べる罵倒そのもの。さらに国産メーカーなどが世間向けには品質ガー顧客ガーと立派なことを言いつつ、シンガーの戦後の国内進出にびびっていろいろ手管を弄しているのも見所。

ネトウヨだけでなく、最近では中年や老年のおっさんまで、とにかく日本は昔から高品質で職人芸でものづくりですばらしかったのである、ゼロ戦を見よ、『風立ちぬ』を見よ、みたいな変な神話を鵜呑みにしていて、ときどき鼻白むことがある（最近はそれがとみに増えている）。でも、最先端の技術はどうか知らないけれど、日本の消費財や一般財が最近みたいに（ときにオーバースペックなほど）高品質になったのはかなり最近の話だ。

ぼくは年寄りなので、メイド・イン・ジャパンが決してよいニュアンスではなかった時代をかろうじて覚えている。父親の持っていた、自家用車ドライバーの手引きみたいな新書（カッパブックスかなんか）に、「アメリカでは、日本車を買ったら加速が全然できなくて高速道路に乗れず、ランプで一日中待つ羽目になりましたとさ、というジョークがあるが、きちんと合流地点前からアクセルを踏めば高速で合流できる加速は十分得られるのだ」なんてことがマジに書いてあった。日本は何でもまねするコピー猿で、低品質の安い製品を量産しているだけ、というのが六〇年代半ばくらいまではまちがいなく事実だったはず。

本書でも、ミシンの補修部品の劣化コピー生産→経験による品質向上→そうした部品メーカーの増加と裾野拡大→それを集めて本体まで作れるようになる→やがてオリジナルをも脅かす水準に、という発展サイクルが成立して、やっと日本の製造業が成り立っていった様子がよくわかる。東京オリンピックあたりで、ようやく一部の分野では世界に胸を張れる物ができた感じで、それが他の商品に広がるとともに、全世界の一般の認識としてある程度浸透したのは一九七〇年代以降のはず。ここらへんだれか研究してると思うので、知ってる人（稲葉大人チラッ）は教えてほしいところ。中国でも、現在の製造業はアレもだめ、コレもだめ、品質皆無、下手な鉄砲もなんとやら方式の製造だけれど、経験積むと急激に改善されるよ。変なナショナリズムで自慰にふけってると、十年後には足をすくわれかねないぜ。

　それ以外にも、ミシンの割賦販売はマイクロファイナンスみたいなもの、といった昨日の直感はさらに当たっているみたいで、男は割賦とかで浪費しちゃうけれど女は堅実で家計の財布を守りきちんと返済するといった、マイクロファイナンスみたいな（あるいはデュフロ＆バナジーの性別行動経済学みたいな）話もまたばっちり出てくる。

　結局「近代化」とひとくくりにされる二〇世紀（あるいは明治期以来）の日本の発展も、よく見ると単一の「近代化」とか英米グローバリズムの浸食とかいう単純なものではなかったということだ。主婦というものも「三食昼寝付き」と揶揄されるようなあり方は、実はかなり最近のものだということでもある。昔は女性が虐げられ家庭内に封じ込められていたのが、だんだん社会参加できるようになってきて、これからもがんばりましょうといった単純な通俗フェミニズムの図式では見えないものがあるってことね。ついでに、服飾産業の発達をささえる社会の産業基盤ということで、イタリアの現状なんかの理解にも示唆的だし、今後の日本ファッションは大丈夫かという気も……

　というわけで、最後の最後まで非常に示唆的でおもしろい本でございました。日本のある種の発展が、実に微妙な条件のからみあいだということがよくわかると同時に、各地の途上国で（特に中国製の既製服があふれている環境で）これがどう作用するのか、とかいろいろ考えることがある。ぼくたちから見ると、中国服だらけでグローバリズムによる地元産業は壊滅かと思える一方で、どんな途上国でも街角に仕立屋が残り、丈直しを中心にかなり本格的なオーダーメイドにも対応する縫製屋も店を出している。あんまり単純な見方をすべきではないのかも……とか、あれやこれや思いつきが広がる感じ。威勢良く広がって最後尻すぼみになる本も多いけれど、こいつはそういうこともない。図書館に買わせてでもいいから、是非お読みあれ。なに、いま読まなくても、来年でも再来年でも、古びたりしないから。

一つ、見落としかもしれないけれどわからなかったこと：ミシンがミシンと呼ばれるようになったのはいつから？　ミシンがmachineの変形なのは知っている。本書でも、一九〇六年の服飾学校広告では「ミシン」が登場している（p.61）。でも一九一六年の冊子では「裁縫機械」（p.57）だしそれ以前は、役所への届け出で「『シンガー』の裁縫器」「『シンガー』器械」というのが一九〇三年に出てくるので（p.35）、まだミシンにはなっていなかったみたい。つまり一九〇三〜〇六年のほんの数年ほどで、「ミシン」という用語が普及しつつ、定着はしていなかった。ここらへんの流れもちょっと興味ある。どっか語源辞典かなんかに出てそうだけど。

なお、アマゾンの「ねっとてんぐ」氏のレビュー（なかなかよいレビューです）で「翻訳がよくない」と書かれているけれど、特にそんなことはない。固い翻訳ではあるけれど、金釘翻訳ではないし、読んで意味不明のところはない。「ひとにぎり」が「ひとつまみ」になっていたというのは、原文にもよるけど、別にあげつらうほどのことではない。しっかりした訳だと思う。

（ブログ　二〇一四年三月六〜七日）

▼せっかくの調査が強引なイデオロギーはめこみで台無し

藤原辰史『ナチスのキッチン：「食べること」の環境史』（水声社）

　ナチスというのは、とってもおもしろい存在だ。ビジュアルなこだわり、異様な合理性の追及の一方で、変なオカルトへの耽溺、あれやこれや。いろんな細かい部分をこだわって考えたりしているので、建築でも経済でも産業でもメディア利用でも、あらゆる面でナチスの活動は非常に興味深いものとなる。だから「ナチスのなんとか」というのはそれだけで大きな売りだし、ぼくのような読者も、「おお、ナチスはあんな方面でもいろいろやっておったのか！」と思って各種著作やＤＶＤを手に採らせる大きなセールスポイントになる。

　その一方で、ナチスはとても便利な存在だ。あの異様な絶滅収容所の迫力はだれも文句が言えないし、何か文句なしの悪者がほしければ、ナチスやヒトラーを持ち出せばいい。そしてナチスは、公共事業もやったし軍の装備近代化もしたしメディアも利用したし健康配慮もしたし禁煙もしたしエコロジーもしたしオカルトもやったし制服にも凝ったしロケットもジェット機もやったしアウトバーンも作ったしＶＷビートルも作ったし産業政策もしたし、まあいろんなことをやっている。だから、どんなことでもやろうと思えばたいがいナチスにつなげて罵倒できてしまう。

　特に、最も安易で、でもそれ故にきわめてありがちなのは、近代化とか現代文明とか科学やエンジニアリングの批判にナチスが持ち出されるケース。

だれそれはＡを進めている。ナチスもＡをやった。ナチスは虐殺したからＡをやるのは虐殺への道である。よってだれそれはナチス予備軍でありおそろしいおそろしい云々というやつ。Ａは、禁煙や健康志向だったり、上であげた一連のものが何でも入り得る。ナチスは近代化、工業化、健康配慮をしたから、近代化、工業化、健康配慮はナチスと共通であり、したがって虐殺への道で絶対悪だ、というわけ。

　でもまちがえてはいけないこと。ナチスは別に、合理的で近代化をしたから虐殺や民族浄化をしたわけではない。虐殺や民族浄化は、いろんなところにいろんな形で存在する。虐殺するのに合理的な手法を使ったというのと、合理的だから虐殺をしたというのはまったく話が別だ。強制収容所を仕切っていたアイヒマンは、凡庸な官僚だった、とハンナ・アーレントは指摘する。凡庸な官僚だからといって、虐殺に加担しないことにはならないというのは重要な知見だ。でもそこから、凡庸な官僚はすべてナチズムの萌芽であり、すべて虐殺につながる、と論じたらそれは倒錯だ。

　それなのに、この手の倒錯はしばしば見かける。おかげで往々にして、ナチスを持ち出してあれやこれや言う議論は、無内容でくだらない連想ゲームと悪質な印象操作に堕す。ナチス関連のいろんな話に、野次馬的にでも興味を持っているぼくのような人物は、これでさんざん痛い目にあっている。

　というわけで本書『ナチスのキッチン』を手に取ったのは、そうした期待と警戒心の入り交じった気分でのことだった。そして……どっちかというと、期待は裏切られたと言わざるを得ない。

　いや、本書が労作であることは否定できない。ナチス時代の各種レシピ本を引っ張り出してきて、その中身を分析し、あれやこれや。だが、そのせっかくの手間が、すべて実に単純きわまりないつまらない議論に奉仕させられている。基本的な議論は、近代化＝ナチス＝非人間的で非人道的、よって近代化許せん、という実にくだらないありきたりなもの。

しかもその議論がとにかくワンパターンで強引。ありとあらゆるものを何とかこじつけて「管理」というところに持っていけば、それで議論はいっちょあがりだ。

●テイラー方式を活用した合理的な台所　→　工場のような管理を台所に導入した！
●家電製品の導入　→　企業主導による台所空間とその活動の管理だ！
●栄養学・家政学の発達　→　人間を分析して管理しようという思想だ！
●レシピ本における栄養重視と健康志向　→　健康を通じた人間管理だ！
●ベストセラーのレシピ本とかが出る　→　限られた画一的な料理に人々を押し込める管理だ！
●無駄の少ない調理法がほめられる　→　食事を管理しようとする試みだ！
●残飯の飼料化システム　→　食卓を生産システムに組み込もうという陰謀！

いやはや。果ては、ガラス容器がだんだん入ってきたのも、各種中身を見えやすくして、したがって管理しようとする試みだし（いやそれどころか、五感の中で視覚ばかりを重視して他の感覚を弾圧する活動なんだって！）、ガス火力や電化が進んだのも、かつては家族団らんの場だった竈や火を台所の片隅に押し込めようとする管理の試みだし……

確かに、そういう部分はあるんだろう。でも、そうでない部分もたくさんある。そして「管理」と一言で言っても、だれが何を管理するのか、様々な水準がある。でも、本書はそういうのを一切すっとばしてしまうのだ。あとはもう、「管理→ナチス→いろいろ非人道的なこと→いくない」でおしまい。

それでも冒頭部分では、ナチスというのが近代化や合理化を進めた一方で、バウハウスに邪険だったりしたことを指摘する。ナチスは民族性とかも強調したんで、合理化一辺倒は嫌ったらしく、フランクフルトキッチンというシステムキッチンの前身みたいなのを（団地計画とあわせて）作った人はあまりハッピーではなかった……と書いた直後に、でもその後はずっと近代化一辺倒でいきました、という話に落とし、その後はもう近代化＝ナチスでつっぱしる。

そしてその批判も、かなり強引で妥当性のないものばかり。第四章は、当時のベストセラーレシピ本の中身を分析した部分なんだけれど、基本的な主張は、栄養とか健康がやたらに注目されているということ。ふーん、それっていいことなんじゃないですか？　ところが著者にかかると、それこそ恐るべきナチスの管理なのね。

> ダヴィディスやハーンによるロングセラーのレシピから看取できるのは、この「肉や砂糖の増加という」傾向ではない。むしろ、その傾向に対置される理念である。その理念とは、助言に見られる家族愛や夫婦愛への賛歌ではなく、むしろ『家族の健康』である。１８４５年に出版されたダヴィディス本の初版には、主婦が調理に際して注意すべき四原則に「清潔」という文字が目立っても「健康」という文字は一語もなかった。ちょうど世紀転換期からナチ時代にかけての30年間、健康への欲求が料理本の構成を変え、食生活の現実からの乖離をもたらすのである。(p.262)

さて、家族の健康を気遣うのは、家族愛や夫婦愛と相容れないことなんでしょうか？　特に著者は、具体的なレシピの分析をしている。そこにいちいち愛が出てこないからといって、家族愛が無視されているということになるんですか？

また「１８４５年に（中略）「清潔」という文字が目立っても「健康」という文字は一語もなかった」というのは別に健康を考えていなかったことにはならないでしょう。健康面での理由もあって清潔さを維持したいんじゃないんですか？　当時の環境や問題意識を考えずに字面をあげつらっても意味あるんですか？

さらに著者がもう一つ持ち出す議論がある。健康ばかりに配慮していて「おいしさ」というのが出てこない、したがってナチのレシピは本来の食べる喜びを否定して健康により人々を管理しようとしていて云々かんぬん。

これまた、ひどい揚げ足取りだろう。栄養素だけに気を遣えば味なんてどうでもいいんです！　と書いてあるんなら話は別だ。でも、わざわざまずい料理を作ろうとしてレシピ本を参照する人はいない。レシピ本って普通は、おいしい料理であるのはデフォルトで、それに加えてエコだとか体にいいとかやせるとか、そういう能書きが加わるんですが。

でも著者はそんなの無視。書いてないんだからそれは軽視されていたにちがいないと決めつけて、それですべての議論を組み立てる。

さらに、管理だの合理化だの近代化だのを批判するのは結構。でも、それがなければ人々のキッチンや食生活はどんなものだったんでしょうか？　この引用部分では「食生活の現実からの乖離をもたらすのである」とおっしゃる。では、その食生活の現実ってどんなものだったんでしょうか？

実は本書はその点についてまったく分析をしていない。

　ぼくも明確には知らないが、そんなにすばらしい多様なおいしい食生活だったとは考えにくいんじゃないか。上の引用で、ダヴィディス本（ベストセラーのクックブックです）の初版は一八四五年だったという。奇しくもぼくはいま、エンゲルス『イギリス労働階級の状況』という一八四五年に出た本を訳しているけれど、当時のイギリスでは、労働者の食生活ってかなりひどかったようだね。三章を見てほしい。生活全体はひたすらウンコまみれ、食事も単調きわまりない代物よ。ドイツもそんなにましではなかったと思う。イギリスみたいにみんなウンコまみれの悪臭で生活していたかどうかは知らないけれど、かなり汚かったはずで病気も多かった。そういう状況でのレシピって、まずは清潔さに注意するだろう。そしてだんだんそうした段階を抜けてそれが常識になったらこんどは健康に気をつかうようになる——それは普通の市民が気にすることの変遷をたどっているだけで、それを健康と栄養学による管理だ非人間化だと騒ぐべきなんだろうか？　むろんそれを実際のデータを元に確認するのは重要だ。でもそのデータをこういうふうに我田引水しては意味がないでしょう。

　そもそも、本書ではこうしたレシピとか、あるいは出来合いのブイヨンとかは、食事の規格化を招き、商品化と管理を招き、食生活を単調化するものだってことになっている。でも、自炊経験のある人は胸に手を当てて考えてほしいんだけれど、こういうレシピ本をみんなが必要とするのはどんな場合だろうか。ぼく（と身の回り数人の卑近な事例）で言うなら、ものすごい多様な食生活を送っている人が、「あらこのレシピ通り造らないといけないのか」と食事を単純化する、というものではない。むしろ、日頃造る食事がだんだん単調になってきて決まった料理の繰り返しになってきて「ちょっと目先を変えたいぜ、なんかお手軽でいつものメニューとはちがって、うまいものがほしいな」と思うからわざわざそんな本を買う。レシピが食生活を単純化する、というのはそもそもがウソでしょう。むしろ単純な食生活を少しでもバラエティに富んだものにしたいからこそ、そうした本に需要があるんじゃないの？　でも本書は、そんなことは一切考えない。レシピがある、だからみんなその通りに造ってるはず、だから多様性がなくなった、管理だナチスだ云々。でもその基本的な認識からしておかしくありませんか？

さらに言うならレシピ本というのは、別にみんながその通りに作るような代物ではない。だれもその通りにつくれとは強制しない。さらにもう一つ、そのレシピ本自体、別に政府の肝いりで書かれたものではない。そのレシピ本の著者が、何かナチスにある特定のレシピを強要されたという証拠は一切ない（少なくとも本書には出てこない）。

するとレシピがあったから、といってそれが管理強化であるとは言えないんじゃないか。著者たちはある程度の自由度を持って、そのときの読者の要望やニーズを考えつつレシピを考案したんじゃないの？　つくる側も、別にその通りにしたわけじゃないんですよね？

また著者は、実際のドイツにおける食料消費のデータからこれを調べようとする。たとえば、レシピ本で肉料理の比率が減り野菜料理が増えた。では実際の食料消費はどうだろうか？

全然そんなことになっていない。肉がどんどん増えているとのこと。

ふーん、すると主張はデータでは裏づけられなかったんですね？　では主張か、分析データに問題があったということですね？　じゃあこれまでの議論というのは非常に弱くなってしまったわけですね？　だったらこの本、非常にまずいことになってませんか？　ところが著者は、「思い通りの結果にならなかった」と言ってそれっきり。でもそれでおしまいだったら、データで分析した意味がないではありませんか。

ナマのいろんなデータやエピソードはおもしろいんだが、本としてはこのように、きわめて単調で一面的で説得力がない。管理がなければ人々は自由に豊かに栄養など気にせず美味しい多様な料理を食べていた（はずだ）というまったく根拠のない妄想とあいまって（上でのエンゲルス文献から見て明らかにそんなことはなかったようだし、ぼくはまだ近代化が十分進んでいない地域もたくさんまわっているけれど、料理はきわめて単調、味つけもないも同然、栄養の偏りで病気も多く、みんな砂糖と油が大好きというのがパターンですよ）、各章の最後のまとめ部分は本当に読むのが苦痛なほど。

惜しいなあ。もっとフラットに見ていけば『ミシンと日本の近代』みたいにいろいろ意外な発展史をたどれたはずなのに。近代化も一筋縄ではなかったことが示せたかもしれないのに。でも本書は、一筋縄しかなかったと決めつけて、すべてをそこにあてはめてしまう。それでは何も新しい発見は出てこないのだ。そして、実際ない。著者は、自分が近代的な発展が気にくわないと冒頭で述べて、結局最後の結論も、ナチスは近代化、よって近代化は悪、それをさらに発展させているいまのぼくたちも悪い、というありきたりな最初の近代批判に戻るだけ。冷蔵庫のフロンガスがオゾン層を破壊してるから、なにやら冷蔵庫は近代の恐るべきしっぺ返しであり恐怖であり云々。つまんなーい。そして最後は当然、すべてを管理するというナチスのキッチンの究極は絶滅収容所である!!

ちなみに、これまでもいろんな本について述べた苦言だけれど、この著者もどうも、自分がこのテーマを研究することの意義というのがあまり意識されていないのね。いろいろ調べました——それはすばらしい。でもそこから何が言えるか、というとあまりない。そしてどうしても何か言おうとすると、なんかできあいの、きわめて単純きわまるお話にあてはめるしかない。本書からもそういうにおいを感じる。でもそれだけでは、学会誌には載っても、一般向けの本としてはどうよ。そこらへん、日本の学者さんはもう少しやりようがあると思うんだが。

　ところで「ナチスのキッチンの究極は絶滅収容所」というのは編集者からのアイデアだそうで、それが本書の方向性を決めてしまったとしたら、ずいぶん罪な編集者だと思う。ぼくは水声社の本は好きなので、悪いことはいいたくないんだけれど……

（ブログ　二〇一四年三月二六日）

おわりに

自分の書評をざっと読み返してみて、我ながら感心するのは、この三十年近くの間にほとんど自分の主な見方に変化がないことだ。それを、成長のないやつと考えるのか、あるいは一貫性のあるえらいやつだと思うかは人それぞれだろう。個人的には……まあどっちもあるな。

特に社会経済については、ほとんど揺るぎがない。大学院くらいまで、ぼくは浅はかな知識人の常として、経済成長なんて不要どころか有害だと思っていた。ガッツ石松が「バブルがつぶれたら、またふくらませればいいんだ」という非常に立派な発言をしたとき、それを嘲笑したのは覚えているし、また『ワイアード』のコラムの付記で、だれかの記事に対して「もっと不景気気分が続いてくれないと困る」とか書いたのも覚えている。申し訳ない。ぼくの見識不足でした。

ついでに言っておくと、ぼくがオンラインのhotWIREDで書いた雑文で、クルーグマンのインフレ期待醸成論の紹介のついでに、消費税を段階的に引き上げれば駆け込み需要を次々に生み出してよいのでは、という議論を展開したものがある。これは、着眼点や書きぶりはいまでもそれなりにおもしろいと思う一方で、実際の政策としてはまったくダメだ。これは過去二回の消費税率引き上げがもたらした惨状からも明らかだろう。次にまた上げるぞ、という見通しがあっても、税率引き上げのたびに日本経済は轟沈した／しつつある。数年先の不確実な駆け込み需要ごときでは、目先の実際の税負担を打ち消すものにはならないということだ。

が、閑話休題。本書にもお笑いでその頃の書評を入れようかと思ったけれど、たぶん特に就職してからは、そうした歪んだ見方からは脱出してもっとまともな見方ができるようになってきたとは思う。

本書に収録した書評は、ほぼすべてぼくのウェブページ https://cruel.org/ とブログ https://cruel.hatenablog.com/ に載っている。もうちょっとおちゃらけた本の、おふざけ書評みたいなのも結構あるし、もはや完全に現代的な意義を失い、絶版になって久しい本の書評なんかもあるけれど、そういうのは基本的に省き、いまなお多少なりとも意義を保っている本についての書評をなるべく中心にしたつもりではある。が、その一方でいまやまったく現代的意義のない本がベストセラーになり、そしてそれをほめていた連中がしれっとそれをなかったことにしている場合、その醜い過去をほじくりかえしておくのも、決して意味のないことではないはず。そういう本の書評も（それ見たことか、という自慢も兼ねて）含めてある。

本書（そしてうまくいけば本シリーズ）は、分野別に分けてある。本書が好評ならば、科学や技術系の話、小説系、建築系などの書評集も出るかもしれない。さらにぼくが書く長い書評は、しばしばジャンルまったく関係なしに、経済ネタもあれば科学ネタもあり、そこに小説の話をからめて多数の本を一気に採りあげる。ぼくは本来、そうあるべきだと思っている。ぼくが選書でよく参考にするThe Economistの書評欄は、小説もあれば科学書もあり、政治書も経済書もある。そして、それらは決して相互に無関係ではないはずだ。そんなジャンル分け不能の書評もまとめられるかもしれない。

　本書のような企画はこれまでにも何度かあったけれど、立ち消えになってきた。個人的には、ほとんどすべてウェブページで公開している以上、あらためてまとめて本にすることでどこまで付加価値が出るのか、というためらいもかなりあった。本書も、そうしたためらいのおかげでかなり遅れてしまった面はある。それにもめげず、企画をたてて尻を叩き続けてくれた、エレキングブックスの大久保潤氏には感謝する。ありがとう。

　翻訳ではないし、誤訳などがあるわけではないだろうけれど、誤字脱字、変換ミスを含め、何かご指摘があれば著者まで是非ご一報を。明らかとなったミスについては、サポートページ https://cruel.org/books/reviews1/ で随時ご報告する。

令和元年末　深圳／香港／東京にて

山形浩生（hiyori13@alum.mit.edu）

ele-king books

断言　読むべき本・ダメな本
新教養主義書評集成　経済社会編

2020年2月22日　初版印刷
2020年2月22日　初版発行

著者　山形浩生
デザイン　戸塚泰雄（nu）
編集　大久保潤（Pヴァイン）

発行者　水谷聡男
発行所　株式会社Pヴァイン
〒150-0031　東京都渋谷区桜丘町21-2 池田ビル2F
編集部：TEL 03-5784-1256
営業部（レコード店）：TEL 03-5784-1250　FAX 03-5784-1251
http://p-vine.jp

発売元　日販アイ・ピー・エス株式会社
〒113-0034　東京都文京区湯島1-3-4
TEL 03-5802-1859　FAX 03-5802-1891

印刷・製本　シナノ印刷

ISBN　978-4-909483-35-5